KB151494

테슬라
폭발적 성장 시나리오

◈ 알려 드립니다.
본 초판 4쇄에는 테슬라 최신 실적 분석 내용(1부 3장)이 추가되었습니다.

테슬라 폭발적 성장 시나리오

초판 1쇄 발행 2024년 6월 4일
초판 4쇄 발행 2024년 8월 15일

지은이 강정수, 김이라, 이현정

편집 김세원
표지디자인 studio forb
본문디자인 Aleph design

펴낸곳 더스퀘어
출판등록 제 2023-000109호 (2023년 10월 11일)

ISBN 979-11-985799-4-2 03320

좋은 콘텐츠를 생산하고 소비하고 공유하는
세상 모든 천재들이 모이는 광장 '더 스퀘어'에 오신 것을 환영합니다.
당신의 아이디어와 콘텐츠에 가치를 더해 드립니다.
문의 cometosquare@gmail.com

TESLA

AI·로봇·에너지 다 가진 유일한 기업

강정수·김이라·이현정 지음

테슬라 폭발적 성장 시나리오

더스퀘어

서문

AI 중심의 '테슬라 생태계'가 펼쳐진다

2024년 상반기 4개월 동안 테슬라 투자자들은 힘든 시기를 보냈다. 테슬라 주가가 약 30% 하락했기 때문이다. 2023년 11월부터 계산하면 테슬라 주가는 6개월 동안 약 35% 가까이 하락했다. 특히 엔비디아, 마이크로소프트, 메타, 구글(알파벳) 등과 비교하면 테슬라의 주가 성적은 더 초라하게 보인다.

테슬라 주가 하락의 원인은 무엇이었을까? 첫째, 2024년 1월에 열린 23년 4분기 콘퍼런스 콜에서 일론 머스크는 테슬라에게 2024년은 이른바 '도약을 위한 중간 휴지기(gap year)'라는 경고를 했기 때문이다. 2023년 세계 자동차 판매 1위를 기록한 모델 Y의 판매는 둔화될 수 있으며, 테슬라가 약속한 다음 성공의 물결은 적어도 1년은 더 걸릴 것이라는 내용이었다. 다음 물결은 2025년 하반기부터 이른바 중저가 모델인 모델 2가 열어갈 것이기 때문에 당장 호재가 없었다. 심지어 2024년 자동차 판매 목표 가이던스도 제시되지 못했다. 그렇게 23년 4분기 콘퍼런스 콜 이후 테슬라 주가는 큰 하락을 경험했다.

두 번째 큰 하락은 24년 1분기 저조한 차량 판매 대수 공개와 4월

6일 〈로이터Reuters〉가 "테슬라가 중국 전기차와 치열한 경쟁 속에서 저가 자동차 생산 계획을 포기했다."고 보도한 이후다. 일론 머스크는 "로이터가 거짓말을 하고 있다."고 반박했으며 동시에 "(24년) 8월 8일 로보택시를 공개하겠다."는 메시지를 전했다. 그러자 기관투자자 사이에서 테슬라 전략에 대한 비판이 증가했고, 세계 다수 언론은 이 소식을 부정적인 맥락에서 전달했다. 테슬라 주가는 자연스럽게 큰 하락을 보였다.

많은 투자자와 언론이 테슬라의 매출 대부분이 전기차 판매에서 발생하기 때문에 테슬라를 자동차 기업일 뿐이라고 평가한다. 따라서 분기별 자동차 매출 감소는 테슬라를 부정적으로 평가하는 핵심 이유로 작용한다. 자신이 투자한 기업의 주가가 계속 하락하는 것을 본다면 무섭고 겁이 날 수밖에 없다. 이 때 중요한 것은 그 주식 뒤에 있는 기업의 본질을 이해하는 것이다. 투자 기업의 실적을 평가하고 시장의 맥락을 이해하며 기업의 장기적인 성장 가능성을 분석하는 것이 필요하다.

실적이라는 숫자는 중요하다. 그러나 매출과 전기차 판매 수보다 중요한 것이 있다. 그것은 테슬라가 기대치보다 낮은 실적이라는 현재의 문제를 해결해 가는 방식이다. 이를 24년 4월 23일 열렸던 1분기 실적 발표 및 콘퍼런스 콜에서 확인할 수 있다. 테슬라는 로드맵에 대한 정보를 풍부하게 설명했고, 이를 통해 투자자의 신뢰를 회복하고 있다. 아울러 테슬라가 새로운 성장 단계로 진입하고 있음을 명확하게 밝혔다. 일론 머스크는 자신감 있게 테슬라 AI 기술력의

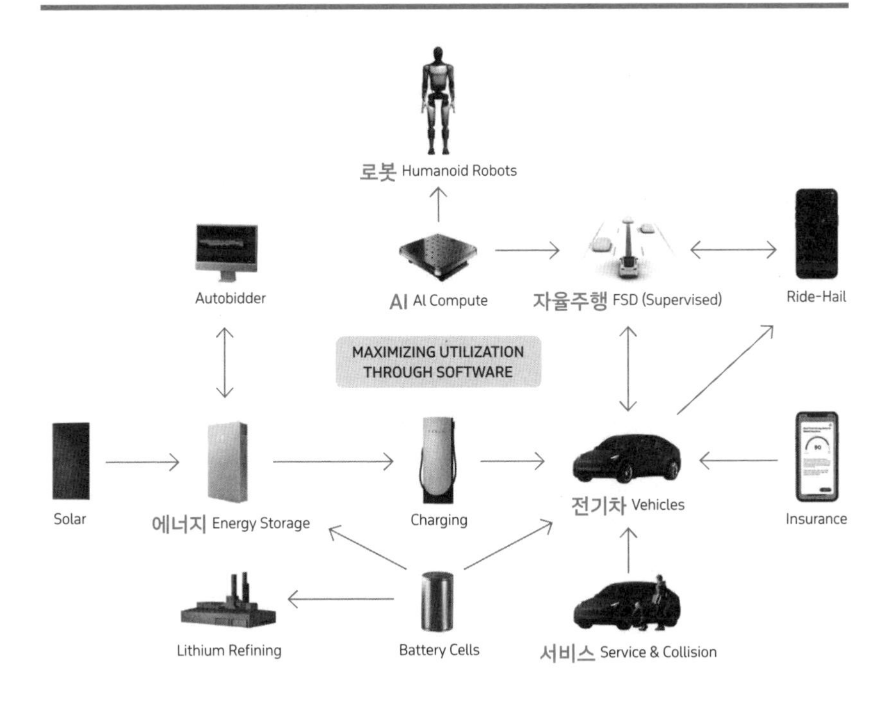

그림 1 | 테슬라 생태계 (출처: 테슬라)

총아인 "FSDFull Self Driving(의 미래)를 믿지 않는다면, 테슬라에 투자할 필요가 없다."고 이야기했다.

테슬라는 이 날 행사에서 AI 기술력에 기초한 '테슬라 생태계Tesla Ecosystem'를 처음으로 제시했다. '그림 1'에서 확인할 수 있는 것처럼 전기차 판매는 테슬라 생태계의 일부에 불과하다. 물론 24년 1분기 테슬라 전체 실적 중 자동차 판매 매출이 차지한 비율은 81%다. 여전히 차량 판매가 차지하는 비율은 높다. 그러나 22년 1분기 그 비중은 90%에 달했었고, 23년 1분기에는 86%였다. 명백하게 차량 판매 비중이 줄어들고 있다. 그만큼 다른 사업 부문이 빠르게 성장하고 있다는 얘기다.

24년 1분기 에너지 부문은 기록적인 매출 성과를 달성하면서 전체 매출 중 8%를 차지하고 있다. 이는 23년 4분기 대비 28.34%가 증가한 수치다. 또한 미국 충전 시장을 휩쓸고 있는 테슬라 슈퍼차저 네트워크는 서비스 부문 매출 증가에 크게 기여하고 있다. 서비스 매출은 23년 4분기 대비 37.29%가 증가하여 테슬라 전체 매출에서 11%를 차지하고 있다.

테슬라 에너지 및 서비스 부문은 앞으로도 폭발적인 성장을 이어나갈 전망이다. 메가팩으로 대표되는 에너지 사업은 수익률 25%를 자랑한다. 한편 서비스 부분은 앞으로 완전자율주행 기술인 FSD 사업이 본격화될 경우 에너지 사업과 비교할 수 없는 수익률을 테슬라에게 선사할 가능성이 높다.

이렇게 테슬라 생태계는 계속해서 확장하고 있다. 전기차 판매는 테슬라가 앞으로 할 일의 작은 일부분에 불과하다. 특히 FSD, 로보택시 그리고 AI 로봇 옵티머스는 테슬라의 비즈니스 모델을 완전히 바꾸고 있다.

'FSD를 믿지 않는다면 테슬라에 투자할 필요가 없다'

테슬라의 FSD는 세 가지 측면에서 경제 가치를 창출한다. 하나는 월 99달러에 달하는 FSD 구독료다. 3년 약정 FSD 구독자가 꾸준히 증가하면 테슬라는 차량 한 대당 두 배가 넘는 수익을 창출할 수 있다. FSD는 현재 미국과 캐나다에 사용이 제한되어 있지만 2024년 또는 2025년 유럽으로 그 시장을 확대할 가능성이 높다.

두 번째는 FSD 라이선스 비즈니스다. 다수의 시장 전문가는 포드Ford가 슈퍼차저와 마찬가지로 테슬라의 FSD 기술을 라이선스 형식으로 도입하는 첫 번째 회사가 될 것이라고 예측한다. 누가 먼저 나서든 다른 자동차 기업들에게 선택의 여지는 많지 않다. 라이더와 레이더를 장착한 알파벳(구글)의 웨이모 방식을 전통 자동차 기업이 채택할 수는 없는 일이다. 높은 가격 외에도 차량 디자인 측면에서 소비자 선택을 받기 어렵기 때문이다. FSD 성능 향상 속도가 가속화될수록 다수 자동차 기업은 8개 카메라와 하드웨어 3.0 또는 4.0에 기초한 FSD 비전 아키텍처를 채택할 가능성이 높다.

이 책의 저자들은 FSD 라이선스 비즈니스를 '테슬라 인사이드Tesla Inside'라 부르고자 한다. 인텔은 1991년부터 '인텔 인사이드'라는 로고 및 마케팅 캠페인을 진행하고 있다. 이는 인텔의 컴퓨터 칩과 인텔 기반 기술을 사용하는 타사 제품을 홍보하기 위한 수단이다. 테슬라 또한 '테슬라 인사이드' 방식으로 FSD 브랜딩 비즈니스를 성장시킬 수 있다. 이때 테슬라에게는 높은 수익률의 새로운 수익원이 창출될 것이다.

FSD가 창출하는 세 번째 경제 가치는 로보택시다. 일론 머스크는 24년 1분기 콘퍼런스 콜에서 "로보택시는 에어비앤비Airbnb와 우버Uber의 혼합"이라고 언급했다. 즉, 우버처럼 테슬라가 직접 소유하고 운영하는 '사이버 캡cab'이라는 이름의 로보택시 차량이 일부 있을 것이고, 에어비앤비처럼 테슬라 차량 소유자가 자신의 차량을 자신이 원하는 때에 로보택시로 제공할 수도 있다. 자동차는 대부분의 시간 동안 주차되어 있기 마련이다. 이때 운전자가 사용하지 않는 동안 차량이 스스로 돈을 벌면 어떻게 될까? 이는 FSD 차량 소유의 경제성을 높이는 효과로 이어져 결과적으로 테슬라 차량 판매에 긍정적으로 기여할 수 있다.

한편 테슬라는 개인 차량이 로보택시로 사용될 때 FSD 서비스 이용료를 추가적으로 청구할 가능성이 높다. 일반적으로 자동차 기업은 (부품 판매를 제외한다면) 일회적으로 차량 판매를 통해서만 수익을 얻는다. 하지만 테슬라는 FSD 기술에 기초하여 차량 판매 이후에도 지속적으로 그리고 반복적으로 추가 수익을 얻을 수 있다. 이렇게 FSD는 테슬라에게 막대한 수익원을 선사할 가능성이 높다.

물론 FSD 기반 로보택시가 본격적으로 서비스되기까지 어렵고 극복해야 할 장애물이 무수히 많다. 특히 많은 규제 장애물이 존재하며, 하나의 장애만 해결하면 다른 모든 것이 해결되는 경우가 아니다. 또한 규제도 나라마다 다르다. 게다가 절대 다수 운전자에게는 자율주행이 충분히 안전하지 않다는 두려움이 존재한다. 따라서 테슬라는 FSD가 사람이 운전하는 자동차보다 안전하다는 것을 증명할 수 있는 다양하고 충분한 데이터를 확보해야 한다. 이러한 배경에서 로보택시의 대규모 출시는 하룻밤 사이에 뚝딱 이뤄지긴 어렵다. 일론 머스크가 발표한 2024년 8월 8일은 로보택시 서비스의 시작일이 아니라 로보택시 차량과 성능을 대중에게 선보이는 날이 될 가능성이 높다.

로보택시의 글로벌 확산에는 긴 시간이 필요하지만 미국 일부 도시에서 테슬라 로보택시 서비스의 시작은 먼 미래가 아니다. FSD는 종단간 AI[End-to-End AI]를 적용한 버전 12[V12]부터 그 성능이 기하급수적으로 증가하고 있기 때문이다(종단간 AI에 대한 자세한 설명은 2부 3장에서 이어진다). 우선 '그림 2'에서 확인할 수 있는 것처럼 FSD 주

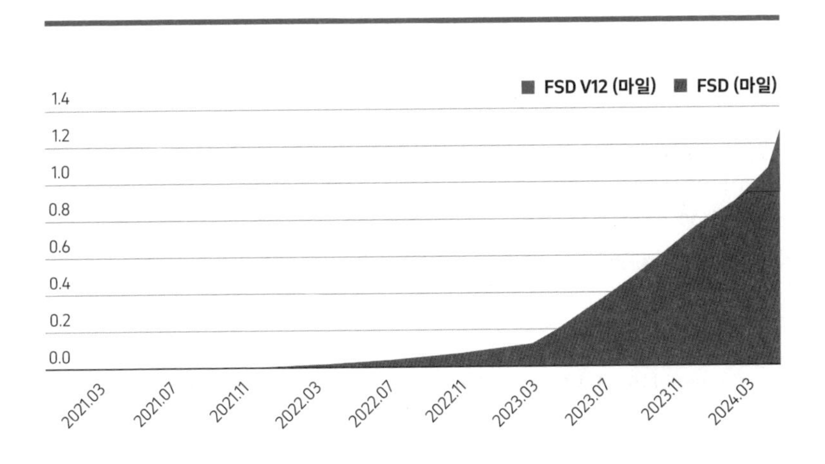

그림 2 | 테슬라 FSD 누적 주행 마일(1마일=약 1.6km) (출처: 테슬라)

행 거리는 FSD V12 출시 이후 단기간에 급증하여 24년 4월 21일 기준 약 13억 마일(약 21억km)에 이르고 있다. 불과 약 9일 전인 24년 4월 12일에 10억 마일을 넘어섰다는 것을 감안한다면 이는 엄청난 수치다. 마치 눈덩이 효과처럼 테슬라의 데이터 우위가 가속화되고 있는 것이다. 나아가 이 주행 거리에서 확보된 막대한 양의 동영상을 학습할 컴퓨팅 파워의 제약 또한 테슬라는 이미 24년 4월 극복했다고 밝힌 바 있다. 테슬라의 슈퍼컴퓨터 도조Dojo의 성능이 빠르게 향상되고 있는 덕분이다.

테슬라의 FSD 시스템은 그 성능을 개선하기 위해 도조 슈퍼컴퓨터와 통합 운영되고 있다. 테슬라는 도조 프로젝트를 위해 2023년에만 10만 개 이상의 엔비디아 A100 칩을 구매했다. 도조 슈퍼컴퓨터에서 테슬라가 자율주행을 뛰어넘어 완전히 다른 목표를 추구하고 있다는 것을 짐작할 수 있는 대목이다.

테슬라가 자체 개발한 '도조 칩'의 첫 번째 버전은 FSD 학습 전문용으로 2023년에 설치되어 엔비디아 A100 칩과 함께 작동하고 있다. 테슬라는 2024년 도조 칩 두 번째 버전을 계획하고 있다. 이 새로운 칩은 자율주행이라는 특수 목적에만 최적화되어 있지 않고 보다 폭넓은 AI 학습에 활용할 수 있도록 설계되었다. 그리고 아마존의 AWS Amazon Web Services처럼 도조 슈퍼컴퓨터를 AI 학습을 원하는 외부 기업에게 사스SaaS로 판매하려 한다. 즉, 다른 기업이 슈퍼컴퓨터를 소유하지 않고도 적은 비용으로 자신들의 AI 모델을 훈련할 수 있는 서비스형 도조 슈퍼컴퓨터를 기획하고 있는 것이다. 여기에도 놀라운 사업 성장 잠재력이 테슬라를 기다리고 있다. 구체적인 가능성은 2부 3장을 참고하기 바란다.

일론 머스크는 FSD V12를 자율주행 역사에서 있어 챗GPT ChatGPT 모멘트와 비교하고 있다. 2022년 11월 30일 오픈AI OpenAI 의 챗GPT가 공개된 이후 AI 열풍이 불고 있는 것처럼, FSD V12는 자율주행의 역사적 진일보로 평가될 수 있기 때문이다. 이를 입증할 수 있는 몇 가지 데이터를 살펴보자.

미국에는 FSD 강제 종료 disengagement 를 추적할 수 있는 앱이 존재한다. 강제 종료는 실제로 위험한 급정지를 의미한다. 이 앱을 만든 사람은 지난 몇 년 동안 수백 곳에서 수백 번의 강제 종료를 수행한 다양한 버전의 FSD를 조사하고 있다. '그림 3'은 FDS 버전별 강제 종료 비율을 보여주고 있다. FSD의 버전을 표현하는 가로축의 맨

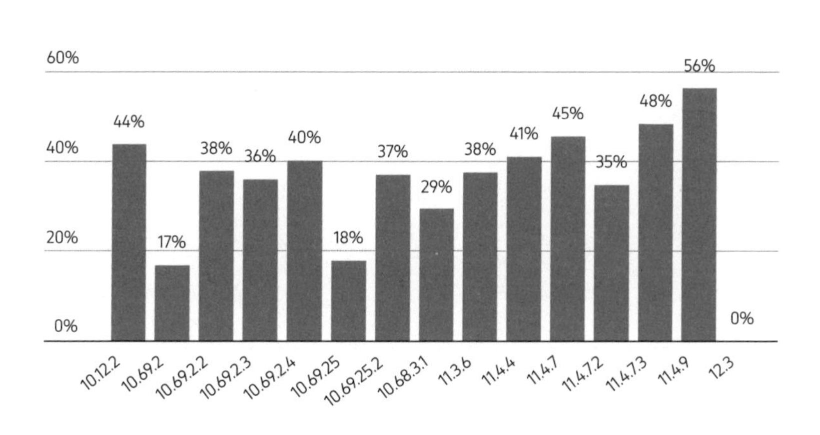

그림 3 | FSD 버전별 강제 종료 빈도 수 (출처: X)

오른쪽 V12.3을 보면 강제 종료 수치가 0으로 줄어든 것을 확인할 수 있다.

하지만 이 그림은 '동일 지점'에서 반복되는 오류만 보여주기 때문에 FSD에 대한 전체 조사는 아니다. FSD V12에서는 반복되는 오류가 수정되었다고 평가할 수 있지만, 다른 지점에서 새로운 실수로 인한 강제 종료가 발생할 수 있기 때문이다.

미국에는 'FSD-Beta Tracker'라는 FSD 이용자 커뮤니티가 존재한다. '그림 4'는 이 커뮤니티가 집계한 수치를 보여주고 있다. 이 그래프는 고속도로가 아닌 시내 교통에서 강제 종료 없이 주행한 거리를 보여준다. FSD V11에서 테슬라는 치명적인 강제 종료 없이 200km를 주행할 수 있었다. 그리고 FSD V12에서는 그 수치가 700km로 증가했다. 이는 기하급수적인 성장이다.

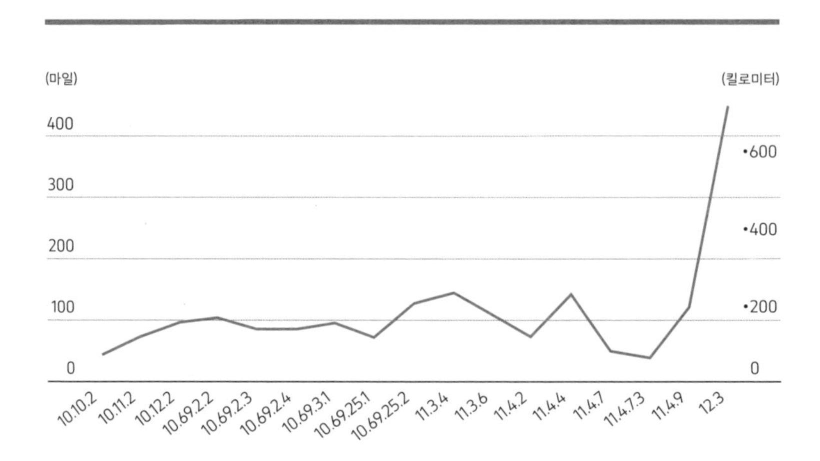

그림 4 | FSD를 작동시키고 나서 강제 종료 없이 주행한 거리

일론 머스크는 24년 1분기 콘퍼런스 콜에서 FSD V12.5는 V13에 준하는 성능을 보여줄 것이라 전망했다. 24년 8월 8일 테슬라는 로보택시와 함께 FSD V12.5를 선보일 가능성이 높다. FSD가 가진 기술 성장 잠재력 또한 이 책 2부 3장을 참조하기 바란다.

테슬라는 2024년 4월 FSD 구독료를 199달러에서 99달러로 인하했다. FSD 일회성 구매 가격은 1만 2,000달러에서 8,000달러로 인하했다. 테슬라는 왜 FSD 가격 인하 조치를 취했을까? 첫 번째 이유는 당연히 FSD 채택률을 높이기 위해서다. 테슬라는 가능한 한 많은 사람들이 FSD를 이용하길 원한다. 그래야 더 많은 사람들에게 FSD가 얼마나 좋은지 그리고 얼마나 안전한지 증명할 수 있는 가능성도 높아지기 때문이다.

가격 인하의 두 번째 이유는 더 많은 주행 데이터를 수집하여 FSD를 개선하는 데 활용하기 위함이다. 일론 머스크는 2024년 4월 23일 "테슬라의 모든 투자자는 FSD를 직접 이용해 보고 이를 평가해야 한다."고 말했다. 한국에서 이를 체험할 수 없어 안타깝지만, 테슬라 투자자라면 테슬라 기업 가치를 평가하는 데 있어서 FSD가 차지하는 비중이 급격히 증가하고 있음을 깨달을 필요가 있다.

AI 로봇 옵티머스가 탁월한 경쟁력을 갖는 이유

일론 머스크는 2024년 1분기 실적 발표 및 콘퍼런스 콜에서 24년 하반기 테슬라 공장에서 인간형 로봇인 옵티머스Optimus가 실험적으로 사용될 것이라고 밝혔다. 옵티머스가 테슬라 공장을 넘어 외부에 판매되는 시점은 2025년 하반기다. 물론 일론 머스크는 이 시점들이 예측일 뿐이라는 점을 분명히 했다. 사실 그는 매우 낙관적인 타임라인을 제시하는 것으로 유명하며, 대부분의 경우 그 타임라인을 맞추지 못했다.

하지만 테슬라 옵티머스는 2022년 말 프로토타입인 범블비에서 시작된 이래, 2023년 3월 더욱 진화한 옵티머스 1세대 모델이 소개되었고, 이듬해인 2023년 12월 옵티머스 2세대가 등장하는 등 매우 빠른 속도로 발전하고 있다. 언제가 되었든 옵티머스는 테슬라와 테슬라 투자자에게 지금껏 경험하지 못한 엄청난 기회를 선물할 것임은 분명하다.

현대차그룹 산하의 미국 로봇 공학 기업인 보스턴 다이내믹스Boston Dynamics는 유압식 구동기actuator를 전기 구동기로 교체한 새로운 인간형 로봇 아틀라스Atlas를 공개했다. 매우 유연한 동작을 구현하는 이 2족 보행 로봇은 많은 사람들을 놀라게 했다. 그렇다면 새로운 아틀라스가 옵티머스에 위협이 될 수 있을까? 먼저 분명한 사실 하나는 테슬라 옵티머스가 AI 로봇 시장을 독점하긴 어렵다는 점이다. 오픈AI 등이 투자한 스타트업 피규어 AIFigure AI, 아마존의 지원을 받는 어질리티 로보틱스Agility Robotics, 보스턴 다이내믹스 그리고 중국의 다양한 기업들이 테슬라와 함께 AI 로봇 시장에서 우위를 차지하기 위해 본격적인 경쟁을 시작했기 때문이다. 그럼에도 이 경쟁이 테슬라에 유리한 이유는 있다.

AI 로봇에서 중요한 3대 구성 요소는 첫째, 두뇌 기능을 담당하는 AI 기술, 둘째 배터리, 그리고 마지막으로 (전기) 구동기다. 이 세 가지 구성 요소가 대량 생산이 가능해야 경제성을 발휘할 수 있다. 테슬라는 이 세 가지 영역 모두에서 경쟁력을 가지고 있다.

구동기는 크게 두 가지로 구별된다. 하나는 앞뒤로만 움직이는 선형linear 구동기이고, 다른 하나는 회전 구동기다. 여기서 회전 구동기는 전기차에 쓰이는 전기모터 기술에 기초한다. 이 책 2부 1장에서 소개하고 있는 것처럼 테슬라의 전기모터 기술은 타사 대비 기술력과 경제성에서 뛰어난 경쟁력을 확보하고 있다. 따라서 테슬라의 전기모터와 연결된 옵티머스 구동기는 빠르게 대량 생산이 가능할 수 있다. 또한, 옵티머스는 테슬라의 4680 배터리를 사용할 가능성이 높다. 바로 이 점도 시너지를 기대할 수 있는 대목이다. 배터리는 인간형 로봇에서 매우 중요한 역할을 담당한다. 로봇이 걷는 동안 균형을 잡으려면 많은 컴퓨팅 파워와 에너지가 소모되기 때문이다.

마지막으로 옵티머스는 테슬라 자율주행 AI인 FSD의 종단간 AI를 공유하고 있다는 점도 중요하다. 인간이 코딩한 프로그램이 사라지고 백퍼센트 인공지능 기술만 사용되는 종단간 AI를 통해 옵티머스는 주변 환경을 인식할 수 있고 행동을 계획하고 실행할 수 있다. 테슬라는 옵티머스를 2026년부터 수백만 대 대량 생산할 계획이고, 이를 통해 옵티머스의 가격을 2만 달러에 맞추려 하고 있다. 옵티머스가 AI에 기반한 '테슬라 생태계' 안에 존재하는 덕분에 이처럼 대량 생산의 가능성이 높아진 것이다. 이것이 경쟁 AI 로봇 기업들과 테슬라의 가장 큰 차별점이라 할 수 있다.

테슬라는 FSD 프로젝트를 통해 자율주행 자동차를 현실화하여 인간이 운전하는 시간으로부터 자유로워지기를 원한다. 테슬라 도조 슈퍼컴퓨터는 AI 시스템을 지속적으로 완성하기 위한 훈련실이다. 그리고 테슬라 옵티머스는 인간의 일상 업무를 대신하는 세계를 상상하며 탄생했고, 매우 빠른 속도로 발전하고 있다. 이렇게 테슬라는 엄청나고 다양한 AI 프로젝트를 진행하고 있고, 그 과정에서 자신들의 사명인 지속 가능한 사회로의 전환을 가속화하고 있다. 테슬라는 단순한 자동차 기업이 아니며, 강력한 AI 생태계를 확장하고 있는 것이다.

2019년 초부터 2024년 4월까지 테슬라 주식이 어떻게 움직였는지를 살펴보자. 참고로 테슬라는 2020년 8월 5대 1 비율로 주식을 분할한 이후, 2022년 8월 3대 1 비율로 주식을 분할했다. 2019년부터 지금까지 테슬라 주식은 S&P500 지수와 비교하거나 다른 주식과 비교할 때 믿을 수 없을 정도로 좋은 성과를 거두었다. 일부 투자자에게는 거의 1,000%의 수익을 안겨주었다. 10배에 가까운 수익률을 달성한 셈이다.

테슬라는 2024년 1분기 실적 발표를 계기로 본격적으로 2차 성장 시기에 진입했다. 그 핵심에는 반복적으로 강조한 것처럼 'AI 기반 테슬라 생태계'가 있다. 테슬라 2차 성장 시기 동안 테슬라 주가는

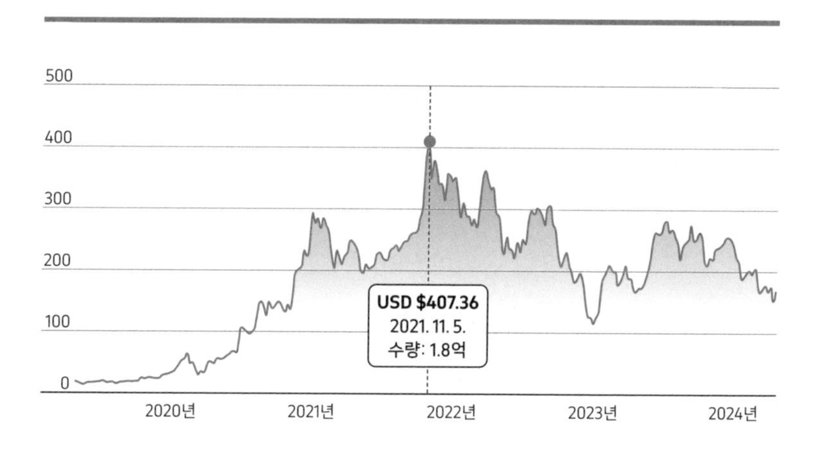

그림 5 | 테슬라 주가 변동

변동이 심한 시간을 통과할 수 있다. 이 때 필요한 것은 테슬라의 저력, 경쟁력, 시장 전략 등에 대한 냉정한 평가다.

궁극적으로 투자자는 기업의 미래 잠재력에 투자하는 것이다. 현재 기업이 하고 있는 일과 과거에 했던 일 때문에 투자하는 것이 아니다. 투자한 기업의 본질적인 가치가 더 높아져서 미래에 더 큰 돈을 벌 수 있기를 바라며 투자한다. 이 책은 바로 제2의 성장기를 시작한 기업 테슬라의 기업 가치를 꼼꼼하게 분석하고 있다. 테슬라 투자자에게 도움이 되기를 바라는 마음으로 공동 저자들이 수많은 자료를 조사하며 만든 책이다.

이 책의 1부는 최근의 테슬라 실적 발표 및 콘퍼런스 콜 분석을 통해 테슬라의 주가 전망을 담고 있다. 투자자에게 큰 도움이 될 것이다.

2부는 테슬라의 경쟁력을 하나하나 쉽고 명쾌하게 정리했다. 테슬라의 차량 제조 혁신, 4680 배터리가 가지고 있는 전략적 의미, 자율주행의 패러다임을 바꾸고 있는 FSD V12의 기술 성과, 세계 경제의 전환점으로 작용할 옵티머스의 가치 등이 담겨 있다.

3부는 세계 자동차 시장의 현주소를 체계적으로 분석하는 가운데, 전기자동차 시장의 강력한 강자로 떠오르고 있는 중국 BYD의 경쟁력을 분석하고 있다. 저자들은 내연기관에서 전기자동차(BEV)로의 전환은 그 과정에서 일시적으로 속도가 둔화될 수는 있어도 전환의 방향성은 바뀌지 않으며, 성장도 지속되고 있음을 분명하게 짚고 있다. 비행 여행 중 난기류를 만나도 비행기는 목적지에 도착한다.

또한 테슬라의 강력한 도전자로 성장하고 있는 BYD의 무서운 면모를 다양한 각도에서 살펴본다. 일론 머스크는 "만약 관세 장벽이 없다면 중국 자동차 기업은 세계 전통 자동차 기업들을 모두 몰락시킬 수 있다."고 경고한 바 있다. 중국 자동차 산업을 선두에서 이끌고 있는 BYD의 성공 방정식에 관심을 가져야 하는 이유다.

이 책의 저자들은 2017년 6월부터 매달 함께 공부하며 호흡을 맞춰 왔다. 그 과정에서 쌓인 전문 지식과 인사이트 덕분에 세계 경제 대전환의 큰 축을 담당하고 있는 자동차, 에너지, 인공지능, 자율주행, AI 로봇에 대한 가치 있는 분석이 가능했다. 테슬라 투자자를 비롯하여 관련 산업에 종사하는 독자 여러분의 선택에 기대 이상의 만족감을 선사할 것으로 자신한다.

테슬라는 엔지니어 문화가 꽃을 피우고 있는 기업이다. GE 그리고 최근 보잉Boeing의 몰락은 기업의 의사 결정 권력이 엔지니어가 아니라 재무관리 및 성과관리를 중요시하는 경영인에게 넘어가면서 비롯되었다. 이는 기술 중심 기업에게 지속적인 성장을 제한한다. 테슬라는 기업 규모와 관계없이 기술 스타트업처럼 엔지니어가 의사 결정의 중심에 있다. 우리는 한국 자동차 산업에도 강력한 엔지니어 문화가 다시 꽃피우길 바라고 있다.

차례

2부 테슬라, 폭발적인 성장을 예고하다

1 | 자동차 사업의 대체 불가 혁신

2 | 자동차 사업을 뛰어넘는 에너지 사업

3 | AI 기술의 결정체

4 | SF 소설의 상상이 현실이 되는 옵티머스

3부 전기차 시장 전망, 그리고 신흥 강자 BYD

1 | 전기차 시장에 대한 오해와 진실

2 | 주요 국가 현황과 전망

3 | 테슬라의 유일한 경쟁자, 중국 BYD

1부

TESLA

테슬라 주가 전망,
대반등 오는가?

INTRO

서문에서 설명한 것처럼 테슬라 주가는 제2의 성장기에 접어들고 있다. 그 전환점은 2024년 4월 23일 있었던 테슬라 실적 발표 및 콘퍼런스 콜이다. 1부에서는 이날 행사의 시사점에 대해 자세히 분석하고자 한다. 향후 12개월에서 15개월 사이 테슬라 주가는 어떻게 변화할지, 그리고 그 변화의 조건은 무엇인지 함께 살펴보자.

테슬라의 중장기 주가 전망을 시작하기에 앞서 가치투자의 아버지이자 워런 버핏Warren Buffett의 멘토였던 벤저민 그레이엄Benjamin Graham의 유명한 투자 철학을 상기할 필요가 있다. 그레이엄은 "주식시장은 단기적으로는 투표 기계이지만, 장기적으로 보면 저울이다(In the short run, the market is a voting machine but in the long run, it is a weighing machine)."라는 명언을 남겼다. 주가의 단기적인 움직임은 투자자의 심리에 영향을 받지만, 장기적으로는 결국 해당 기업의 펀더멘털에 영향을 받는다는 의미다.

테슬라 주가가 제2의 성장기를 맞고 있다는 말은 '저울의 시간'이 시작되었다는 뜻이다. 물론 앞으로 1년여 간은 복수의 '투표 기계의 시간'도 존재할 것이다. 대표적으로 24년 8월 8일 테슬라의 로보택시 콘셉트가 공개될 때, 그리고 24년 하반기 또는 25년 초 테슬라의 인간형 로봇인 옵티머스가 테슬라 기가팩토리에서 인간과 함께 생산 업무를 시작할 때, 그때 테슬라 주가는 폭등 또는 급락할 수 있다.

그러나 중장기적으로 테슬라 주가는 꾸준히 상승하게 될 것이다. 그 근거로 먼저 테슬라 주가 성장기의 전환점 역할을 담당했던 24년 1분기 실적 발표와 콘퍼런스 콜의 내용을 꼼꼼하게 살펴보자.

2024년 1분기 테슬라 실적 평가

테슬라의 2024년 1분기 '자동차 총 매출'은 CO2 크레딧을 제외하면 약 165억 달러를 기록했다. 이는 2023년 4분기 대비 20% 감소한 수치다. 차량 판매 대수가 48만 4,000대에서 38만 6,800대로 축소되었으니 매출 감소는 자연스러운 결과다. '표 1'에서 확인할 수 있는 것처럼 '자동차 매출총이익gross profit'도 36억 달러에서 약 28억 달러로 23.73% 하락했다.

34쪽의 '그림 1'은 2021년 1분기부터 2024년 1분기까지 테슬라 차량 평균 판매 가격과 평균 생산 비용, 대당 이윤을 보여주고 있다. 2023년 4분기 대당 이윤은 7,234달러로 3분기 대비 증가하였고, 이 수치는 2024년 1분기 7,857달러로 뚜렷하게 더 큰 증가세를 보였다.

최근 월스트리트의 애널리스트들은 테슬라 차량의 가격 인하와 공장 가동률 저하로 매출총이익률이 15% 이하로 떨어질 것으로 예상했었다. 이런 평판을 떠올린다면, 저조한 차량 판매 실적에도 불구하고 자동차 매출총이익률이 증가했다는 것은, 테슬라 투자자들로 하여금 테슬라가 차량 가격 인하를 상쇄하기 위해 생산성을 계속 높이고 있었다는 자신감을 심어주기에 충분했다.

표 1 | 테슬라 2024년 1분기 실적과 2023년 4분기 실적 비교

	24년 1분기	23년 4분기	변화량
매출			
- 자동차(CO2 제외)	$16,460	$20,630	20%
- CO2 크레딧	$442	$433	2%
- 에너지	$1,635	$1,438	14%
- 서비스	$2,288	$2,166	6%
- 합계	$21,301	$25,167	-15%
매출총이익(Gross Profit)			
- 자동차(CO2 제외)	$2,770	$3,632	-23.73%
- 에너지	$403	$314	28.34%
- 서비스	$81	$59	37.29%
- 합계 (CO2 제외)	$3,254	$4,005	-18.75%
매출총이익률(Gross Margin)			
- 자동차(CO2 제외)	16.35%	17.18%	-4.83%
- 에너지	24.6%	21.8%	12.84%
영업비(Operating Expenses)	$2,525	$2,374	6.36%
영업이익(Operating Profit)	$1,171	$2,064	-43.27%
순이익(Net Profit)	$2,500	$2,128	17.48
주당순이익(EPS)	$0.43	$0.71	-39.44%
현금보유액	$26,863	$29,094	-7.67%

단위: 백만 달러

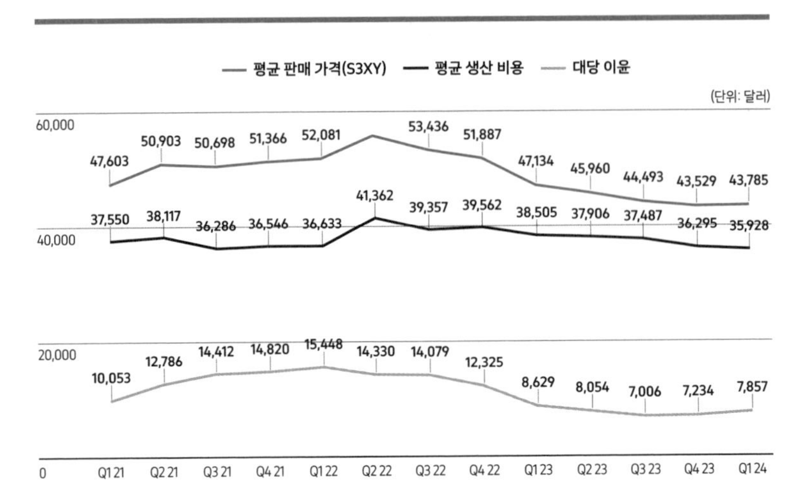

그림 1 | 테슬라 차량 평균 판매 가격, 평균 생산 비용 및 평균 이윤 변화 추이

차량 평균 생산 비용이 하락한 원인은 철강, 구리, 리튬, 코발트 등 원자재 가격 하락과 테슬라의 쉼 없는 생산 기술 혁신에서 찾을 수 있다. '그림 1'에서 확인할 수 있는 것처럼 테슬라 차량 평균 이윤은 2022년 1분기 1만 5,448달러로 최고치를 기록한 이후 지속적으로 하락세를 보여 왔다. 그러던 것이 2023년 3분기에 최저치를 기록하고 나서 2023년 4분기와 2024년 1분기 연속해서 다시 상승세로 전환되고 있다. 이는 테슬라 자동차 사업 부문의 이윤율 하락이 저점을 통과했다고 해석할 수 있는 대목이다.

AI 승자가 되기 위한 청사진

테슬라는 'AI 테슬라 생태계'를 발전시키기 위해 막대한 R&D와 카펙스Capex(미래 이윤 창출을 위해 지출된 비용) 투자를 이어가고 있다. '그림 2'에서 볼 수 있는 것처럼 설비 투자(Capex)의 경우 2023년 3분기 24억 6천만 달러에서 4분기 23억 달러로 하락했다가 2024년 1분기 다시 27억 달러로 증가했다. 2023년 한 해 동안 전체 설비 투자가 89억을 기록한 셈인데, 이 수치는 2024년에 100억 달러를 상회할 가능성이 높다.

이는 한편으로 비용 상승을 의미하지만 다른 한편으론 FSD와 로보택시 등 'AI 테슬라 생태계'를 확장해 가는 큰 그림으로 볼 수 있다. 다시 말해 미래 비즈니스 성장을 위한 전략적인 투자가 증가한 것이다. 특히 2024년 1분기 설비 투자 금액 27억 달러 중 약 37%에 해당하는 10억 달러는 도조 슈퍼컴퓨터의 성능 향상을 위해 쓰였다.

이는 '그림 3'의 오른쪽 맨 끝의 지표에서 보이듯 2024년에 들어서면서 FSD를 학습시킬 수 있는 GPU 수의 폭발적인 증가에서도

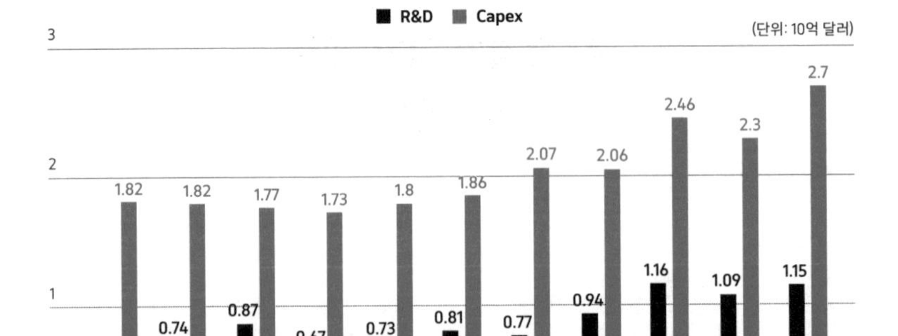

그림 2 | 테슬라 분기별 R&D 및 Capex 투자 규모

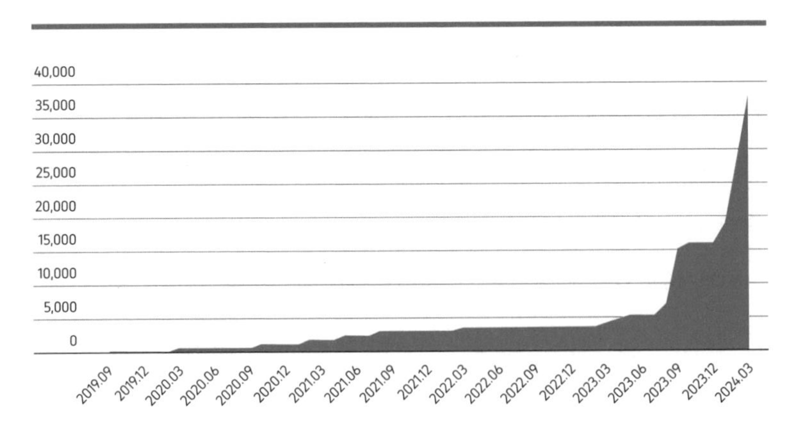

그림 3 | 테슬라 AI 학습 능력 변화 추이 (출처: 테슬라[1])

확인할 수 있다. 나아가 테슬라는 완전자율주행 즉 FSD를 훈련하기 위해 2024년 12월까지 엔비디아 H100 기준 GPU의 수를 총 8만 5,000개로 확대할 계획이다. 이는 2024년 3월 말 기준 2배가 넘는

수치다.

이러한 막대한 규모의 AI 투자로 인해 일론 머스크는 테슬라가 이미 2024년 4월 종단간 AI End-to-End AI에 기초한 FSD 학습에 있어서 컴퓨팅 파워의 병목 현상을 해결하고 있다고 전했다. 이 말에 따르면 FSD 이용자의 급증과 함께 증가하는 막대한 학습 데이터의 양을 테슬라는 신속하게 처리할 수 있다는 뜻이다. 또한 앞으로 FSD 성능 향상 속도가 더욱 가속화될 수 있음을 의미한다.

하지만 R&D 및 카펙스의 증가와 더불어 자동차 사업 부문의 매출 하락 및 재고 증가는 결과적으로 잉여현금흐름 Free Cash Flow, FCF이 마이너스 25억 달러를 기록하게 만들었다('그림4' 참조).

하지만 단기 투자에 쓰일 수 있는 자금인 테슬라의 현금 및 현금

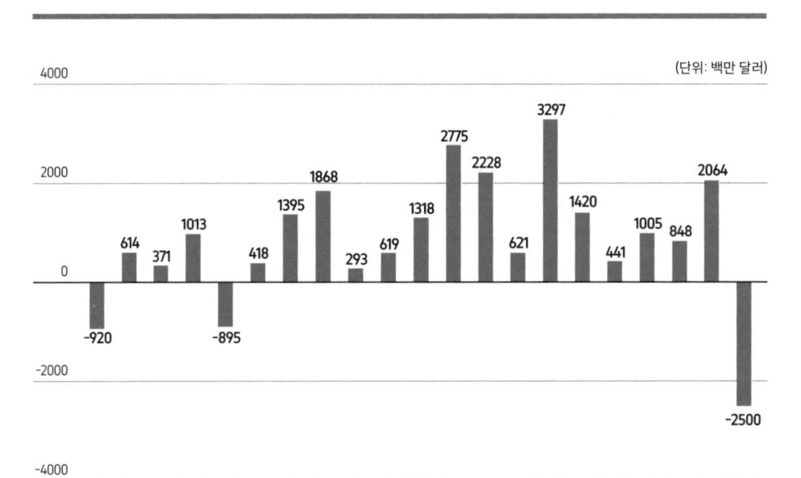

그림 4 | 테슬라 분기별 잉여현금흐름

성자산Cash & Cash Equivalents은 여전히 높은 수준을 유지하고 있다. 비록 2023년 12월 31일 기준 290억 9,400만 달러에서 2024년 3월 31일 기준 268억 6천만 달러로 줄긴 했지만,[2] 여전히 여유가 있다. 나아가 일론 머스크는 최근 콘퍼런스 콜에서 2024년 2분기 테슬라의 잉여현금흐름이 마이너스에서 다시 플러스로 전환될 것이라고 이야기했다. 이런 이유로 (기관) 투자자들은 2024년 1분기 마이너스 잉여현금흐름을 사소한 문제로 치부했다.

새로운 저가형 자동차 청사진

사실 2024년 1분기 실적 발표에서 가장 중요한 부분은 재무 성과가 아니다. 끊임없이 논란의 중심에 있던 새로운 '저가 자동차' 전략에서 테슬라가 매우 구체적이고 현실적인 대안을 제시한 대목에 집중해야 한다.

2024년 4월 6일 로이터는 "테슬라가 중국 전기차와 치열한 경쟁 속에서 저가 자동차 생산 계획을 폐기했다."고 독점 보도[3]했다. 이에 일론 머스크는 "로이터가 거짓말을 하고 있다."고 소셜미디어 엑스[X]를 통해 바로 반박[4]했다. 그리고 같은 날 일론 머스크는 "(24년) 8월 8일 로보택시를 공개하겠다."는 메시지[5]를 전했다. 그러나 2025년 '하반기' 생산으로 예정되었던 저가 자동차, 일명 '모델 2'에 대한 혼란이 지속되면서 테슬라 주가는 큰 폭의 하락을 경험한다.

이러한 혼란을 잠식시킨 것이 2024년 1분기 실적 발표와 이어진 콘퍼런스 콜이다. 테슬라는 2025년 '상반기'에 합리적 가격의 '새로운 모델들(new models)'로 테슬라 차량 제품군을 업데이트할 것이라고 밝혔다. 이러한 새로운 차량들은 차세대 플랫폼 일부와 현재 플랫폼 일부를 활용하여 모델 3와 모델 Y를 생산하는 라인에서 생산될 것이다. 테슬라 차세대 플랫폼next-generation platform은 차량 생산 단가를 최대 50%까지 줄일 수 있는 테슬라 차량 생산 기술의 총아라고 평가받고 있다(이에 대한 자세한 설명은 2부 1장에서 이어진다).

그러나 차세대 플랫폼에서 차량을 생산하기 위해서는 막대한 설비 투자가 전제되어야 한다. 생산 시기도 2025년 하반기보다 빨라질 수 없다. 따라서 중국 전기차의 파상적 공세에 대응하고 합리적 차량 가격으로 전기차 소비를 보다 빨리 진작시키기 위해 테슬라는 현재 생산 라인을 사용하기로 결정한 것이다. 여기에는 큰 설비 투자가 필요하지 않다. 현재 테슬라의 연간 최대 차량 생산 능력은 약 300만 대 수준이라고 테슬라는 밝히고 있다. 참고로 기가 텍사스와 기가 베를린 공장은 각각 연간 25만 대의 과잉 생산 능력을 갖추고 있다.

요약하면, 당초 예상보다 비용 절감 효과는 작지만 불확실한 시기에 보다 투자 친화적인 방식으로 새로운 차량 물량을 신중하게 늘리겠다는 것이 테슬라의 계획이다. 원래 계획했던 모델 2는 기존 생산 라인에서 만들어질 수 없기 때문에 테슬라가 의도하는 '새로운 차량들'은 기존에 없던 완전히 새로운 모델이라기보다 모델 3 또는 모델 Y의 슬림화된 버전이 될 가능성이 높다. 새로운 차량들은 48볼트 아키텍처, 4680 배터리, 스티어 바이 와이어steer-by-wire 등 일부 혁신 기능을 갖춘 지금보다 조금 더 저렴한 차량이 될 전망이다.

현재 미국에서 모델 3 스탠다드 레인지 후륜구동의 가격은 3만

9,000만 달러다. 그러나 중국산 배터리를 사용하고 있기 때문에 미국 인플레이션 감축법(IRA)에 따른 7,500달러 세금 공제 혜택을 받을 수가 없다. 이 세제 혜택 때문에라도 새로운 차량은 4680 배터리를 장착할 가능성이 높다. 테슬라는 4680 배터리 생산에 대해 킬로와트시kWh당 45달러의 세금 공제를 받고 있다. 이를 미국에서는 '첨단 제조 세금 공제'라고 부른다.

저가형 모델 3가 62kWh 4680 배터리를 장착할 경우 2,790달러의 혜택을 받을 수 있다. 따라서 모델 3의 저가 버전은 이론적으로 7,500달러에 2,790달러를 더한 1만 290달러의 공제 효과를 받게 되는 셈이다. 공제 효과에 더해 차량 가격을 4,000달러만 낮추어도 저가형 모델 3의 소비자 구매 가격은 2만 5천 달러까지 내려갈 수 있다. 물론 이러한 이점이 중국과 유럽에서는 적용되지 않는다. 그럼에도 불구하고 테슬라의 '새로운 차량들' 전략은 긍정적이다. 테슬라가 대규모 신규 투자를 하지 않고도 새롭고 저렴한 모델로 두 개의 기가팩토리의 과잉 생산량을 상쇄할 수 있기 때문이다. 또한 테슬라의 새로운 차량들은 모델 2가 몇 년 후 정식 출시될 때까지의 공백을 메울 수 있다. 이러한 테슬라 신차 전략은 투자자의 불안과 답답함을 일시에 해소하는 효과를 가져오고 있다.

한편 테슬라 에너지 사업 부문은, 일론 머스크가 말한 것처럼 테슬라의 "가장 높은 수익률 사업"이 되고 있다. 2024년 1분기 처음으로 4기가와트시GWh를 초과하였을 뿐 아니라('그림 5' 참조), 매출총

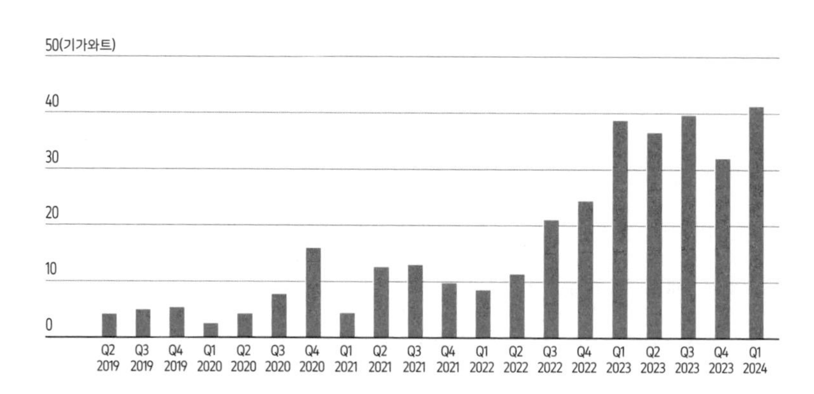

그림 5 | 테슬라 분기별 메가팩 설치 용량(MWh)

이익률gross margin은 25%로 크게 증가했다(33쪽 '표 1' 참조).

캘리포니아 라스롭Lathrop에 위치한 메가팩토리의 2024년 1분기 가동률은 40%이며, 2024년 하반기 이는 100%로 확장될 것이다. 또한 중국 상하이에도 메가팩을 생산할 수 있는 메가팩토리가 건설되고 있다. 메가팩을 중심으로 한 테슬라 에너지 사업 부분은 테슬라 기업 가치를 한층 더 끌어올릴 전망이다. 이에 대한 자세한 분석 역시 2부에 계속 이어진다.

2024년 1분기 테슬라 콘퍼런스 콜 분석

FSD 그리고
로보택시와 옵티머스 평가

실적 발표와 달리 24년 1분기 콘퍼런스 콜은 'AI 중심의 테슬라 생태계'에 집중되었다. 먼저 콘퍼런스 콜의 핵심 내용을 확인해 보자. 다음은 일론 머스크의 발언 가운데 의미 있는 내용을 정리하고 요약한 것이다.

- 2024년 1분기에 예상하지 못했던 도전을 받았다(베를린 기가팩토리 방화 사건, 예멘의 무장단체 후티 반군 공격에 따른 배송 지연, 프리몬트 기가팩토리에서 모델 3 하이랜드의 대량 생산 지연 등).
- 순수전기차(BEV)에 대한 소비가 시장에서 어려움을 겪고 있다. 이는 테슬라만의 문제는 아니다. 이러한 때 다른 자동차 기업은 순수전기차보다 하이브리드 모델 생산을 늘리고 있는데, 이는 잘못된 전략이다.
- 테슬라의 에너지 사업은 빠르게 성장하고 있고, 앞으로 그 성장 속도는 더 가속화될 것이다.
- AI 학습 능력이 크게 확장되었다.

- 차량 생산 라인이 업데이트되었다(과거형). 여기서 더 저렴한 차량이 더 빨리 생산될 것이다.
- 현재 생산 능력을 모두 이용하면 연간 생산량은 3백만 대가 가능하다.
- 매우 빠른 속도로 FSD의 성능이 향상되고 있다. 직접 체험해 보길 바란다.
- 미국에서 판매되고 있는 하드웨어 3.0을 갖춘 모든 차량은 FSD를 이용할 수 있다.
- FSD V12 출시 이후 FSD가 작동한 거리는 3억 마일(4억 8천만 km) 이상이다.
- 자율주행은 (라이더LiDAR 및 레이더radar가 아닌) 카메라 비전만으로 가능하다.
- FSD 이용료는 월 99달러다.
- 2024년 8월에 로보택시 '차량'을 공개할 것이다.
- 지금까지 자율주행 기술 발전에 있어 테슬라의 유일한 문제는 AI 학습 역량의 병목 현상, 다시 말해 GPU 부족이었다. 이는 4월에 해결되었다. 더 이상의 병목 현상은 없다.엔비디아 H100으로 환산하면 8만 5,000개가 2024년 말까지 설치된다.
- 미래는 자율주행 시대이다. 내연기관 차량은 '말을 타는 꼴' 또는 '피처폰을 쓰는 꼴'이다.

이어 테슬라의 CFO 타네자 바이바브Taneja Vaibhav의 이야기다.

- 전체 매출이 감소한 두 가지 주요한 이유는, 연초마다 자동차 매출이 감소하는 일반적인 현상과 거시 경제 환경 때문이다.
- 생산 비용 감소는 베를린과 프리몬트 기가팩토리의 혁신 덕분에 가능해졌다.
- 자동차 사업 부문의 매출총이익률 증가(17.4%)를 주의 깊게 봐 달라.
- 에너지 사업 부문에서 메가팩의 설치는 2023년 대비 75% 증가했다.
- 마이너스 잉여현금흐름 중 20억 달러는 재고량 증가 때문이다.
- 2024년 2분기 잉여현금흐름은 플러스로 전환될 것이다.
- 카펙스(설비 투자)는 계속해서 효율적으로 집행할 것이다.
- 시장 전망은 매우 밝다!

테슬라에 투자하려면 FSD를 경험해 보라

이어 Q&A가 진행되었고, 답변은 일론 머스크가 직접 맡았다. 주요한 내용을 살펴보자.

Q • 4680 배터리 생산 현황은 어떠한가?

A • 2023년 4분기 대비 생산량은 20% 증가했다. 1분기 총 7기가와트시GWh가 생산되었다. 4680 배터리의 매출원가Cost of Goods Sold, COGS가 지속적으로 낮아지고 있고, 2024년 하반기에는 매

출원가 목표치에 도달할 것이다.

Q • 옵티머스 생산 타임라인은 어떠한가?

A • 현재는 여전히 연구 단계이고, 2024년 하반기에 테슬라 공장에 투입될 계획이다. 판매는 2025년 하반기를 '목표'로 하고 있는데, 판매 시기는 조심스럽다. 그러나 테슬라는 옵티머스를 '대량 생산'할 모든 준비를 마쳤다.

Q • FSD V12에 대한 정부 규제 통과 전망은 어떠한가?

A • 규제 통과를 위한 기초적인 준비는 끝냈다. 다른 기업의 경우 규제 장벽을 통과하기가 쉽지 않을 거다(규제 '정글'에 빠져 있다). 이는 테슬라에게 유리한 경쟁 환경이다. FSD V12의 사고 확률이 50% 감소한다면 큰 정치적 장벽은 사라질 것이다. 과거에 엘리베이터가 발명됐을 당시 상황도 유사했다. 초기 엘리베이터의 안전 문제가 심각했고, 이 때문에 정부 허가가 쉽지 않았다. 그러나 결국 표준이 만들어졌고, 시장에 확산되었다. 테슬라는 대규모로 로보택시 서비스를 운영할 것이다. 테슬라가 로보택시를 직접 운영하는 우버Uber 방식과 FSD가 장착된 테슬라 차량 소유자가 로보택시를 운영하는 에어비앤비Airbnb 방식을 혼합한 서비스이다. 이 로보택시 서비스는 '아마존 AWS'와 같은 비즈니스 잠재력을 가지고 있다. 테슬라 차량 소유자가 차량을 사용하지 않을 때 이를 타인에게 서비스로 제공하고 돈을 버는 방식이기 때문이다. 또한 FSD를 '훈련' 시키기 위해서는 정말 많은 컴퓨팅 파워가 필요하지만, FSD를

'운영'하는 데에는 많은 컴퓨팅 파워가 필요하지 않다. 따라서 훈련 과정에 필요했던 여유 컴퓨팅 파워를 '아마존 AWS'처럼 서비스로 판매할 계획이다.

Q • FSD를 진화시키는 데 어려움은 없나?

A • 종단간 AI[End-to-End AI] 방식인 FSD V12에서는 학습과 진화가 많은 부분 '자동'으로 진행되기 때문에 인간 개발자의 개입이 많지 않다. 지금 진화 속도라면 앞으로 3개월 또는 4개월 내로 눈에 띄는 개선이 이루어질 것이다. 이미 FSD 새로운 버전을 내부적으로 테스트 중에 있다. FSD V12.5는 사실 FSD V13에 가깝다. 왜냐하면 V12.5는 완전히 새로운 방식으로 모델을 학습시키고 있기 때문이다.

Q • 2만 5,000달러 저가 자동차 모델 계획은?

A • 이미 시작되었고, 가속도가 붙고 있다. 현재 존재하는 기존의 생산 라인에서 생산될 것이다.

Q • 사이버트럭 생산량은 어떠한가?

A • 한 주에 1,000대씩 생산되고 있다. 생산 속도를 더 높이는 데는 여전히 해결해야 할 문제가 많다.

Q • FSD 라이선스 협상은 진척이 있는가?

A • 현재 매우 큰 자동차 기업 한 곳과 대화를 진행하고 있다.

Q • 세마이[semi] 트럭 생산은 어떻게 되나?

A • 생산 공정이 아직 완성되지 않았다. 2026년부터 본격 생산될 것이다.

Q• 메가팩 생산 속도는?

A• 2024년 하반기까지 생산량이 두 배가량 증가할 것이다.

Q• 새로운 차량은 어떤 혁신을 갖추게 되는가? 현재와 같은 생산 라인에서 생산된다면 큰 혁신이 없을 것 같다.

A• (일론 머스크는 이 질문에 대해 특별하게 답변하지 않으면서 다음과 같이 말했다.) 2024년 차량 판매량은 2023년보다 많을 것이다.

Q• 중국 전기차 기업이 테슬라의 2만 5,000달러 모델 2를 모방하는 데 얼마나 걸릴 것 같나?

A• 중국 경쟁 기업이 무엇을 할 수 있을지 모르겠다. 그러나 확실한 것은 생산 기술에 있어 테슬라는 중국 기업을 크게 앞서고 있다는 점이다. 테슬라를 '자동차 기업'으로 평가해서는 안 된다. 잘못된 질문에 정확하게 답변하기 어렵다. 'FSD를 믿지 않는다면 테슬라에 투자해서는 안 된다.' FSD를 직접 경험해 보지 못한 사람은 현재 어떤 일이 일어나고 있는지 정확히 이해하기 어려울 것이다.

Q• 테슬라 투자 명제는 전적으로 FSD와 AI에 달려 있다는 것으로 이해한다. 25% 의결권 확보를 어떻게 이룰 것인가? (일론 머스크는 '엑스'를 통해 테슬라를 AI와 로봇공학 분야의 리더로 성장시키기 위해서는 본인에게 25%의 의결권이 필요하다고 밝힌 바 있다.)

A• 내일 외계인이 지구를 침공해도, 그리고 내가 테슬라를 떠나도 테슬라는 FSD 진화를 이뤄낼 것이다. 25% 의결권 확보와 무

관하게 테슬라의 FSD 미래는 명쾌하다. 의결권 확보는 주식을 구매하는 방식으로 이루어질 것이다.

Q • 직원 10%를 해고한다고 하는데, 어떤 영역에서 해고가 이뤄지나?

A • 모든 영역에서 해고가 진행될 것이다. 나무가 성장하기 위해서는 가지를 칠 수밖에 없다.

Q • 다시 한번 FSD 라이선스 전망에 대해 묻겠다.

A • 테슬라 FSD가 우리 사회 자율주행기술을 완성하기 위해 옳은 방법이라는 것을 입증해야 한다. 그때 비로소 다른 자동차 기업들이 테슬라 소프트웨어를 라이선싱할 것이다. 테슬라 FSD는 스마트폰의 안드로이드 OS와 같다. 테슬라 FSD가 결합되어야 모든 자동차는 스마트해질 것이다. 스마트폰이 판매되는 시대에 더 이상 소비자는 피처폰을 사지 않는 것처럼, FSD가 없는 스마트하지 않은 차량은 앞으로 판매되지 않을 것이다. 이 때 다른 자동차 기업들은 다른 선택의 여지가 없다. 물론 다른 기업들이 테슬라 FSD를 채택하기까지는 수년이 걸릴 것이다. FSD 라이선스 관련하여 2024년 좋은 소식이 있을 가능성이 크다.

Q • 앞으로 차량 가격을 더 인하할 것인가? 가격 인하를 계속하는데도 플러스 잉여현금흐름이 가능한가?

A • 훌륭한 제품을 매력적인 가격에 제공한다는 원칙에는 변함이 없다.

Q • FSD가 북미 외 지역에서 허가받을 가능성은 어떤가? 특히 중국에서 허가받을 가능성은?

A • FSD는 큰 조정 없이도 세계 여러 나라들에서도 작동할 수 있다. 테슬라는 현재 다른 국가에서도 FSD 허가를 받기 위해 큰 노력을 하고 있다. 특히 '중국'에서 노력하고 있다.

Q • 2024년 성장 전망은 어떤가?

A • (이번 답변은 타네자 바이바브 CFO가 맡았다.) 앞에서 자세히 설명했듯이 1분기에는 많은 문제가 있었다. 하지만 2분기는 눈에 띄게 실적이 좋아질 것이다.

Q • 아마존 AWS와 유사한 비즈니스라고 말했는데 더 자세하게 설명해 달라.

A • 아마존은 '책 판매'로 시작한 기업이지만 오늘날 AWS는 아마존에서 가장 가치가 높은 사업 부문이 되었다. 도조 슈퍼컴퓨터와 테슬라 차량에 설치된 칩은 서로 연결되어 거대하고 유연한 컴퓨팅 파워를 구성하고, 이는 '서비스(SaaS)'로서 소비자에게 판매될 것이다. (그러고 나서 일론 머스크는 추가로 다음과 같이 답변하며 또 한 번 강조했다.) 테슬라 주식을 가지고 있거나 테슬라 주식을 구매할지 고민하는 사람 모두는 FSD를 직접 경험해 봐야 한다.

Q • 새로운 차량의 생산 비용을 절감할 방법은?

A • 2023년 투자자의 날에 발표했던 내용과 생산 목표가 모두 이루어질 것이다.

Q • 4680 배터리를 외부에도 판매할 것인가?

A • 먼저 생산 비용이 내려가서 배터리 가격을 낮출 수 있을 때까지 시간이 걸릴 것이다. 대규모 생산으로 테슬라에 필요한 것보다 더 많이 생산하게 된다면 외부에 판매할 것이다.

테슬라 가치는
장기적으로 크게 상승할 것

일론 머스크는 1분기 콘퍼런스 콜에서 테슬라의 자율주행 실력을 믿지 않는다면 테슬라에 투자해서는 안 된다고 반복해서 주장했다. 이 책 서문에 자세히 설명한 것처럼 테슬라 FSD V12의 가능성은 다양한 데이터로 입증되고 있다.

특히 2024년 4월 28일부터 이어진 일론 머스크의 중국 방문은 앞으로 FSD 비즈니스 전망에 매우 중요한 의미를 가지고 있다. 중국 당국은 테슬라 상하이 기가팩토리에서 생산된 모델 3와 모델 Y가 '(중국) 자동차 데이터 처리 4항 안전 요구 검사 상황 통지'에서 검사를 통과했다고 밝혔다. 이 검사는 지금까지 BYD 등 오직 중국 기업만이 통과했다. 테슬라는 이 검사를 통과한 최초의 외국 기업이다. 이로써 테슬라는 중국에서 FSD를 서비스할 있는 중요한 변곡점을 지났다고 평가할 수 있다.

그간 안보 문제를 이유로 미국 기업에 특히 강경한 입장을 보이던 중국이 왜 테슬라에만 승인 허가를 내준 것일까? 이는 테슬라가 중국의 빅테크 기업 바이두Baidu와 지도 및 네이게이션 라이선스 제휴를 맺기로 한 덕분으로 분석된다. 구체적으로 바이두는 중국 공공도로 지도 제작 관련 라이선스에 테슬라가 접근할 수 있도록 했고, 테슬라는 이를 활용해 중국 내 교통, 도로 등에 대한 데이터를 수집할 수 있게 됐다. 작년 테슬라의 실적 악화에 큰 영향을 미쳤던 중국 시장에 대한 회복 가능성이 높아져 테슬라 주가에도 긍정적인 영향을 미칠 것으로 보인다.

그러나 유럽 상황은 녹록치 않다. 유럽 법률은 자동차에 종단간 신경망 AI를 적용하는 것을 아직까지 금지하고 있기 때문이다. 법 개정이 필요한 상황이다.

로보택시와 옵티머스의 엄청난 가치

2035년, 그러니까 앞으로 11년 후의 테슬라 기업 가치를 예측해 본다면, 로보택시와 옵티머스 가치가 테슬라 자동차 사업 가치를 매우 크게 뛰어넘을 것이다. 옵티머스의 가치는 로보택시의 그것보다 더 크게 그리고 더 빠르게 증가할 것이다. FSD가 아무리 엄청나게 진화한다고 해도 로보택시는 사고를 유발할 수 있고, 최악의 경우 인간의 생명까지 위협할 수 있기 때문이다. 로보택시 사업은 수많은 제도의 장벽을 뛰어넘고 우리 사회에서 긍정적인 여론을 형성하기까지 적지 않은 시간이 필요할 것으로 보인다.

반면 인간보다 느리게 걸으며 공장 작업을 수행하는 휴머노이드 AI 로봇은 제대로 작동한다면 훨씬 빠르게 시장에 출시될 수 있다.

장기적으로 옵티머스와 로보택시는 벤저민 그레이엄이 말한 '저울 추'에서 매우 강력한 한 축을 담당할 것이고, 테슬라 기업 가치는 이에 상응하여 크게 상승할 수 있다.

그 과정에서 테슬라 투자자는 앞서 설명한 것처럼 여러 차례 '투표 기계의 시간'을 경험할 수 있다. 그 첫 번째 시간은 2024년 8월 8일이다. 그 날은 로보택시 서비스 시작일이 아니라 로보택시 차량 모델과 FSD V12.5가 공개되는 시점이다.

두 번째 '투표 기계의 시간'은 빠르면 2024년 하반기 늦어도 2025년 상반기 무렵 옵티머스가 테슬라 공장에서 인간과 함께 작업을 시작하는 때다. 이 투표 기계가 작동하면 테슬라 주가는 매우 짧은 시간 내에 두 배, 세 배 이상 오를 수 있는 가능성이 크다. 그러나 로보택시 서비스 시작이 지연되고, FSD 채택률(FSD 구독 차량 수)이 빠르게 증가하지 않는다면 '투표 기계의 시간'은 반대로 작동할 수도 있다.

테슬라 로보택시는 현재 존재하는 생산 라인에서 생산되지 않고 '차세대 플랫폼'에서 생산된다. 이는 2025년 하반기에 시작될 수 있다고 테슬라가 밝히고 있기 때문에 로보택시 서비스의 본격적인 시작은 2026년으로 예측하는 것이 합리적이다. 로보택시가 본격적인 양산 체계를 갖추며 미국 내 여러 도시에서 서비스를 시작한다면 벤저민 그레이엄의 저울 추가 작동할 것이다.

요약하면 테슬라 주가에 있어 투표 기계의 시간은 2024년과 2025년 투자자를 찾아올 가능성이 높고, 저울의 시간은 2026년에야 시작될 것이다.

테슬라 가치의 단기 평가는?

테슬라 주가가 급등 또는 급락할 수 있는 예외적인 투표 기계의 시간을 제외하고, 그렇다면 2024년 하반기 또는 2025년 상반기까지 테슬라 주가 흐름은 어떻게 평가할 수 있을까? 여기서 중요하게 살펴볼 것은 2025년 FSD 채택률에 따른 FSD 매출 전망이다. 이를 예측해 보면 앞으로 12개월 또는 18개월 테슬라 주가 전망이 보다 정확해질 수 있다.

FSD 매출 전망 시나리오를 세 가지로 단순화해 보자. 이 전망 추

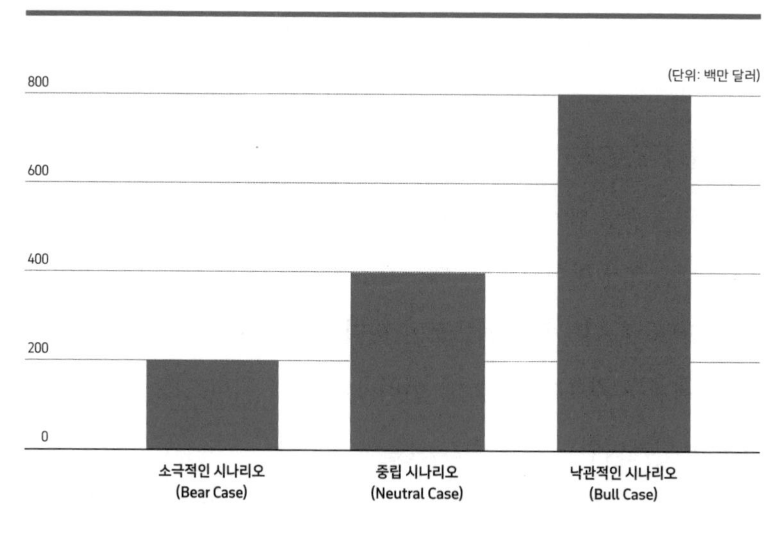

그림 6 | 2025년 테슬라 FSD 총매출이익 전망

정치의 전제 조건은 다음과 같다.

- 2025년 1월 FSD V13이 출시된다.
- FSD 매출은 2025년 하반기까지 미국과 캐나다에서만 발생한다.
- FSD 월 구독료는 99달러다.
- 로보택시는 2026년에야 서비스를 시작한다.
- FSD의 수익률은 90%다.

가장 소극적인 시나리오(Bear Case)는 2025년 분기당 미국과 캐나다에서 최대 25만 대 테슬라 차량이 판매되는 경우다. 이는 2024년 1분기 대비 20%의 차량 판매 증가율을 의미한다. 이 때 신규 차량과 기존 차량에서 FSD 채택률은 10%라고 가정한다면, FSD 총매출이익은 2억 달러에 달한다.

다음으로 중립 시나리오(Neutral Case)는 분기별 차량 판매 증가율을 30%로 가정하고 FSD 채택률을 20%로 가정한 것이다. 이 때 테슬라 FSD 총매출이익은 4억 달러로 증가한다.

마지막으로 가장 낙관적인 시나리오(Bull Case)는 차량 판매 증가율이 50%에 달하고 채택률이 40%일 경우를 전제로 한다. 이 경우 테슬라 FSD 총매출이익은 8억 달러에 이른다.

이상 세 개의 시나리오 모두 FSD 총매출이익에 어떤 승수를 곱하는가에 따라 FSD 가치가 결정되고, 이에 따라 테슬라 주가가 움직이게 된다. 승수 50을 적용할 경우 가장 낙관적인 시나리오의 경우 FSD는 테슬라에 400억 달러의 기업 가치를 더할 수 있다. 이는 현재 테슬라 시가총액의 약 7%에 해당되는 금액이다. 다시 말해서 큰 폭의 가치 상승은 아니다. 물론 FSD가 V13으로 업그레이드된다면 FSD 월 이용료와 채택률은 더 높아지고 승수 또한 50보다 크게 증가할 수 있다. 그리고 FSD가 2025년 중국에서도 서비스되고 다른 자동차 기업들도 FSD 라이선스를 도입한다면, 아울러 2025년 하반기 로보택시 서비스까지 시작된다면 테슬라 기업 가치는 완전히 다른 수준에 도달할 수 있다.

요약하면 에너지 사업 부문 성장과 옵티머스 출시를 제외하더라도 테슬라의 기업 가치는 앞으로 12개월에서 18개월 뒤 FSD 매출에 기반하여 지금과는 다른 국면으로 성장할 가능성이 매우 높다.

주식 시장에서 투자자는 위험을 감수하고 자본을 투입한 대가로 수익을 얻는다. FSD 사업은 테슬라 기업 가치 상승의 큰 잠재력을 가지고 있는 것만은 분명하다. 그러나 FSD 매출총이익은 여전히 다양한 전제를 가지고 있는 '전망'이기에 투자 위험은 여전히 존재한다.

2024년 2분기 테슬라 실적 평가 및 콘퍼런스 콜 분석

본 3장은 초판 4쇄에 추가한 테슬라 최신 실적 분석입니다.
앞의 24년 1분기 분석 또한 여전히 유효하고 중요한 내용이어서 남겨두고,
본 자료를 추가한 것임을 알려 드립니다.

2024년 2분기 테슬라 실적 평가

2024년 7월 23일 테슬라의 2분기 실적 발표 이후 실망한 기관 투자자의 매도 물량이 쏟아지면서 테슬라 투자는 일시적으로 크게 하락했다. 자동차 사업 부문에서 매출은 증가했으나 이익률이 계속해서 하락하고 있기 때문이다. 사이버트럭과 4680 배터리는 2024년 12월쯤 손익분기점에 도달할 예정이다. 한편 AI 기업으로 전환하고 있는 테슬라는 아직까지 재무제표에 AI 관련 매출을 담고 있지 못하다. 2025년으로 기대되는 FSD 버전 13 배포 이후에야 테슬라는 AI 매출을 기록할 전망이다. 그리고 이는 테슬라 주가가 본격적으로 상향하는 신호탄이 될 것이다. 2024년 하반기에도 작은 폭이지만 테슬라 주가를 끌어올릴 수 있는 요인은 10월 10일로 예고된 로보택시 차량 공개, 12월 전후 발표될 2025년 테슬라 신차 모델 공개 등이 있다.

월스트리트 기관 투자자가 실망한 이유는?

테슬라의 2024년 2분기 재무 실적에는 분명히 긍정적인 측면이 있었지만, 부정적인 수치도 포함되어 있었다. 특히 월스트리트로 대표되는 기관 투자자에게 최근 2분기 실적은 실망스러울 수밖에 없었다. 실망의 가장 큰 원인은 테슬라 재무 실적 수치가 아니다. 펀드 매니저 또는 그들이 속한 기관은 속성상 평균 6개월에서 최대 12개월까지 자신의 실적에 따라 보수를 받기 때문에 이들의 관점에서 가장 중요한 것은 테슬라의 단기 실적 전망치가 긍정적인가 부정적인가이다. 이에 따라 당장의 테슬라 주식 매수 및 매도가 결정되기 때문이다.

기관 투자자는 테슬라의 2분기 주당순이익이 0.52달러로 월스트리트 전망치인 0.60달러보다 크게 떨어졌기 때문에 테슬라의 단기 미래를 부정적으로 본 것이 아니다. 기관 투자자가 가장 크게 그리고 유일하게 실망한 점은 테슬라 자동차 사업 부문의 낮은 매출총이익률이다. 테슬라 전체의 매출총이익률은 18%로 2023년 4분기 17.6%, 2024년 1분기 17.4%보다 분명하게 개선되었다. 그러나 2분기 매출총이익률이 18%를 기록한 데 결정적 기여를 한 것은 자동차 사업 부문이 아니라 에너지 사업 부문이었다. 테슬라 에너지는 2분기 총 9.4GWh를 판매하였다. 이는 1분기 대비 84%, 전년 동기간 대비 166% 성장한 수치이지만, 테슬라 기관 투자자에게는 여전히 에너지 사업 부문이 중요하지 않다. 그들에게 테슬라의 핵심 사업은 자동차이고, 자동차 사업 부문의 매출총이익률이 가장 중요하다.

여기서 기관 투자자가 고려하지 않는 테슬라의 또 한 가지 수익 부문이 있다. 바로 CO2 크레딧, 즉 탄소 배출권 판매 매출이다. 테슬라는 매 분기, 매년 탄소 배출권 판매로 상당한 수익을 거두고 있다. 특히 2024년 2분기에는 탄소 배출권 판매로 8억 9천만 달러를 벌어들였다. 바로 직전인 24년 1분기 그 수치는 4억 4,200만 달러였으니 두 배가량 상승한 셈이다.

탄소 배출권 판매는 주로 유럽연합에서 발생한다. 승용차의 경우, 유럽연합의 탄소 배출 기준은 2015년부터 2019년까지 130g CO2/km로, 초과 배출 그램당 95유로가 부과되었다. 이 기준은 2020년부터 2024년까지 95g CO2/km로 강화되었다. 예컨대 기아자동차 모닝의 탄소 배출량이 108~112g CO2/km이니, 기아자동차는 모닝을 포함하여 전기차가 아닌 자사의 모든 차량을 유럽에 판매할 때마다 초과 g CO2/km를 대부분 테슬라로부터 사 와야 한다.

테슬라는 전기자동차만 판매하기 때문에 자신들의 막대한 탄소 배출권을 현대·기아차를 비롯한 전 세계의 전통 자동차 기업에 판매할 수 있다. 그런데 월스트리트 기관 투자자는 이 탄소 배출권 매출을 정상적인 매출로 평가하지 않는다. 테슬라의 기업 활동에서 발생하는 매출이 아니라 경쟁 기업의 내연기관 및 하이브리드 차량 판매에서 발생하는 외부 매출이기 때문이다. 따라서 테슬라 자동차 부문의 매출총이익률을 계산할 때 탄소 배출권 매출을 제외한다. 구체적으로 테슬라의 분기별 매출총이익률은 '표2'와 같다.

표 2 | 테슬라 최신 분기 실적 비교

	24년 2분기	24년 1분기	23년 4분기
매출			
- 자동차(CO2 제외)	$18,530	$16,460	$20,630
- CO2 크레딧	$890	$442	$433
- 자동차 리스	$458	$476	$500
- 에너지	$3,014	$1,635	$1,438
- 서비스	$2,608	$2,288	$2.166
- 합계	$25,500	$21,301	$25,167
매출총이익(Gross Profit)			
- 자동차(CO2 제외)	**$2,781**	**$2,770**	**$3,632**
- 에너지	$740	$403	$314
- 서비스	$167	$81	$59
- 합계(CO2 제외)	$3,688	$3,254	$4,005
매출총이익률(Gross Margin)	**18.0%**	**17.4%**	**17.6%**
- 자동차(CO2 제외)	**14.64%**	**16.35%**	**17.18%**
- 에너지	24.5%	24.6%	21.8%
영업비(Operating Expenses)	$2,973	$2,525	$2,374
영업이익(Operating Profit)	$1,605	$1,171	$2,064
순이익(Net Profit)	$1,800	$2,500	$2,128
주당순이익(EPS)	$0.52	$1,171	$0.71
현금보유액	**$30,720**	**$26,863**	**$29,094**

단위: 백만 달러

테슬라 자동차 부문의 2024년 2분기 매출총이익률은 14.64%이다. 이는 23년 4분기 17.18%, 24년 1분기 16.35%와 비교하면 하락한 수치다. 기관 투자자 시각에서 아직까지 테슬라는 자동차 이익률 관점에서 이른바 턴어라운드 또는 저점을 통과하지 못한 것이다. 이에 대한 실망감이 기관 투자자의 테슬라 주식 매도로 이어진 것이다.

테슬라 매출총이익률이 하락한 원인은 무엇인가?

매출총이익률 하락에는 다양한 이유가 존재한다. 원인을 살펴보기 전에 간단하게 매출총이익률gross margin에 대한 정의를 살펴보자. 자동차 매출총이익률은 자동차 매출총이익gross profit을 자동차 총 매출로 나눈 값이다. 다시 매출총이익은 자동차 총 매출에서 자동차 생산 원가를 뺀 액수다. 월스트리트 기관 투자자는 자동차 총 매출에서 CO2 크레딧 수익을 제외한다. 그만큼 자동차 총 매출이 줄어들 수밖에 없다.

그렇다면 우리는 테슬라의 매출총이익률이 하락하는 이유를 어떻게 분석해야 할까? 자동차 판매가 축소되어서? 그렇지 않다. 테슬라는 2024년 1분기 43만 3,371대를 생산하여 그중 38만 6,810대를 판매하였고, 2분기에는 41만 831대를 생산하여 44만 3,956대를 판매하였다. 판매는 분명히 증가하였다. 매출총이익률 하락은 크게 외부적 요인과 내부적 요인으로 나뉜다.

먼저 외부적 요인으로는 높은 이자율로 대변되는 거시 경제 상황이 지속되고 있다는 점을 꼽을 수 있다. 높은 이자율은 자동차를 할부로 구입할 때 소비자가 지불해야 하는 실질 가격이 상승한다는 것을 의미한다. 당연히 소비자가 자동차 구매를 꺼릴 수밖에 없다. 그래서 테슬라를 비롯한 많은 자동차 기업들이 가격 인하와 더불어 매력적인 리스 서비스를 제공하고 있고, 바로 여기서 차량 판매 가격의 하락이 발생한다.

다음으로, 내부적 요인으로는 사이버트럭과 4680 배터리를 살펴봐야 한다. 제품이 생산되고 판매되는 모든 경우에 판매자가 이익을 보는 것이 아니다. 특히 초기 생산 비용이 많이 들어가는 자동차 판매에 있어서 초기 판매는 손실로 이어질 수밖에 없다. 테슬라에 따르면 사이버트럭과 4680 배터리는 2024년 말 무렵에 손익분기점을 통과할 것으로 보인다. 따라서 이자율이 하락하고 차량 판매 가격이 상승하지 않는 이상 테슬라 차량 부문 매출총이익률의 턴어라운드 또는 추세 반전은 2024년 말로 예측된다. 그때까지 기관 투자자는 테슬라 실적 발표가 있을 때마다 테슬라 주식을 대량 매도할 가능성이 높다.

2024년 하반기 이후의 테슬라 주가 상승 요인

그렇다고 테슬라 주가가 계속해서 하락만 하지는 않을 것이다. 2024년 하반기에도 큰 폭은 아니어도 테슬라 주가가 상승할 수밖에 없는 세 가지 이유가 존재한다. 첫째, 2024년 3분기 테슬라 차량 매출이 크게 증가하고 있다. 특히 가장 큰 전기차 시장인 중국에서 테슬라는 7월 한 달 동안 4만 1,900대 판매하여 가장 높은 월 판매량을 기록했다('그림 7' 참조). 이는 2023년 7월 3만 1,700대 판매 대비 무려 33% 증가한 수치다. 더구나 BYD, 샤오미 등 중국 전기차의 파상 공세 속에 이룩한 판매 성과이기에 더욱 값지다.

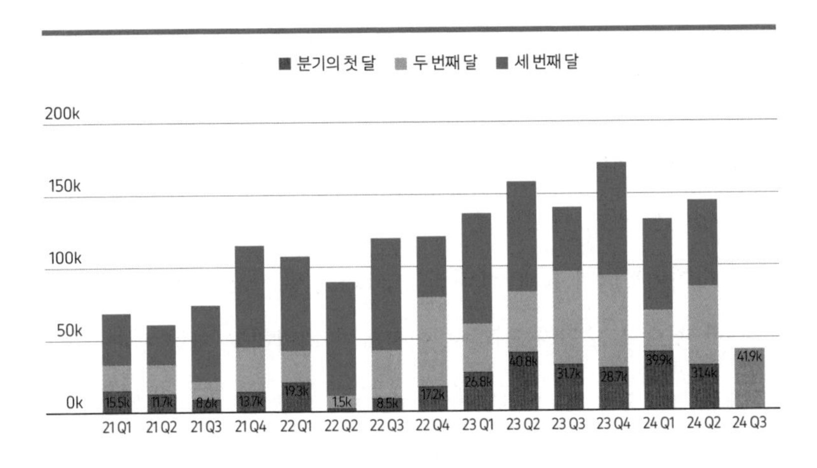

그림 7 | 분기별 테슬라 차량의 중국 판매 대수 (출처: piloly on X)

둘째, 기관 투자자 사이에서 테슬라 에너지 부문의 성장률과 수익성에 대한 긍정 평가가 증가하고 있다. 테슬라 메가팩을 생산하는 캘리포니아 라스롭 공장(메가 팩토리)의 연간 생산량은 40GWh에 도달했다. 수요가 공급을 압도하고 있는 에너지 저장 장치(ESS) 시장에서 테슬라는 2024년 하반기 총 20GWh 매출을 기록할 수 있다. 현재 건설 중인 중국 상하이 메가 팩토리의 경우 연간 생산량은 120GWh다. 일론 머스크는 2024년 2분기 실적 발표 및 콘퍼런스 콜에서 상하이 메카 팩토리 연간 생산량을 세 배 더 늘릴 계획을 발표했다. 설사 세 배 생산량 증가가 2025년에 발생하지 않더라도 테슬라는 2025년 총 160GWh의 에너지 저장 장치를 판매할 수 있다. 여기서 매출총이익률은 20%를 상회할 것이다. 따라서 에너지 부문은 테슬라가 AI 기업으로 전환하는 것을 도와주는 강력한 캐시카우의 역할을 담당할 수 있다.

셋째, 테슬라는 2024년 7월 29일부터 FSD 12.5.1을 단계적으로 배포하고 있다. 하드웨어 4.0을 장착한 최신 테슬라 차량에 먼저 FSD 12.5.1을 배포하고 있으며, 8월 중순 하드웨어 3.0을 갖춘 구형 테슬라 차량에서도 FSD 12.5.1로의 업데이트가 가능하다. 그리고 8월 말 또는 9월 초부터는 마침내 사이버트럭에도 FSD가 설치될 전망이다.

FSD 12.5는 12.4 대비 매개 변수parameter가 다섯 배 증가했다. 매개변수는 AI 모델의 성능을 결정짓는 중요한 요소로서, 신경망 학습 과정에서 조정되는 값의 크기를 의미한다. 또한 FSD 12.5는 여전히 운전자 감독supervised을 필요로 하지만, 2025년 배포될 것으로 예상되는 FSD 13은 운전자 비감독unsupervised 수준에 도달할 것으로 예상된다. 다시 말해 FSD 성능이 빠른 속도로 향상되고 있고, 이는 자동차 시장의 성격을 근본적으로 바꿀 수 있는 촉매제가 될 가능성이 높다. 2024년 하반기에 FSD 12.6 그리고 12.7이 공개되면 테슬라 주가는 상승할 가능성이 있다.

이 밖에도 2024년 하반기와 2025년 상반기에 테슬라 주가를 끌어올릴 수 있는 주요 촉매제를 꼽아 보면 다음과 같다.

- 로보택시 프로토타입 공개(24년 10월 10일 예정) → 테슬라 주가 최대 50달러 상승 가능.
- 북미 지역의 FSD 채택율 10% 초과 → 테슬라 주가 최대 40달러 상승 가능. 그러나 10% 초과 가능성은 높지 않다.
- 중국 상하이의 제한적 도로에서 테스트되고 있는 FSD가 상하이 전역 또는 중국 다른 도시에서 허가 날 경우 → 테슬라 주가 최대 50달러 상승 가능. 2024년 이 허가가 날 가능성은 50% 이상이다.
- 테슬라 신규 차량 공개(24년 12월 예상) → 테슬라 주가 최대 20달러 상승 가능. 신규 차량 공개가 12월로 예상되는 이유는 오스본 효과Osborne Effect 때문이다. 오스본 효과란 기업이 새로운 제품을 발표하면 현재 판매 중인 제품의 수요가 급격히 감소하여 기업에 부정적인 영향을 미치는 현상을 의미한다. 테슬라 신규 차량 공개가 12월보다 빨라질 경우, 신차에 대한 대기 수요로 인해 2024년 테슬라 차량 판매가 부정 영향을 받을 가능성이 높다.
- 다른 자동차 기업들의 FSD 라이선스 채택 → 주가 최대 30달러 상승 가능. 하지만 2024년 FSD 라이선스 발표 가능성은 매

우 낮다.

- 테슬라 마스터 플랜 4 발표 → 주가 최대 20달러 상승 가능.
- 미국 연방준비제도의 이자율 인하 발표→ 2024년 9월 지급준비율이 하락한다면 테슬라 주가는 최대 25달러 상승할 것으로 전망된다.

일론 머스크는 2024년 2분기 콘퍼런스 콜에서 2025년 비감독 FSD 배포, 2026년 옵티머스 대량 생산 등의 타임라인을 제시하였다. 다만 테슬라 투자자가 주의할 점은 일론 머스크의 타임라인 제시는 지금까지 예외없이 모두 틀렸다는 점이다. 특히 2026년 옵티머스 대량 생산은 그 현실성이 매우 낮다. 옵티머스에 대한 수요가 2026년 발생할 것이라고 쉽게 예측할 수 없기 때문이다. 옵티머스는 많은 수의 관절과 모터(구동기actuator)를 가지고 있고, 개별 부품 수가 많은 만큼 유지보수 강도가 높다. 이 유지보수 강도가 하락하기 전까지는 옵티머스에 대한 대규모 수요를 기대하기 힘들다.

그러나 동시에, 타임라인은 지체되었을지언정 일론 머스크가 약속한 바가 지금까지 이루어지지 않은 적도 없다. 2025년은 이르더라도, 2027년과 2028년 테슬라가 자동차 기업에서 AI 기업으로의 전환을 본격화할 것이라고 보수적인 태도로 예상해본다.

2024년 2분기 테슬라 콘퍼런스 콜 분석

테슬라의 발전 방향을 확인할 수 있는 가장 좋은 기회는 실적 발표 뒤에 이어지는 콘퍼런스 콜이다. 다음은 2024년 2분기 콘퍼런스 콜의 핵심 발언을 정리한 것이다.

- 전기차 시장이 위축되고 있는 것은 사실이다. 그러나 동시에 많은 경쟁 전기차 모델이 새롭게 시장에 진출하기도 했다. 다시 말해 시장은 위축되었으나 전기차 모델 경쟁은 강화되었다. 이 때문에 테슬라는 차량 가격 할인으로 대응할 수밖에 없었고, 이로 인해 테슬라 재무 실적이 악화되었다. 그러나 이는 장기적인 문제가 아니라 매우 단기적인 문제이다.
- 2분기 테슬라 전체 매출은 분명하게 상승했다. 특히 에너지 사업의 수익이 사상 최고치를 기록했다. 테슬라는 계속해서 AI 훈련 및 다양한 미래 제품과 기반 기술에 막대한 투자를 진행하고 있다.
- 전기차 신규 모델은 별도 행사를 통해 발표할 것이다. 2025년

상반기에 보다 합리적인 가격의 모델이 출시될 것이다.

- 신규 모델도 중요하지만, 테슬라의 경쟁 우위는 FSD다.
- 2024년 하반기에 사이버트럭과 4680 배터리에서도 규모의 경제 효과를 볼 수 있다. (이는 곧 그때까지 사이버트럭과 4680 배터리 생산은 높은 설비투자 비용으로 인해 적자라는 의미다. 이것이 앞서 살펴본 테슬라 차량 사업 부분의 매출총이익률의 하락 원인 중 하나다.)
- FSD와 옵티머스에도 규모의 경제 효과가 적용되고 있다. 더 나은 비용 관리, 더 빠른 시장 출시, 더 우수한 제품 제공을 위해서는 규모의 경제 효과를 이룩하는 것이 매우 중요하다.
- 2024년 2분기에 FSD에서 많은 진전이 이루어졌다. 우선 FSD 12.5가 출시되기 시작했다. 아직까지는 인간의 감독을 받는Supervised 버전이지만, FSD는 획기적으로 개선되었다. 12.4 대비 12.5의 인공지능 매개변수는 다섯 배 증가하였다. 또한 고속도로에서는 아직까지 종단간 AI가 적용되고 있지 않지만, 12.5.X에서 종단간 AI가 고속도로 주행에서도 적용될 것이다.
- FSD의 놀라운 능력을 고객이 직접 느낄 수 있도록, 차량을 인도할 때 고객이 FSD를 체험할 수 있는 기회를 제공할 계획이다.
- FSD를 한 번 경험하면 FSD 구독으로 이어지는 고객 비율이 낮지 않다.
- 로보택시 '차량' 공개는 8월 8일에서 10월 10일로 연기되었다.

10월 10일로 연기한 이유는 차량 디자인 변경도 있지만 추가적인 개선 사항을 선보이기 위함이다.

- FSD는 2025년 감독 버전[Supervised]에서 비감독 버전[Unsupervised]로 진화할 가능성이 매우 높다. 비감독 버전이란 인간의 주의를 필요로 하지 않는다는 의미이기에 진정한 의미의 자율주행을 의미한다. 이 때 FSD에 대한 수요는 폭발적으로 증가할 것이다.
- 텍사스 기가팩토리에서 대형 데이터센터 건설이 마무리 단계에 접어들고 있다. 여기에만 엔비디아 H100 5만 대와 2만 대의 하드웨어 4.0[HW4] 칩이 설치될 것이다. 그 결과 FSD 학습 속도는 더욱 빨라질 것이다.
- 옵티머스의 경우 (1분기 실적 발표와 달리) 2025년 말까지 수천 대의 옵티머스가 테슬라 기가팩토리에 투입될 예정이고, 외부 판매는 1년 늦춰진 2026년부터다.
- 에너지 사업의 성장률이 놀라운 수준이다. 공급이 수요를 따라가지 못하는 형세다. 미국 메가팩 공장의 경우 2024년 말까지 연간 생산량 40GWh 수준에 도달할 것이다. 중국에도 메가팩 공장이 건설되고 있고, 2025년부터 가동될 예정이다. 이 공장은 초대형 규모로, 미국 공장보다 최소 2배, 최대 3배의 생산량을 갖출 것이다. 여기서 20% 이상의 매출총이익률이 발생할 것이다.
- 테슬라 기업가치 상승의 전환점은 감독 버전의 FSD가 비감독 FSD로 발전하는 시점이다. 이는 2025년에 이뤄질 것이며, 5조

달러 기업 가치도 가능하다. 그리고 이후 옵티머스에 의해 테슬라 기업 가치는 더욱 성장할 것이다.

- 북미 지역에서 FSD 월 이용료를 199달러에서 99달러로 인하한 이후 채택율이 의미 있는 상승을 기록했다. FSD 버전이 진화할수록 채택율도 증가할 것이며, 이는 테슬라 차량 판매의 원동력이 될 것이다.
- 사이버트럭을 제외한 테슬라의 차량 생산 비용은 감소하고 있으나, 사이버트럭으로 인해 전체 평균 차량 생산 비용은 2분기에 감소하지 못했다. 이는 단기적으로 매출총이익률이 감소할 수 있는 원인으로 작용한다. 그러나 2024년 하반기에 사이버트럭은 손익분기점을 통과할 수 있다.
- 해고 등 조직 개편으로 인해 2분기에 약 6억 4,200만 달러의 비용이 추가되었다. 이 부분을 제외한다면 운영 비용operating cost은 AI 투자가 증가했음에도 불구하고 2분기 연속 감소하고 있다.
- AI용 GPU 구매가 계속되고 있기 때문에 2024년 전체에 걸쳐 100억 달러 이상의 자본 투자, 즉 카펙스Capex가 진행될 것이다.
- 1분기 마이너스였던 잉여현금흐름이 2분기에 13억 달러 플러스를 기록했다. 결과적으로 현금 및 현금화 자산 규모가 총 300억 달러를 넘어섰다.

이어서 투자자들과 진행된 Q&A 내용을 살펴보자.

Q • 로드스터는 언제부터 생산되나?

A • 2025년부터 생산된다. 대부분의 엔지니어링은 완료되었으나 몇 가지 업그레이드가 남아 있다. 로드스터는 최고의 차다.

Q • 로보택시의 실제 운영은 언제부터인가?

A • 비감독 FSD 출시 시기와 연관되어 있다. 계획은 2024년 말에 비감독 FSD를 출시하는 것이지만, 현실적으로 보자면 2025년에 출시될 것이다. 2025년 FSD는 확실하게 인간의 능력을 뛰어넘을 것이다.

Q • 사이버트럭을 사이버 SUV 또는 사이버 밴van으로 확장할 계획은 있나?

A • 제품 발표 이벤트가 있을 것이다. 차량 모델과 관련해서는 제품 발표 때까지 기다려 달라.

Q • 4680 배터리 생산 현황은 어떤가? 양산은 언제부터 시작되나?

A • 1분기 대비 2분기 4680 생산량이 51% 증가했다. 수율도 크게 개선되었다. 현재 주당 1,400대 이상 생산된 사이버트럭에 4680 셀을 공급하고 있다. 2025년 말에 4680 배터리는 손익분기점에 도달할 것이다. 2024년 4분기에는 건식 음극을 사용한 4680 배터리 생산이 시작될 것이다. 이때 4680 배터리 생산 비용은 크게 감소할 수 있다.

Q • 옵티머스와 함께 제공되는 액세서리는 무엇인가?

A • 옵티머스는 높은 지능을 가진 '일반화된 휴머노이드 로봇'이다. (아마존이 어질리티 로보틱스와 함께 제작하고 있는 디지트Digit

는 창고형 로봇이다. 이를 다른 용도에 사용하는 데는 큰 제약이 따른다.) 일반화된 로봇이기에 인간이 사용하는 모든 도구를 옵티머스가 사용할 수 있다. 따라서 옵티머스는 별도의 액세서리가 없다.

Q• 왜 테슬라 차량에 대한 광고를 하지 않는가?

A• 필요에 따라 (작은 규모지만) 광고를 하고 있다. 광고보다 중요한 것은 소비자에게 최고의 제품을 합리적인 가격에 제공하는 것이다. 2024년 2분기 신차 구매 고객 중 3분의 2 이상이 테슬라 차량을 처음으로 구매했다. 이는 매우 고무적인 일이다. 광고를 하지 않겠다는 것은 아니다. 다만 필요에 따라 전략적으로 광고를 운영하겠다는 뜻이다. 모든 옵션이 다 소진되었을 때 광고가 효과를 발휘한다.

Q• 멕시코 기가팩토리 건설 계획은 어떻게 되나? 멕시코 기가팩토리에서 생산되는 차량은 무엇인가?

A• 미국 대통령 선거 결과를 지켜봐야 한다. 트럼프 후보는 멕시코에서 생산되는 차량에 높은 관세를 부과할 것이라고 말하고 있다. 이 경우 멕시코에 투자하는 것은 합리적이지 않다. 그래서 기존 기가팩토리의 생산 능력을 크게 늘리고 있다. 사이버택시 또는 로보택시는 텍사스 기가팩토리에서 생산할 계획이다. 옵티머스 또한 텍사스에서 생산한다.

Q• 테슬라 FSD 라이선스 협상은 어떻게 진행되고 있나?

A• 복수의 전통 자동차 기업들이 관심을 보이고 있다. 시간이 지

나면 그 수는 더 늘어날 수 있다. 자세한 내용은 협상 중이기 때문에 더 이상 이야기할 수 없다.

Q• 테슬라가 x.AI(일론 머스크가 창업한 AI 스타트업)에 투자할 계획인 것으로 알고 있다. x.AI의 그록Grok이 테슬라 차량 소프트웨어에 통합되는 것인가?

A• 테슬라의 x.AI 투자는 주주들의 승인이 있어야 한다. 테슬라와 x.AI 사이에서 다양한 시너지 효과가 발생할 것이다. FSD에도 도움이 되고 테슬라 데이터센터 구축과 운영에도 많은 도움이 된다. 또한 그록은 테슬라 차량 소프트웨어에도 통합될 것이다.

Q• 테슬라가 구매한 H100 칩을 x.AI가 사용했다는 뉴스 보도가 있었다. 또는 X.com에서 가져갔다는 뉴스도 있다. 실체는 무엇인가?

A• 당시 테슬라가 구매한 H100 칩을 테슬라 데이터센터에 설치할 공간이 없었다. 데이터센터가 이미 꽉 찼기 때문이다. H100을 구매하고 이를 사용하지 않는다면 자본 낭비다. 그래서 일시적으로 x.AI에 테슬라가 구매한 H100을 대여한 것이다. 지금은 텍사스에 대규모 데이터센터를 확장 공사하고 있다. 확장이 끝나면 5만 개의 H100을 수용할 수 있고, 기존에 대여했던 H100을 가져와 텍사스 데이터센터에 설치할 것이다. 이러한 과정은 테슬라 이익에 부합한다. 테슬라와 x.AI의 인적 교환도 마찬가지다. 테슬라에서 AI를 개발하는 엔지니어 중에 일반인

공지능AGI에 열정이 있는 사람이 있다. 그럴 경우 이들을 x.AI로 이직시킨다. 그 반대의 유사한 사례도 있다.
AI는 광범위한 스펙트럼을 가지고 있다. 테슬라는 FSD와 옵티머스에 집중하고 있지만 테슬라가 연구하지 않는 다른 스펙트럼의 AI도 많다. 이것을 x.AI가 맡고 있다. AI 기술을 진화시키기 위해서는 이 모든 스펙트럼의 AI 기술이 필요하다. 이 지점에서 테슬라와 x.AI의 시너지 효과가 발생한다.

Q • 2025년에 출시할 신차에 관해서 묻고 싶다. 이 자리가 제품 발표 자리가 아닌 것은 알고 있다. 새로운 차량은 지금 만들고 있는 모델 3 또는 모델 Y와 비슷한가? 아니면 완전히 새로운 차량인가? 이러한 신차는 앞으로 1,2년 동안 테슬라 전략에 중요한 역할을 담당하게 되는가?

A • 자세히 언급할 수 없다. 다만 오스본 효과를 언급하고 싶다. 신차 발표는 매우 신중하게 진행할 것이다. 신차 발표가 모델 3, 모델 Y 판매에 부정 영향을 미쳐서는 안 되기 때문이다.

Q • 옵티머스의 가치에 대해 더 자세히 설명해 달라.

A • 일반화된 휴머노이드 로봇은 무엇이든 할 수 있다. 여기에 옵티머스의 유용성과 효용성이 있다. 지구상의 모든 사람들이 로봇을 원하게 될 것이다. 지구에는 80억 명이 살고 있다. 80억보다 많지는 않더라도 적어도 그 정도 규모의 로봇 시장이 만들어질 것이다. 따라서 범용 휴머노이드 로봇에 대한 장기적인 수요는 200억 대를 넘어설 것으로 예상된다. 테슬라는 세계

에서 가장 진보한 휴머노이드 로봇(옵티머스)을 보유하고 있으며, 또한 이를 대량 생산할 수 있다. AI 분야에서 가지고 있는 테슬라의 독보적인 경험이 옵티머스에도 적용될 것이다. 테슬라는 범용 휴머노이드 로봇을 생산 및 운영할 수 있는 모두 요소를 갖추고 있다. FSD가 가져올 테슬라 시장 가치 상승보다 옵티머스는 그 몇 배에 달하는 시장 가치를 테슬라에게 선사할 것이다.

Q • 하드웨어 5 또는 AI 5의 생산 계획은?

A • 2025년 말부터 생산을 시작해서 2026년 생산 규모를 확대할 계획이다. AI 5에 차세대 테슬라 AI 칩이 결합될 것이다. 이 칩의 추론 성능은 엔비디아의 (B100이 아니라) B200에 필적할 것이다. AI 5 나아가 AI 6, AI 7 칩은 테슬라 차량뿐 아니라 옵티머스에도 탑재된다. 꽤 시간이 지나면 수십억 대의 테슬라 AI 칩이 차량과 로봇에 탑재될 것이다.

Q • FSD 라이선스에 대한 추가 질문이다. 라이스의 작동 방식을 알려 달라. 다른 전통 자동차 기업이 FSD를 적용하는 것은 기술적으로 쉽지 않을 것 같다. 수년이 걸릴 수도 있는 것 아닌가? 그렇다면 FSD 라이선스 수익은 당분간 기대하기 어렵다는 뜻인가? 라이선스 계약은 언제쯤 공개할 것인가? 계약 즉시 공개하는가, 아니면 FSD가 가능한 차량이 출시될 때 공개하는가?

A • 우선 카메라가 중요하다. 그리고 이 카메라가 테슬라 시스템

과 통신하는 게이트웨이 컴퓨터도 필요하다. 셀룰러 또는 와이파이 연결이 가능한 게이트웨이 컴퓨터, 다시 말해 하드웨어 4 또는 AI 5가 설치되어야 한다. 여기에 8개의 카메라가 탑재되어야 하고, 이중 한 개의 카메라는 360도 촬영이 가능해야 한다. 이 같은 기술을 대량으로 적용하려면 짧지 않은 시간이 걸릴 수 있다.

전통 자동차 기업마다 상황이 다르다. 이들 기업이 전기차를 연간 백만 대 이상 생산할 때 FSD 라이선스가 의미가 있다. 만약 1만 대 또는 10만 대를 제작할 경우 테슬라의 카메라와 테슬라 하드웨어 4를 가져다 쓰는 것이 낫다. 요약하면 전통 자동차 기업의 경우 FSD 라이선스 적용 수준이 서로 다르다. 따라서 라이선스 발표도 라이선스 적용 수준에 따라 달라질 것이다.

Q • 상하이 기가팩토리에서 생산하는 차량이 유럽으로 수출되고 있는 가운데, 유럽이 중국에서 생산된 전기차에 관세를 높였다. 테슬라가 받는 영향은?

A • 유럽연합의 1차 조사에 테슬라는 포함되어 있지 않았지만 2차 조사에는 포함되었다. 유럽연합 당국과 협조하여 조사에 임하고 있다. 상하이에서 생산되는 모델 3이 유럽으로 수출되고 있다. 참고로 베를린 기가팩토리에서 2024년 2분기부터 영국 수출용 모델 Y를 생산하기 시작했다. 테슬라 상하이 기가팩토리는 다른 중국 기업에 부과되는 수준의 관세를 지불하지 않을

가능성이 있다. 아직 결론이 나지 않았기에 자세히 말할 수 없다. 다만 테슬라는 유럽연합 당국과 관세 관련 지속적인 대화를 이어나가고 있다.

Q• 로보택시 또는 FSD 허가와 관련한 질문이다. 미국 개별 주에서 허가를 모두 받아야 하나? 중국과 유럽에서 FSD 허가는 언제쯤 가능한가?

A• 테슬라의 자율주행과 알파벳 웨이모 자율주행은 다르다. 웨이모의 경우 고밀도 지도가 필요한 매우 지역화된 솔루션을 가지고 있다. 따라서 빠르게 확장되는 데 한계가 있다. 반면 테슬라 FSD는 범용 솔루션이다. 심지어 북미 지역 외에서도 작동 가능하다. 수억 킬로미터 데이터를 통해 앞으로 비감독 FSD가 인간보다 더 안전하다는 점이 입증된다면 더 이상 규제 및 허가는 제약이 되지 않을 것이다. 참고로 미국 주별로 허가 기준이 다르지 않다. 물론 운송 트럭이나 택시의 경우 주 정부 및 지방 자치 단체 수준의 규정이 있기에 별도의 신청을 해야 한다. 로보택시 허가 신청은 주별로 해야 하나 동일한 기술 및 기술 표준으로 허가 신청을 한꺼번에 할 수 있다. FSD는 다르다. FSD 허가는 연방 정부의 몫이다.

FSD 12.5 또는 FSD 12.6으로 유럽과 중국 및 기타 국가에 감독 버전의 FSD 허가를 신청할 계획이다. 목표는 2024년 말 승인을 받는 것이다.

종단간 AI를 적용하고 있는 FSD는 '위치'로부터 독립적이다.

무슨 말인가 하면, FSD는 미국 관련 코드가 제로에 가깝다. 즉, FSD는 다른 국가에도 똑같이 적용할 수 있고, 몇 가지 국가별 데이터를 추가하면 될 뿐이다.

Q• FSD 가격 인하 이후 채택율이 증가했다고 하는데, 더 자세히 설명해 달라. 정량화할 수 있는가?

A• 낮은 수준에서 시작했기 때문에 성장하고 있으나 그 수치를 구체적으로 언급하고 싶지는 않다. 고무적인 결과로 평가하고 있다. 아직 북미에도 FSD를 경험해보지 못한 테슬라 차량 소유자가 많다. 고객 중에는 30km 이상 떨어진 직장으로 FSD에 전혀 개입하지 않고 매일 출퇴근하는 경우도 있다. 이제 FSD 12.5가 점차적으로 공개되고 있어 FSD에 대한 고객 만족도는 크게 증가할 것이고 의미 있는 FSD 채택율이 발생할 것이다. FSD를 직접 경험해보지 않는다면 무슨 일이 일어나고 있는지 알 수 없다.

Q• 로보택시에 범용 솔루션을 적용한다는 점은 이해를 했다. 로보택시의 비즈니스 형태가 궁금하다. 택시를 대체하려면 적지 않은 수의 로보택시가 필요하다. 또 이렇게 많은 수의 로보택시를 유지 및 관리하기 위한 인프라도 필요하다. 여기에 대한 준비는 어떻게 하고 있나? 테슬라가 직접 로보택시를 운영 및 관리할 것인가? 아니면 다른 파트너를 찾고 있나?

A• '테슬라 네트워크'를 운영할 것이다. 여기에는 로보택시도 포함되지만 개인이 소유하고 있는 테슬라 차량도 포함된다. 에어

비앤비와 비슷하다. 개인 소유자가 자신의 차량을 다른 사람이 사용하도록 허용할 수 있고 일정 시간 이후 다시 이를 취소할 수 있다. 이때 테슬라는 차량 소유주와 수익을 공유할 것이다. 물론 자신의 차가 돈을 버는 것을 원하지 않는 사람들도 있을 것이다. 하지만 대부분의 사람들은 수익 활동을 할 것으로 예상한다. 여기에 테슬라가 직접 소유한 차량을 추가할 것이다. 이는 우버와 비슷한 경우다. 앞으로 몇 년 안에 천만 대가 넘는 규모로 '테슬라 네트워크'는 성장할 것이다.

Q • 에너지 저장 장치(ESS) 시장의 경쟁 상황은 어떠한가?

A • 중국 기업과 경쟁이 치열하다. 테슬라 메가팩은 에너지를 저장만 하는 것이 에너지를 사고팔 수 있다. 메가팩과 함께 제공되는 소프트웨어 파워가 테슬라의 경쟁력이다. 이미 2025년, 2026년 계약이 계속 누적되고 있다. 경쟁이 치열하지만 테슬라 에너지 사업의 성장 여력은 충분하다. 더욱 중요한 것은 전체 시장 수요가 매우 빠르게 증가하고 있다는 점이다. 세계 곳곳에서 다양한 관련 시장이 열리고 있다. 또 하나, 데이터센터가 급증하고 있다. 이를 백업하기 위한 에너지 저장 장치 수요도 상당히 큰 규모다. 많은 사람들이 에너지 저장 수요를 과소평가하고 있다. 그런데 재생 에너지 발전소만 에너지 저장 장치를 필요로 하는 것이 아니다. 전통 발전소도 전력을 과대 생산하여 낭비하는 경우가 많은데, 에너지 저장 장치가 이 낭비를 막을 수 있다.

Q• 트럼프 후보가 당선되면 인플레이션 감축법(IRA)에 의한 전기차 보조금이 사라질 수 있다. 그럴 경우 테슬라도 많은 손해를 입지 않겠는가? 보조금이 사라지면 테슬라 수익률이 마이너스로 전환할 위험은 없나?

A• 전기차 보조금이 사라질 경우, 이는 경쟁 자동차 기업에는 치명적일 수 있으나 테슬라에게는 장기적으로 도움이 된다. 테슬라 차량은 분명한 가격 경쟁력을 가지고 있다. 여기에 더해 테슬라 차량 가치의 중심이 FSD로 옮겨가고 있다. 다른 자동차 기업의 자율주행 능력은 잡음 수준이다. 테슬라 FSD가 판매 불가능하다고 생각하는 투자자는 테슬라 주식을 보유할 필요가 없다. 반대로 테슬라가 FSD에서 수익을 거둘 수 있다고 믿는다면 테슬라 주식을 매수하라고 권하고 싶다.

추가적으로 인플레이션 감축법과 무관하게, 다시 말해 보조금을 받지 않는 상황에서도 테슬라가 건강하게 성장하는 전략을 실행하고 있다는 점을 강조하고 싶다. 차량 생산 혁신을 통해 계속해서 생산 비용을 절감하고 있으며, 이 같은 노력은 이제 배터리로 확대되고 있다. 우리는 항상 정부 혜택이 없다면 어떻게 할 것인가를 고민하고 있다. 이것이 테슬라의 경쟁력이다. 우리는 규모의 경제 효과를 누리고 있으며, 여기에 FSD가 함께하고 있다.

2부

TESLA

테슬라, 폭발적인 성장을 예고하다

INTRO

1부에서 살펴본 것처럼 2024년 테슬라의 주가가 크게 상승하기는 어렵다. 2023년 높은 이자율에 테슬라는 차량 판매 가격을 낮추며 수익률 하락을 피할 수 없었기 때문이다. 높은 이자율은 2024년 지속될 가능성이 높다. 게다가 중저가 전기차로 세계 시장을 공략하는 중국의 BYD와 전기차 선두 자리를 놓고 테슬라는 당분간 힘겨운 싸움을 벌여야 한다. 테슬라의 중저가 차세대 차량은 빠르면 2025년 상반기에 출시되기 때문이다. 그러나 이런 압박에도 불구하고 2024년은 테슬라가 앞으로 기업 가치를 폭발적으로 증가시킬 수 있는 기초를 쌓는 중요한 해가 될 것이다.

테슬라는 자동차(전기차), 에너지, 서비스(보험 및 슈퍼차징), FSD, 그리고 옵티머스 등 총 5개의 주요 사업으로 구성되어 있다. 각 사업에 대한 핵심 메시지와 변화를 간단히 살펴보자.

먼저 자동차 사업 부문이다. 테슬라의 대형 전기 트럭 세마이semi

의 생산량은 2026년에 서서히 증가할 것이다. 차세대 차량인 일명 모델 2의 생산 시기는 2026년으로 연기되었다. 이를 대신하여 기존 생산 라인에서 모델 3 또는 모델 Y를 변형한 저가형 차량이 2025년 상반기부터 생산될 예정이다.

원래 모델 2 생산을 담당하려 했던 차세대 플랫폼에서는 2025년 하반기부터 로보택시가 생산될 계획이다. 참고로 로보택시와 모델 2는 동일한 차세대 플랫폼을 이용한다(차이점이라면 핸들, 브레이크 페달 및 가속 페달의 유무다). 따라서 로보택시 생산이 안정화된다면, 2026년부터 동일한 차세대 플랫폼에서 모델 2가 생산될 것이다.

'차세대 플랫폼'은 생산 비용 50% 절감을 목표로 하는 테슬라 차량 기술 혁신의 진수다. 차세대 플랫폼에는 진화된 기가프레스와 전기모터, 48볼트 아키텍처, 4680 배터리, 스티어 바이 와이어 등 새로운 기술뿐 아니라 전통적인 선형linear 조립 공정과는 다른 새로운 자동차 조립 방식인 '언박스드 프로세스unboxed process'가 적용될 것이다.

여기에 자동차 생산의 수직 통합vertical integration은 더욱 강화될 전망이다. 2026년 테슬라가 건설하고 있는 리튬 제련소가 본격 가동을 시작하고, 2025년 하반기 4680 배터리 생산량은 사이버트럭만이 아니라 테슬라가 생산하는 모든 차량에 사용될 수 있을 만큼 증가하기 때문이다. 테슬라는 리튬 제련소와 배터리부터 FSD 완전자율주행과 자동차 보험까지 자동차 생산과 서비스를 수직 통합하는 첫 번째 자동차 기업이다.

테슬라는 자율주행 지원 소프트웨어인 FSD V12에 도달했고, 이는 지금까지의 FSD 기술 한계를 크게 뛰어넘으며 FSD의 기하급수적인 발전을 가능하게 할 것으로 기대된다. 그리고 이를 받쳐줄 도조 슈퍼컴퓨터는 2024년 지속적으로 확장 중이다. 또, 2024년 8월 8일 공개 예정인 로보택시의 본격 서비스 시점은 로보택시 생산이 시작되는 2024년 하반기부터다.

일론 머스크는 로보택시의 수익성을 다음과 같이 계산하고 있다. 미국에는 약 2억 5천만 대의 자동차가 운행 중이다. 연간 평균 주행거리는 1만 3,500마일(21,600km)이다. 개인용 자동차의 비용은 마일당 62달러, 킬로미터당 39달러다. 미국에서 로보택시가 기존의 택시를 완전히 대체하려면 25만 대의 로보택시가 필요하다. 공유차량까지 대체하려면 약 58만 대가 필요하다. 로보택시의 시장점유율을 미국 전체 승용차의 20%라고 가정한다면 400만 대의 로보택시가 필요하다는 계산이 나온다. 80%는 여전히 개인 교통량이다. 그리고 로보택시의 평균 운영 비용은 1km에 11센트로 가정한다. 로보택시의 서비스 가격은 킬로미터당 0.44달러로 가정한다. 로보택시의 50%가 다시 손님을 태울 때까지 빈 운행을 한다는 가정도 필요하다. 로보택시 한 대당 연간 14만km를 주행하고 하루 16시간 운행할 경우 로보택시 운영자에게는 대당 연간 6만 1,600달러의 수익이 발생한다.

테슬라가 직접 로보택시를 운영할 수도 있고 또는 우버Uber와 같은 기업에 로보택시를 판매하고 연간 수익률 배분을 요구할 수도 있다. 테슬라가 어떤 형태의 비즈니스 모델을 선택할지 알 수 없지만 미국 로보택시 시장은 2030년을 전후해서 연간 11억 달러의 매출이 가능하다. 이 거대한 시장을 향해 2024년에도 테슬라는 모델 2와 FSD에 투자하고 있다.

테슬라의 FSD는 로보택시 외에 다른 비즈니스 모델도 가지고 있다. 바로 다른 자동차 기업의 차량에 라이선스로 FSD를 제공하는 것이다. 이른바 프랜차이즈 비즈니스다. 차량당 연간 1,000달러에 FSD 임대가 가능하다. 2035년 세계 자동차 판매량의 1.5%만 테슬라 FSD를 내장한다고 가정해도 FSD 임대 매출은 연간 310억 달러다. FSD는 순수 소프트웨어이기 때문에 이익률은 90%에 이를 것이다.

한편 테슬라 옵티머스의 발전 속도가 가속화되고 있다. 2024년 하반기에는 옵티머스가 언제쯤 양산을 시작할 수 있을지 분명해질 것이다. 옵티머스를 대당 2만 달러에 판매하고 추가로 옵티머스 소프트웨어 사용료로 연간 5,000달러를 청구할 수 있다고 가정해 보자. 이때 옵티머스 대당 판매 수익률은 60%이고, 연간 소프트웨어 매출에서 60%의 이익을 가정할 수 있다. 만약 2025년 옵티머스 1,000대 판매를 시작으로 2030년 연간 100만 대 판매가 가능하다면 옵티머스는 테슬라에게 막대한 매출과 수익을 가져다 줄 것이다. 이로 인한 테슬라 기업 가치의 폭발적 증가는 필연적이다.

2025년 옵티머스 판매 시작은 매우 낙관적인 목표다. 조금 더 늦게 옵티머스 생산이 시작될 수 있다. 그러나 테슬라의 궁극적인 목표는 수억 대는 아니더라도 수백만 대의 옵티머스를 판매하는 것이다. 2부의 마지막 꼭지에서 옵티머스에 대한 구체적인 내용을 확인하기 바란다.

만약 테슬라가 FSD와 로보택시를 실현하는 것이 계속 늦어지거나 옵티머스 또한 먼 미래의 과제가 된다 해도, 테슬라의 에너지 사업 부문은 테슬라의 차량 수익률을 넘어설 뿐 아니라 매출 규모에서도 테슬라 전기차 사업을 뛰어넘을 잠재력을 가지고 있다. 이 사업의 수익률 및 시장 전망은 2장의 해당 꼭지에서 보다 자세히 설명하기로 한다.

메가팩을 생산하는 미국 라스롭 메가팩토리의 생산 능력이 2024년 2배로 증가할 것이고, 늦어도 2025년 중국 상하이 메가팩토리가 가동을 시작할 것이다. 또한 메가팩토리 건설은 12개월이 걸리지 않기 때문에 시장 상황에 따라 언제든지 확장 가능하다. 따라서 메가팩 생산량은 급격하게 증가할 수 있다. 테슬라 메가팩 매출은 앞으로도 연평균 70% 성장이 가능한 사업이다.

마지막으로 테슬라 서비스 사업 부문 매출 또한 크게 증가하고 있고, 서비스의 종류도 빠르게 확장되고 있다. 현재는 차량 내부 엔터테인먼트In-Car Entertainment, 차량 보험, 슈퍼차저, FSD 월 구독 서비스 등으로 구성되어 있다면, 향후 에너지 판매와 클라우드 서비스로 계속 확대될 것이다.

테슬라는 메가팩과 파워월 등을 가상으로 연결하여 에너지를 실시간 거래할 수 있는 오토비더autobidder라는 플랫폼을 운영하고 있다. 또한 전기 난방 및 냉방 시스템heat pump 사업도 준비하고 있다. 테슬라의 목표는 미국 주택의 20%를 테슬라 히트 펌프로 대체하는 것이다. 여기에도 에너지 판매 및 구매 플랫폼 오토비더는 작동한다. 오토비더는 테슬라 서비스 사업 부문의 한 축을 담당할 가능성이 높다. 자세한 내용은 2장에서 이어진다.

테슬라는 도조 슈퍼컴퓨터뿐 아니라 판매된 테슬라 차량의 칩을 연결하는 가상-자동차-슈퍼컴퓨터Virtual-Car-Supercomputer 서비스를 준비 중이다. 이는 아마존의 AWS, 마이크로소프트의 애저Azur와 같은 클라우드 서비스이다. 이 서비스는 2026년부터 시작될 것이다. 일론 머스크는 테슬라 차량의 FSD 칩으로 아키텍처를 올바르게 계획하면 자동차를 사용하지 않을 경우 이러한 칩이 가상 슈퍼컴퓨터를 구성할 수 있으며, 모든 테슬라 차량을 연결하면 슈퍼컴퓨터보다 더 높은 컴퓨팅 성능을 가질 수 있다고 말한다.

자동차 사업 부문, 에너지 사업 부문, 서비스 사업 부문 그리고 FSD 및 로보택시, 마지막으로 옵티머스까지 테슬라는 이렇게 크게 5개의 사업 부문으로 구성되어 있으며, 이 모든 사업이 서로 유기적으로 연결되어 있다. 이 사업들이 폭발적 성장을 시작하는 시점은 빠르면 2025년, 늦으면 2026년이 될 것이다.

자동차 사업의 대체 불가 혁신

테슬라는 많은 사람들이 이용할 수 있는 합리적인 가격의 혁신적인 전기차를 개발하여 자동차 시장에서 혁명을 일으키고 있다. 테슬라의 사명은 지속 가능한 에너지로의 전환을 가속화하는 것이다. 이를 위해 점점 더 저렴한 전기자동차뿐 아니라 재생 에너지 생산과 저장 장치를 제공하는 것이 테슬라의 목표다. 테슬라는 자사의 사명을 실현하기 위해 정기적으로 마스터 플랜master plan을 업데이트하고 있다.

2006년 8월에 발표된 테슬라의 첫 번째 마스터 플랜은 크게 네 가지로 구성되어 있다. ①스포츠카를 만들고, ②이를 판매해 번 돈으로 더 저렴한 자동차를 만들고, ③같은 돈으로 더 저렴한 전기자동차를 만드는 것이 주요 골자다. 또한 ④고객에게 배기가스 배출이 없는 전기 발전 제품을 제공하는 것도 포함되어 있다.

2016년에 발표된 두 번째 마스터 플랜에는 ①배터리 저장 기능이 있는 태양광 지붕을 만들고, ②전기자동차 모델 라인을 확장하며, ③자율주행 기능을 개발하고, ④이를 통해 자동차를 사용하지 않을 때에도 소비자가 돈을 벌 수 있도록 하는 것이 포함되어 있다.

2023년 3월 테슬라는 마스터 플랜의 세 번째 버전을 공개했다. 여기에는 향후 10년에 걸친 테슬라의 중요한 목표가 담겨 있다. 일명 '마스터 플랜 3'는 지속 가능한 세계 에너지 경제에 도달하기 위한 여정을 제시하였다. 여기에는 ①가정용 전기 보일러Heat Pump부터 ② 주거용 건물에서 재생 에너지 생산과 저장 및 판매를 통합하는 방안, ③테슬라 전기트럭 세마이와 ④중저가 차세대 차량 등 자동차의 전동화를 위한 빈틈없는 새로운 모델 전략까지를 아우르는 광범위한 목표가 담겨 있다. 또 중요한 것이, ⑤이러한 것들을 달성하기 위해 꼭 필요한 테슬라 차량 생산 비용 50% 절감이라는 목표와 그 실현 방법도 제시하였다.

2023년 기준 미국에서 테슬라 모델 3의 가격은 환경 보조금을 포함할 경우 4만 달러 미만이다. 그러나 이 가격은 여전히 전체 승용차 시장을 전기차로 전환시킬 정도로 저렴하지 않다. 전기차 가격은 더 획기적으로 낮아져야 한다. 이것이 바로 일론 머스크가 마스터 플랜 3에서 전체 자동차 시장을 혁신하기 위해 테슬라의 '차세대 플랫폼'을 공개한 이유다. 아래에서 소개할 일련의 혁신을 통해 테슬라는 새로운 소형차 모델의 생산 비용을 50% 더 절감할 수 있다. 이러한 놀라운 생산 비용 절감 덕분에 마침내 저렴한 전기자동차가 대중에게 다가갈 수 있게 되는 것이다.

일론 머스크가 발표한 마스터 플랜 3에는 많은 비밀이 숨겨져 있다. 그 비밀을 꼼꼼하게 살펴본다면 앞으로 테슬라가 무엇을 계획하고 있는지 더욱 잘 알게 될 것이다. 함께 살펴보자.

50% 비용 절감에 도전하는 차세대 플랫폼

테슬라는 화석 연료에서 재생 에너지로의 글로벌 전환을 주도하는 어려운 도전에 나섰다. 이를 통해 놀라운 기회를 만들 계획을 갖고 있는데, 그 계획의 핵심은 운송 부문을 재편하는 것이다. 테슬라는 모든 차량을 전기차로 교체하면 전 세계 화석 연료 소비량의 약 21%를 절감할 수 있다고 믿고 있다. 그리고 이 중요한 과제를 달성하는 데 필요한 모든 전기차를 이미 계획하고 있는데, 이 계획의 가장 중요한 마지막 퍼즐 하나가 빠져 있다. 그것은 바로 전기차 판매의 대부분을 차지할 중저가 차량이다.

2023년 초 일론 머스크는 테슬라가 전례 없는 규모로 차량을 생산할 수 있는 새롭고 혁신적인 플랫폼을 개발 중이라고 암시한 바 있다. 차세대 플랫폼이라 불리는 이 새로운 플랫폼의 목표는 저렴한 자동차를 만드는 것이다. 그러나 이를 위해서는 차량 생산 비용을 크게 낮춰야 하고, 현재 테슬라가 채택하고 있는 모든 제조 관행에 근본적인 변화가 필요하다. 물론 일론 머스크 혼자서 이 거대한 과제를 완수할 수는 없을 것이다. 이러한 배경에서 테슬라는 생산과 관련된 모든 협업 당사자의 전폭적인 지원을 보장받기 위해 마스터 플랜 3를 공개한 것이다. 일론 머스크는 테슬라의 모든 직원과 팀에게 비용을 50%까지 절감하는 것을 목표로 차량 제작에 대한 비전을 완전히 재설계하라는 지시를 내린 것으로 보인다.

이 같은 전면 재설계 급의 목표를 제시한 사례는 다른 테크 기업에서도 있었다. 아마존은 2000년대 초반까지 회사 내 여러 팀이 커뮤니케이션할 때 서로 다른 소프트웨어와 심지어는 서로 다른 시스템을 사용하고 있었다. 이로 인해 운영 지연이 발생했고 그만큼 비효율적이었다. 이 문제를 해결하기 위해 당시 아마존 대표 제프 베이조스는 2002년 사내 모든 팀이 API를 통해서만 서로 소통해야 한다는 명령을 내렸다. 이는 각 팀이 다른 팀의 인터페이스와 상호 작용할 수 있는 프로토콜, 규칙 및 도구를 개발해야 한다는 것을 의미했다.

이 명령으로 개발된 새로운 인터페이스의 사용으로 팀 간 커뮤니케이션의 효율성이 크게 개선되었을 뿐만 아니라 아마존은 다른 기업에 이 IT 인프라를 서비스로 판매할 수 있게 되었다. 이는 결국 2006년에 AWS의 탄생으로 이어졌다. 오늘날 AWS는 세계에서 가장 인기 있는 클라우드 플랫폼 중 하나이며, 이 모든 성공은 2002년에 제시된 경영 명령에서 비롯되었다.

일론 머스크는 테슬라에 비슷한 명령을 내렸고, 테슬라 엔지니어들의 반응은 긍정적이었다. 엔지니어들은 생산 방식의 기본에 대해 다시 생각하기 시작했고, 그 결과로 설계, 엔지니어링, 제조 및 자동화 담당자가 처음으로 한자리에 모였다. 관련 팀들이 처음으로 한 테이블에 모두 모여 차세대 차량 플랫폼 개발을 추진한 것이다. 지금까지도 모든 팀은 불필요한 비용이 발생하지 않도록 서로 완벽하게 조율하기 위해 노력하고 있다.

이처럼 테슬라가 차량 제작 방식을 재정의하는 중대한 프로젝트의 첫 번째 단계는 차세대 차량의 하드웨어 마이크로 콘트롤러를 100% 직접 설계하고 개발하는 것이다. 여기에는 광학 주행 보조 시스템, 인포테인먼트 시스템, 충전 기술, 타이어 압력 모니터링 등과 같은 요소가 모두 포함된다. 마이크로 콘트롤러는 자동차의 근간을 이루는 중추적인 장치다. 가솔린, 디젤, 전기, 수소 등 자동차의 동력이 무엇이든 기능은 이 콘트롤러에 의해 크게 좌우된다. 테슬라는 이것을 직접 설계하고 제작함으로써 마이크로 콘트롤러의 품질을 개선할 뿐만 아니라 부품 납품 시간도 단축할 수 있다.

모델 Y의 경우 이미 제어 장치의 61%를 테슬라 내부에서 직접 제조했으며, 사이버트럭에서는 그 비율을 85%까지 늘렸다. 그리고 새로운 차세대 플랫폼에서는 100% 내부 생산을 달성하는 것이 테슬라의 목표다. 이를 통해 다른 이점도 얻을 수 있다. 예컨대 모든 차량 부품을 소프트웨어로 제어할 수 있게 되어 차량 부품과 구성 요소들이 서로 원활하게 통신할 수 있게 된다. 게다가 더 중요한 것은 오류 없이 통신할 수 있다는 점이다. 앞서 아마존의 AWS 사례와 유사한 효과인 셈이다.

예를 들어 테슬라의 감시 모드sentry mode를 살펴보자. 감시 모드는 차량의 앞뒤, 옆면 카메라와 센서를 활용하여 차량 주변을 감시하고 잠재적인 위협을 탐지하는 기능이다. 이 기능이 작동하기 위해서는 다양한 차량 센서와 카메라 및 기타 소스로부터 정확한 정보가 필요하고, 감시 모드는 이러한 정보를 종합하여 알람을 보내는 등의 작업을 수행한다. 감시 모드의 정확도를 더욱 향상시키기 위해 테슬라는 외부에서 구매해 온 일부 부품을 자체 부품으로 대체했다. 이렇게 하면 테슬라는 해당 부품이 제공하는 모든 데이터에 접근할 수 있기 때문이다.

두 번째로 테슬라는 전압 시스템을 12볼트에서 48볼트 아키텍처로 변경하는 거대한 움직임을 실현하고 있다. 48볼트 아키텍처가 처음으로 적용된 차량이 사이버트럭이다. 12볼트에서 48볼트로의 전환은 모든 차량 부품이 새로운 전압과 호환되어야 한다는 것을 의미한다. 따라서 모든 차량 부품의 완전한 변환이 필요하다. 기존 자동차 제조업체는 수많은 외부 공급업체에 의존하고 있기 때문에 이러한 전환을 수행하기가 어렵다. 모든 공급업체에 새로운 제품을 개발해 달라고 요청하는 것은 불가능에 가깝기 때문이다.

이에 비해 테슬라는 차량 부품의 대다수를 직접 설계 및 생산하는 수직적 통합을 실현하고 있다. 그래서 48볼트 아키텍처로의 전환을 이뤄낼 수 있는 것이다. 48볼트 아키텍처는 전력 손실을 16배나 줄여 자동차 시스템을 훨씬 더 효율적으로 만들 수 있다. 또한 전선을 더 얇게 만들 수 있어 상당한 양의 재료, 특히 값비싼 구리 전선을 절약할 수 있다.

테슬라는 또한 배선의 복잡성과 길이를 줄이기 위해 혁신 역량을 집중하고 있다. 구체적으로 마이크로 콘트롤러를 전선으로 연결하는 대신, 인터넷 네트워크, 이른바 이더넷을 통해 연결하고 있다. 다시 말해 차량 곳곳에 위치한 마이크로 콘트롤러를 모뎀이나 라우터로 연결하고 있기 때문에 그만큼 전선 또는 케이블을 없앨 수 있다.

48볼트 아키텍처 또한 배선의 복잡성을 줄이는 데 기여하는 공신이다. 전기 및 전자 부품들을 연결하는 차량 커넥터의 수가 48볼트 아키텍처에서는 감소하기 때문이다. 이렇게 48볼트 아키텍처는 더 낮은 전압을 사용함으로써 차량의 전력 효율성과 안전성을 향상시킬 뿐 아니라 배선을 줄여 차량의 비용 효율성을 증가시킨다. 배선의 복잡성과 길이가 줄어들 경우 장기적으로 차량 수리 및 유지 보수가 더욱 쉬워지는 장점도 존재한다. 나아가 줄어든 배선 길이 덕분에 테슬라 시스템은 차량에 연결된 모든 부품을 실시간으로 점검할 수 있게 되는데, 이때 비로소 차량 운영시스템, 즉 차량 OS의 탄생이 가능하다.

이번에는 섀시를 살펴보자. 테슬라는 차세대 플랫폼에서 차량의 전체 차체와 프레임을 단일 주조로 생산하는 특허를 출원했다. 서로 정렬된 4개의 기가프레스를 사용함으로써 테슬라는 장난감 자동차와 같은 방식으로 자동차를 만들 수 있게 되었다. 이 기가프레스는 이탈리아의 이드라IDRA라는 기업이 공급한다. 지금까지 6,000톤

압력의 기가프레스를 사용했지만, 사이버트럭 생산을 위해 9,000톤 기가프레스를 도입했다. 테슬라는 저렴한 차세대 차량과 같은 소형차 생산의 경우 더욱 큰 기가프레스를 사용할 계획이며, 이를 통해 모든 차체를 한 번의 주조로 제작할 수 있게 될 것이다. 실제로 이런 일이 일어난다면 생산 비용 감축뿐 아니라 제조 공정이 상당히 빨라질 수 있다.

또한 테슬라는 '언박스드 프로세스'라는 병렬 조립 공정 도입을 계획하고 있다. 포드 자동차는 1913년에 컨베이어 벨트를 이용하여 움직이는 조립 라인assembly lines을 완성했고, 그 이후로 모든 자동차 제조업체가 이를 사용하고 있다. 100년의 전통을 가진 자동차 조립 라인의 핵심 특징은 연속 생산serial production이다. 연속 생산은 패널을 찍어내고, 용접하고, 전체 차체 구조에 도색을 하고, 그 이후 다양한 부품이 조립되는 수많은 작업 스테이션이 일렬로linear 진행되는 구조다. 테슬라는 언박스드 프로세스라는 혁신적인 방법으로 이 100년의 전통을 뛰어넘고자 한다.

언박스드 프로세스는 기본적으로 5개의 모듈로 구성된 모듈식 접근 방식을 취한다. 차량의 왼쪽이 하나의 모듈이고 오른쪽이 또 다른 모듈이다. 여기에 더해 전면, 후면, 바닥의 모듈까지 총 5개의 모듈 생산을 연속serial이 아닌 병렬parallel 방식으로, 다시 말해 동시에 진행한다. 이렇게 동시에 생산된 5개 모듈은 최종 스테이션에서 조립된다. 그 위에 유리 지붕을 씌우는 작업이 언박스드 프로세스의 마지막 단계를 구성한다. 이렇게 언박스드 프로세스는 차량을 동시에 제조할 수 있는 5개의 핵심 섹션으로 나눈 다음, 마지막 단계에서 5개를 통합 조립하는 방식이다.

이 같은 방식의 주요 장점 중 하나는 각 스테이션의 작업자 수를 늘려 생산 속도를 더욱 높일 수 있고, 차량의 각 섹션을 독립적으로 완성했다가 최종 단계에서 한꺼번에 조립할 수 있다는 점이다. 테슬라는 언박스드 프로세스로 공정 시간을 30% 단축하고, 생산 비용을 40% 절감할 수 있다고 말한다.

2023년 투자자 날Investor Day에 테슬라는 일반적인 차량 도색 과정의 비효율성을 지적했다. 지금까지는 차량의 도색이 이뤄진 이후 다음 공정에서 차량이 다시 분해되고, 또 공정 마지막 단계에서 차량이 재조립되었다. 균일하고 일관성 있는 도장을 위해 차량 전체를 한 번에 도장해야 하기 때문이다. 이러한 도색 및 조립 공정의 비효율성에서 테슬라도 예외는 없었다. 도색은 비교적 까다롭고 비용이 많이 드는 공정으로, 어떻게든 생산 흐름에 통합되어야 했다. 그리고 이제 언박스드 프로레스라는 새로운 조립 공정을 통해 테슬라는 도색 작업을 혁신할 수 있게 되었다. 5개의 병렬 스테이션 중 한 곳에서 도색이 필요한 부분만 도색하면 되고, 이를 통해 차량 생산 시간을 30% 이상 크게 절약할 수 있게 된 것이다.

이와 관련한 흥미로운 정보가 하나 더 있다. 테슬라 부대표 톰 주Tom Zhu는 한 인터뷰[1]에서 차세대 차량, 즉 저가 전기차에 도색을 할 것인지, 아니면 사이버트럭처럼 외피를 스테인리스 스틸로 만들 것인지를 묻는 질문에 "페인트는 비싸다."라고 답했다.[2] 그의 답변을 해석해 보면, 차세대 차량 초기에는 스테인리스 스틸 외장이 적용되지 않을 수 있지만, 시간이 지나면서 정상적으로 도색되는 표준 버전과 스테인리스 스틸 버전 두 개의 옵션 가운데 하나를 선택할 수 있게 될 것으로 보인다.

마지막으로 흥미로운 점은 일론 머스크가 2023년 주주 총회에서 두 가지 새로운 모델의 프로토타입이 이미 설계되고 있으며 제작 중이라고 발표한 것이다. 이러한 메시지는 우리가 곧 2만 5,000달러 전기차를 보게 될 것이라는 점을 시사한다. 테슬라는 새로운 제조 공정으로 차세대 차량을 50% 더 저렴하게 만들 수 있다. 그렇게 된다면 모든 내연기관 자동차의 종말은 더욱 가까워질 수밖에 없을 것이다.

흉내 낼 수 없는 경쟁력, 테슬라의 공급망 관리

스마트폰을 보고 이것을 만들기 위해 얼마나 많은 사람들이 얼마나 많은 창의적 사고와 시간을 투자했는지 생각해 본 적 있는가? 스마트폰은 약 60개의 서로 다른 개별 부품으로 구성되어 있고, 각 개별 부품에는 다시 최대 50개의 서로 다른 구성 요소가 내장되어 있다. 다시 말해, 스마트폰은 총 3,000개 이상의 부품으로 구성되어 있다. 그런데 내연기관 차량은 평균 약 1만 개의 개별 부품으로 구성되어 있고, 각 개별 부품이 또한 수많은 구성 요소를 가지고 있다. 예를 들어 개별 부품인 엔진과 변속기는 모두 1,400개의 부품을 필요로 한다. 이에 비해 전기 모터는 단 200개 미만의 부품으로 구성되어 있다.

자동차든 스마트폰이든 이를 만드는 데 사용되는 수많은 부품과 재료들은 전 세계에 걸친 거대한 연쇄 작용의 결과물이다. 각 개별 부품들을 생산, 관리 및 조달하는 과정을 공급망 관리Supply Chain Management라고 한다. 여기에는 부품에 쓰이는 원자재를 채굴하는 과정부터 최종 생산 과정까지 수천 명의 사람들이 참여한다.

테슬라가 자신들의 생산 공장인 기가팩토리에서 달성한 놀라운 제조 성과에 대해 이야기하려면 먼저 테슬라가 어떻게 공급망을 탁월하게 관리하는지를 살펴봐야 한다. 테슬라는 광산의 채굴부터 생산 라인의 제조까지 모두 직접 관리하는 세계에서 몇 안 되는 기업 중 하나이며, 자동차 회사 중에서는 유일하다.

흥미로운 점은 테슬라가 처음부터 의도적으로 이러한 공급망 관리 전략을 선택한 것이 아니라는 점이다. 창업 초기에 다른 선택의 여지가 없어 이 전략을 채택한 것이다. 후술하겠지만, 다수의 부품 공급업체가 당시 스타트업이던 테슬라에게 부품 납품을 거절했기 때문에 테슬라는 적지 않은 수의 부품 생산 및 조달에 직접 뛰어들었다. 이러한 초기 어려움은 수년에 걸쳐 경쟁업체 대비 테슬라만의 결정적인 이점으로 바뀌었고, 결국 자동차 업계의 정상에 올라설 수 있었다.

앞서 언급했듯, 테슬라의 장점 중 하나는 생산의 수직 통합이다. 여기서 수직 통합은 대부분의 경우 테슬라 스스로가 테슬라 차량의 부품 공급업체 역할도 한다는 것을 의미한다. 예를 들어 테슬라는 다른 회사에서 시트를 구매하는 대신 자체적으로 직접 시트를 설계하고 제작한다. 대부분의 사람들이 모르는 것은 이 전략이 어쩔 수 없는 절박함에 의해 탄생했다는 사실이다.

일론 머스크는 2023년 1월 저명한 투자 운용사 바론 캐피털 그룹의 창업주 론 바론Ron Baron과의 인터뷰[3]에서 테슬라의 초기 시절에 대한 이야기를 나눴다. 당시 부품 공급업체 중 어느 곳도 일론 머스크와 테슬라를 진지하게 받아들이지 않았기 때문에 테슬라는 필수 부품들을 구매할 수 없었다고 한다. 1920년대 크라이슬러가 설립된 이래 미국에서 자동차 스타트업이 성공한 사례는 없었기 때문이다. 테슬라는 지난 100년 이래 성공한 최초의 미국 독립 자동차 제조업체인 셈이다.

여러분이 주요 자동차 부품 공급업체의 대표라고 가정해 보자. 2011년 아주 작은 신생 전기차 제조업체가 당신을 찾아와 엄청난 수량의 제품을 주문하고 싶다고 말한다면 과연 어떻게 반응할 것인가? 당시 이 신생 업체는 충분한 수익을 올리지 못했을 뿐더러 파산할 가능성도 매우 컸다. 테슬라의 당시 전망은 장밋빛이 아니었다. 그때 테슬라는 공급망에 대한 독특한 관점을 갖게 되었고, 최종 제품이 만들어지기까지 필요한 모든 작은 부품까지 매우 철저하게 이해할 수 있게 되었다. 그리고 생산 공정을 모두 직접 콘트롤하는 수직 통합을 이뤄내지 못한다면 자동차를 제대로 만들 수 없을 것이라고 깨닫게 된다. 테슬라는 당시 지식을 활용하여 훨씬 적은 수의 부품이 필요한 자동차를 설계했다. 이는 곧 생산 비용 절감, 무게 감소, 성능 향상으로 이어졌다.

2023년 테슬라는 투자자의 날에 매우 중요한 사실을 발표했다.[4] 테슬라가 마침내 공급망을 완전히 마스터했다는 소식이었다. 이 내용은 '언박스드 프로세스'에 가려져 과소평가된 감이 있다. 테슬라는 처음부터 자동차 제조에 필요한 부품을 기성품으로도 구매할 수 없는 처지였다. 그래서 테슬라 엔지니어 팀은 대다수 자동차 부품을 자체 프로그램으로 설계 및 개발하게 된다.

물론 테슬라에게도 소수지만 부품 공급업체가 존재하긴 한다. 그러나 이 경우에도 테슬라는 부품 스케치부터 시작해 부품을 완전히 구체화한 다음 해당 설계를 공급업체 또는 벤더에 가져가 테슬라의 품질 및 수량 표준에 따라 제조할 수 있는지 확인한다. 이러한 공급업체를 1차 공급업체라고 부른다. 1차 공급업체는 테슬라의 생산량에 직접 통합되는 부품을 제작한다. 하지만 테슬라는 대부분의 다른 자동차 회사처럼 주문만 하고 끝내지 않는다. 테슬라 엔지니어 팀이 1차 공급업체를 직접 방문하여 긴밀한 협력 관계를 형성한다. 테슬라는 부품을 만드는 생산 라인을 함께 설정하고, 자동화가 잘 구현되고 있는지, 목표 생산수율을 달성하고 있는지, 효율성을 최적화할 수 있는지 등을 직접 점검하고 확인한다.

이렇게 테슬라는 자체 공장에서 생산하지 않더라도 부품의 전체 제조 공정을 전적으로 책임지고 모든 세부 사항을 관리한다. 테슬라는 전 세계의 부품 제조업체와 완전히 통합되어 있으며 각 제조업체에서 일어나는 일에 대한 실시간 정보를 보유하고 있다.

1차 공급업체에는 ZF 프리드릭스하펜ZF Friedrichshafen, 보쉬 그룹Bosch, 한국의 HL만도 같은 전통 자동차 부품 공급업체도 포함되어 있다. 이들은 테슬라에 섀시 및 안전 시스템 제품 등을 공급한다.

2017년 테슬라는 독일 엔지니어링 회사인 그로만Grohmann을 인수했다. 2017년 4월 설립자 클라우스 그로만은 일론 머스크와의 분쟁 끝에 회사를 떠났다. 머스크가 그로만에게 다른 자동차 제조업체에 대한 공급을 즉시 중단하고 모델 3에만 집중해줄 것을 요구했기 때문이다.

한편 2020년에 테슬라는 배터리 전문업체인 ATW를 인수했다. 그런 다음 ATW를 테슬라 그로만Tesla Grohmann과 합병하여 테슬라 오토메이션Tesla Automation이라는 회사를 설립했다. 독일 브레멘에 본사를 둔 테슬라 오토메이션은 테슬라의 배터리 생산에서 중요한 역할을 담당하고 있다. 이 회사는 테슬라가 4680 고성능 배터리를 생산하는 데 있어 가장 중요한 연결 고리다. 이뿐만 아니라 테슬라 오토메이션은 맥스웰 일렉트로닉스Maxwell Electronic에서 인수한 복잡한 전극 건식 코팅 공정과 셀 생산도 최적화하고 있다. 이 공정은 테슬라가 특허를 보유하고 있는 고유한 공정으로 테슬라만 독점적으로 사용하고 있다. 이렇게 테슬라 오토메이션은 테슬라가 경쟁 우위를 더욱 확대하고 유지하기 위해 테슬라의 전문 지식을 독점적으로 보유하고 있다.

테슬라는 1차 공급업체뿐만 아니라 1차 공급업체에 부품을 공급하는 2차 공급업체도 직접 관리하고 있다. 예를 들어 가장 강력한 온보드 컴퓨터 칩 중 하나인 테슬라의 FSD 칩을 떠올려 보자. 이 칩과 보드는 테슬라를 위해 1차 공급업체인 TSMC가 만든 엄청나게 복잡하고 진보된 기술이다. 이 컴퓨터 보드에는 7,000개가 넘는 개별 부품이 결합되어 있다. 칩이 처리할 수 있는 초당 연산 횟수는 144테라플롭스teraflops다. 쉽게 비교하자면 애플의 M1 칩 약 55대 또는 M2 칩 약 40대가 탑재된 것과 맞먹는 성능이다. 2차 공급업체는 콘덴서, 전기 저항기 다이오드 및 마더보드 등 궁극적으로 보드가 작동하도록 하는 모든 부품을 테슬라에 제공한다.

테슬라는 1차 공급업체와 마찬가지로 2차 공급업체에 대해서도 동일한 작업을 수행한다. 즉, 콘덴서의 생산 라인이 아무리 작더라도 이를 테슬라에서 직접 관리하고 모니터링하여 최대 효율로 가동되고 있는지, 품질과 수량에 대한 기대치를 충족하는지 등을 실시간으로 확인한다.

테슬라의 공급망 관리는 한마디로 땅속에서 원석을 캐낼 때부터 시작되는 셈이다. 그래야 모든 진행이 순조롭고 기본 자재를 차질 없이 확보할 수 있기 때문이다.

모든 부품에는 작은 부품, 프로세스 및 재료로 이루어진 거대한 사슬이 있다. 테슬라는 이 사슬의 구성 요소와 그 작동 방식에 대한 모든 지식을 확보하기 위해 노력하고 있다. 이러한 배경에서 일론 머스크가 "최고의 부품은 부품이 없는 것이다(The best part is no part)", "최고의 프로세스는 프로세스가 없는 것이다(The best process is no process)."라고 말한 의미를 이해할 수 있다.[5] 하나의 부품은 다시 여러 개의 서로 다른 부품으로 구성되어 있지만, 테슬라의 통합 공급망 관리에 의해 이 '여러 개의 서로 다른 부품'은 결국 '하나의 부품'으로 통합되기 때문이다.

이처럼 공급망을 관리하는 가장 쉬운 방법은 아예 관리하지 않는 것이다. 어려운 표현인가? 관리하지 않는다는 것은 해당 부품을 제거한다는 뜻이다. 그렇게 된다면 관리할 필요가 없게 된다. 테슬라는 제조 과정에서 부품을 제거하는 데 점점 더 능숙해지고 있다. 최초의 모델 S는 테슬라가 직접 설계하거나 구상하지 않은 300개 이상의 마이크로 콘트롤러가 있는 복잡한 저전압 전자 시스템을 가지고 있었다. 서로 다른 부품을 연결하는 마이크로 콘트롤러와 다른 마이크로 콘트롤러를 연결하는 배선 뭉치를 케이블 하니스cable harness라 부른다. 초기 모델 S의 케이블 하니스, 다시 말해 전체 전선 길이는 3km에 달했다. 그러던 것이 테슬라가 모델 Y를 개발할 무렵에는 이미 마이크로 콘트롤러의 61%를 테슬라가 자체 설계하게 되었고, 그 결과 모델 Y를 생산할 때는 모델 S 배선 길이의 3%만 필요하게 되었다. 다시 말해 3km에 달했던 전선 길이가 100m로 줄어든 것이다. 이는 약 70kg의 무게 감소로 이어졌다. 이 때 관련 공급망은 어떤 변화를 겪었을지 상상해 보라. 이것이 바로 일론 머스크가 이야기하는 "The best part is no part."다.

테슬라는 항상 앞으로 나아가고 있다. 2023년 12월 출시된 사이버트럭용 마이크로 콘트롤러의 85%를 자체 개발한 데 이어, 중저가 차량, 일명 모델 2를 생산하는 차세대 플랫폼의 경우 마이크로 콘트롤러의 100%를 자체 설계 및 개발할 계획이다. 이를 통해 테슬라는 외부 공급에 대한 의존도를 현저히 줄이고 자신들이 직접 부품의 기능을 완전히 제어할 수 있게 된다. 이 때에는 부품 공급의 병목 현상도 사라질 것이다.

테슬라의 비밀 병기,
기가프레스와 전기모터

테슬라는 2020년부터 모델 Y의 제조에 기가캐스팅을 사용하고 있다. 기가캐스팅은 작은 부품을 세세하게 조립·용접하는 대신 일체화된 섀시를 한 번에 생산하는 기술을 말한다. 일론 머스크는 어느 날 자녀의 장난감 자동차의 아랫부분이 하나의 판으로 되어 있는 것을 보고 왜 실제 자동차를 생산할 때는 이런 방식을 쓸 수 없는지 의문을 가졌다고 한다. 이런 궁금증에서 테슬라의 기가프레스가 탄생하였다.

기가프레스는 2020년까지만 해도 자동차 생산 과정에서 존재하지 않았던 획기적인 기술이다. 이 기술 덕분에 전례 없는 속도와 품질로 전기차를 생산할 수 있게 되었으니, 이는 테슬라가 자동차 생산에서 결정적인 우위를 점할 수 있게 해준 일등공신이다.

전통적으로 자동차의 본체는 수많은 개별 부품을 용접하거나 스탬핑하는 방식으로 제작되었다. 반면 기가캐스팅은 거대한 주조기를 사용하여 녹은 금속을 고압으로 금형에 밀어넣어 차량 하부 전체와 같은 대형 차체body 부품을 생산한다. 따라서 기가캐스팅은

100개의 부품을 단 하나의 부품으로 대체한다. 다시 말해, 자동차 부품을 용접하는 여러 대의 로봇을 하나의 기계로 대체함으로써 시간과 비용, 노동력, 공장 공간 등을 절약할 수 있게 해준다.

수백 개의 부품을 교체하는 데 드는 비용 때문에 자동차 제조업체는 일반적으로 10년 넘게 하나의 모델을 생산하고 수명 주기의 절반 즈음에 왔을 때 약간의 변경만 시도한다. 주조는 이 기간을 단축하고 자동차 제조업체가 라인업을 더 빠르게 교체할 수 있게 도와준다. 또한 기가프레스로 생산된 자동차 차체의 무게는 전통 생산 방식 대비 훨씬 가벼워진다. 이로 인해 동일한 배터리 용량 대비 주행 거리가 늘어나게 된 것이다.

기가프레스가 구체적으로 어떻게 탄생했는지에 대한 해석은 다

그림 1 | 테슬라 모델 Y에 활용된 기가캐스팅 (출처: S. Munro.)

양하다. 일론 머스크 버전의 설명은 다음과 같다. 일론 머스크는 세계 6대 인쇄기 제조업체에 연락하여 테슬라가 단일 공정으로 차량 프레임을 생산할 수 있을 만큼 큰 기계를 만들 수 있는지 문의했다. 그러나 이 중 5개 회사는 테슬라의 제안을 거절했다고 한다. 반면에 이탈리아의 유명한 압력 주조 제조업체인 이드라 그룹의 대표 리카르도 페라리오Riccardo Ferrario는 꿈속에서 세계에서 가장 큰 인쇄기를 만들라는 의뢰를 받고 아이디어를 떠올렸다고 주장한다. 둘 다 멋진 이야기다.

사실 두 기업가는 상당히 닮았다. 리카르도는 이탈리아의 전설적인 포뮬러 1 드라이버 마리오 안드레티Mario Andretti의 표현을 자신의 핵심 경영 철학으로 제시한다. "모든 것을 통제할 수 있다고 생각한다면 충분히 빠르게 운전하고 있지 않은 것이다(If you think you have everything under control, then you are not driving fast enough)." 기가프레스는 리카르도가 가속 페달을 밟을 수 있는 기회였다. 리카르도는 자사의 제품이 지금껏 만들어진 제품 가운데 가장 강력하며 효율적인 인쇄기가 되기를 원했다. 나아가 동시에 보기에도 좋아야 했다. 디자인만 봐도 바로 알아볼 수 있는 기계를 원했다. 그래서 기가프레스의 거대한 영역에 밝은 빨간색으로 포인트를 준 것이다. 리카르도는 이 거대 인쇄기로 페라리를 만들고 싶다고 말했다.

기가프레스의 경제 효과

기가프레스가 테슬라의 생산 공정에서 가지는 의미는 무엇일까? 왜 이렇게 거대하고 강력한 가압 기계를 차량 프레임 제작에 사용해야 할까? 여러 가지 이유가 있겠지만, 그 다양한 이유는 모두 '효율성'이라는 한 단어로 요약할 수 있다.

우선 기가프레스를 통해 차량의 부품 수를 줄일 수 있다. 일반적인 차량 프레임은 다수의 펀칭된 부품으로 구성된다. 평평한 금속판과 강철 시트들은 펀칭을 통해 서로 연결된다. 그런 다음 이렇게 펀칭한 부품 수십 개를 가져다가 용접, 리벳rivet 등으로 이어 붙여 차량 프레임이 만들어진다. 이는 적지 않은 시간이 드는 생산 공정이다.

반면 기가프레스는 이 모든 과정을 하나의 거대한 기계로 줄여 차량 프레임을 생산한다. 덕분에 차량 전체의 무게를 줄이고 에너지 소비를 줄여 주행 거리를 늘리고 자동차의 효율성을 높일 수 있기 때문에 전기자동차에 특히 중요하다. 나아가 하나의 대형 주물을 사용하면 차량의 자재 명세서가 단순해져 자동차 제조 및 조립 공정이 더 쉽고 빨라진다. 공급망 물류도 줄어들어 비용과 환경에도 긍정적인 영향을 미친다. 주물의 크기가 커지면 작은 부품들을 결합하는 데 필요한 용접 횟수가 줄어들기 때문에 조립 라인의 길이와 자동차를 조립하는 시간이 단축된다.

모델 Y의 경우 전면 및 후면 언더보디 역할을 하는 두 개의 거대한 차체를 기가프레스를 활용하여 차체 설계를 혁신하고 제조를 간

소화했다. 모델 3에 비해 이 두 개의 기가프레스는 171개의 부품을 대체하고, 1,600개의 용접을 제거했으며, 조립 라인에서 300대의 로봇을 제거했다. 또, 차량 생산에 필요한 공장의 바닥 공간을 30% 이상 크게 줄였다.[6]

테슬라의 기가프레스 방식을 채택한 대표적인 기업은 볼보다. 볼보와 볼보의 전기차 브랜드 폴스타Polestar는 기가프레스에 투자하고 있다. 공개적으로 이러한 트렌드를 따르고 있거나 계획 중인 것으로 알려진 자동차 기업으로는 현대자동차그룹, 메르세데스벤츠, 폭스바겐, 도요타, GM 그리고 중국의 니오Nio와 엑스펑Xpeng 등이 있다.

물론 기가프레스는 앞서 언급한 다양한 장점에도 불구하고 몇 가지 단점도 가지고 있다. 대표적인 것이 차량 수리 가능성이다. 차량에 하나의 대형 주물을 사용하면 작은 수리가 거의 불가능하다. 여러 부품으로 구성된 어셈블리의 경우 정비사가 손상되거나 결함이 있는 부품만 간단히 제거하고 교체할 수 있다. 그러나 기가프레스 또는 기가캐스팅의 경우 전체 주물을 교체해야 하므로 수리 비용이 증가한다.

테슬라는 집요할 만큼 대당 평균 생산 비용을 꾸준하게 낮추고 있다. 대당 평균 생산 비용을 지속적으로 낮출 경우 현금 전환 주기Cash Conversion Cycle, CCC를 하락시키는 효과가 발생한다. 현금 전환 주기(CCC)는 생산에서 판매에 이르는 일련의 과정을 거치는 동안 현금 유입이 얼마나 지체되는가를 측정하는 지표로서 기업을 평가하는 주요 재무 지표 가운데 하나다. 쉽게 표현하면 제품이 현금으로 전환되는 데 소요되는 기간이다. 2021년 테슬라의 CCC는 마이너스 15일이었다.[7] CCC가 음수이면, 사실상 거래처의 자금으로 회사를 운영한다고 볼 수 있다. 2022년에도 테슬라의 CCC는 여전히 마이너스 9일이었다. 이에 비해 2022년 도요타의 CCC는 32일, 심지어 폭스바겐은 63일이다. 분명한 점은, 테슬라는 다른 방식으로 일을 하고 그로 인해 막대한 이익을 얻고 있다는 점이다.

테슬라 전기모터

전기자동차 산업에서 에너지 효율성은 가장 중요한 요소다. 테슬라는 이 분야를 선도해 왔으며 혁신적인 전기모터로 자동차 업계 전반에서 찬사를 받고 있다. 테슬라의 전기모터는 뛰어난 성능과 내구성, 유지 보수가 적은 설계로 유명하다. 테슬라는 2023년 3월에 있었던 투자자의 날 행사에서 최신 모터를 공개함으로써 다시 한 번 기술의 한계를 뛰어넘었다. 테슬라의 인덕션 모터와 영구자석 동기모터Permanent Magnet Synchronous Motor, PMSM는 가장 진보되고 효율적인 전기모터다.

인덕션 모터 또는 유도 전동기는 1880년대에 니콜라 테슬라Nikola Tesla가 처음 개발했으며 오늘날에도 가장 일반적으로 사용되는 전기모터 중 하나다. 인덕션 모터에서는 일련의 코일 와인딩, 고정자stator에 의해 회전 자기장이 생성되고, 이 자기장이 모터에 전류를 유도

한다. 이렇게 하면 회전자rotor를 회전시키는 기계적 에너지가 생성된다. 인덕션 모터는 다른 모터 유형에 비해 움직이는 부품 수가 적고 그 구조가 비교적 간단하여 매우 안정적이고 유지 보수가 적게 드는 장점이 있다.

반면 영구자석 동기 모터는 회전자rotor와 고정자stator 코일 와인딩에 일련의 영구 자석을 사용하여 회전 자기장을 생성한다. 인덕션 모터와 달리 영구자석 동기 모터는 자기장이 고정되어 있어 매우 효율적이고 작동 중 열 발생이 적다는 장점을 가지고 있다. 따라서 영구자석 동기 모터는 효율성과 신뢰성이 중요한 전기자동차에 사용하기에 이상적이다.

테슬라는 수년에 걸쳐 두 가지 모터 유형의 여러 모델을 개발해 왔으며, 일반적으로 각 차량에 두 가지 모터를 모두 사용한다. 후륜구동 차량은 영구자석 동기 모터를, 듀얼 모터 차량은 앞바퀴에 인덕션 모터를 그리고 뒷바퀴에 영구자석 동기 모터를 사용하며, 이 두 모터 사이에 전력을 전환하여 다양한 주행 상황에서 효율성과 토크를 최적화할 수 있는 기능을 갖추고 있다. 일반적으로 인덕션 모터는 가속 또는 오르막길 주행과 같이 토크가 높은 상황에 더 적합하며, 영구자석 동기 모터는 효율성이 중요한 장거리 또는 특히 고속도로 주행에 최적화되어 있다.

결정적으로 영구자석 동기 모터는 출력과 효율성뿐 아니라 다른 중요한 목표도 함께 이뤄냈다. 바로 대량생산성scalibility이다. 테슬라의 차세대 영구자석 동기 모터는 뛰어난 출력과 가속도, 낮은 에너지 소비량이나 효율성과 같이 고객이 느낄 수 있는 성능 향상뿐 아니라 지금까지 모터의 혁신으로 여겨지지 않았던 혁신까지 이뤄냈다. 바로 모터 생산 비용의 절감이다. 고품질의 제품을 만들면서 동시에 비용까지 낮췄다는 점은 매우 뛰어난 성과이다. 이는 궁극적으로 더 많은 사람들이 이 새로운 기술을 접하고 사용할 수 있게 된다는 것을 의미한다. 유사 사례는 다음 꼭지에서 설명하는 '4680 배터리'다. 4680 배터리는 뛰어난 에너지 밀도를 자랑하는데, 자세한 내용은 뒤에서 이어 다루겠다.

테슬라는 2017년부터 2022년까지 전기모터에 들어가는 희토류 금속의 양을 25% 줄이고, 모터 무게를 20% 줄였으며, 모터를 만드는 데 필요한 공장 규모를 무려 75%나 줄여 총 65%의 원가 절감을 달성했다.[8] 일반적으로 공장 운영에 들어가는 전반적인 비용도 당연히 제품 가격에 포함된다. 따라서 공장을 개선하는 것은 전기모터의 비용을 줄이는 또 다른 핵심 요소다. 자동차 전문가 샌디 먼로Sandy Munro는 테슬라 투자자의 날 발표에서 테슬라가 헤어핀 전기모터hairpin motor를 사용한다는 사실을 발견했다.[9] 헤어핀 모터는 기존의 둥근 바퀴 형태의 고정자 코일 와인딩 대신 머리핀 모양의 단단하고 평평한 구리바를 사용하는 새로운 유형의 전기모터다.

헤어핀 모터의 주요 장점 중 하나는 코일 와인딩의 저항이 낮고 열 방출이 우수하여 효율이 높다는 점이다. 또한 '그림 2'에서 확인할 수 있는 것처럼 헤어핀 와인딩은 더 높은 구리 충전율을 가능하게 한다. 다시 말해, 동일한 공간에 더 많은 구리를 넣을 수 있어 자

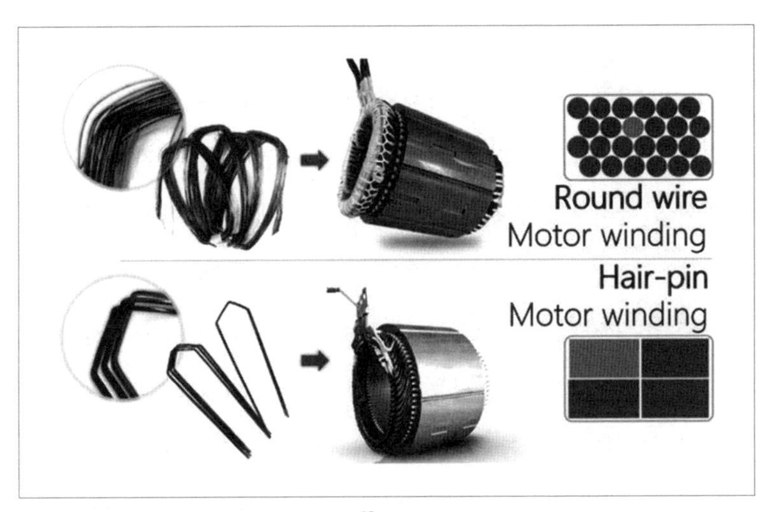

그림 2 | 모터 고정자의 헤어핀 (출처: LaserAX)[10]

석이 더 강력해지고, 그 결과 전기모터의 효율성이 증가한다. 헤어핀 모터는 자동차 업계에서 점점 인기를 얻고 있는 비교적 새로운 기술이다. 폭스바겐, BMW, GM, 그리고 BYD 등도 전기자동차에 헤어핀 모터를 사용하고 있다.

테슬라의 헤어핀 모터에는 희토류가 더 이상 사용되지 않는다. 이는 모두가 불가능하다고 생각했던 일이다. 일론 머스크는 2023년 투자자의 날 행사에서 이 새로운 모터가 희토류 없이도 더 저렴하고 놀랍도록 높은 효율을 낼 수 있기 때문에 성능은 전혀 희생할 필요가 없다고 소개했다. 희토류라는 고가의 재료를 완전히 제거함으로써 테슬라는 장기적으로 최소 수억 달러에 이르는 비용을 절약할 수 있게 되었다.

지금까지 각 전기모터 장치에는 500g의 이름 모를 희귀 소재 1종과 10g의 다른 소재 2종이 사용되었다. 테슬라는 어떤 금속이 사용되었는지 구체적으로 밝히지 않고 있다. 테슬라의 영구자석 동기 모터에서 일반적으로 발견되는 가장 중요한 세 가지 희귀 금속은 네오디뮴neodymium, 프라세오디뮴praseodymium, 디스프로슘dysprosium이다. 이 금속들은 자석을 제조하는 데 사용되며 모터의 필수 구성 요소로 간주된다. 하지만 테슬라는 이러한 금속 없이도 전기모터가 작동할 수 있는 방법을 찾아낸 것이다. 이러한 금속 중 일부의 가격은 킬로그램당 100달러가 넘거나 톤당 10만 달러가 넘는다. 2023년 12월 기준 네오디뮴의 가격은 톤당 약 11만 5천 달러였다.[11] 프라세오디뮴의 가격도 이와 유사한 수준이고, 디스프로슘의 가격은 네오디뮴 대비 약 4배 높은 수준이다.

네오디뮴이 개별 전기모터에 500g씩 들어간다고 가정해 보자. 테슬라가 2023년 200만 개의 영구자석 모터를 생산했다고 가정하면, 테슬라는 차세대 구동 장치에서 제거한 이 희토류 금속 하나로 1억 1,500만 달러를 절감한 셈이다. 2030년 테슬라가 연간 2천만 대의 생산 목표를 달성하면 이 절감 효과는 더욱 커질 것이다.

테슬라는 투자자의 날 행사에서 이미 이 헤어핀 모터를 조립하는 데 사용되고 있는 자동화 기계를 선보였다. 헤어핀 기술을 구현하는 데 있어 가장 큰 어려움 중 하나는 구리 헤어핀의 굽힘과 용접 공정의 정확성이다. 헤어핀 끝이 잘못 용접되면 전기 손실이 발생할 수 있기 때문이다. 흥미로운 점은 테슬라가 전체 모터와 회전하는 전기장을 모델링하고 시뮬레이션하는 소프트웨어를 자체 개발했다는 점이다. 테슬라는 자사의 소프트웨어가 다른 경쟁사보다 빠르고 정확하며, 수백만 개의 설계를 검토하여 최상의 설계를 선택할 수 있다고 자랑한다. 예를 들어 테슬라는 인공지능을 활용하여 헤어핀 와인딩 패턴을 최적화하여 모터의 저항을 줄이고 전반적인 효율을 개선했다.[12]

다시 한번 강조하지만, 테슬라가 경쟁에서 앞서 나갈 수 있는 핵심은 바로 소프트웨어 역량이다. 테슬라는 다양한 하이엔드 칩 또한 자체적으로 설계하고 있다. 한 예로 테슬라 차량에는 충전을 포함하여 차량 전기 흐름을 관리하는 칩이 내장되어 있다. 테슬라 차량의 전기회로를 이동하는 모든 전자는 이 칩을 통과한다. 테슬라는 이 칩의 성능 또한 계속해서 개선하고 있다. 전자제어 칩의 수를 4개에서 1개로 줄였고, 이를 통해 칩의 재료인 값비싼 실리콘카바이드[SiC]를 약 75% 더 적게 사용할 수 있게 되었다. 이 또한 자연스럽게 차량 생산 비용 절감 효과로 이어진다. 칩의 수를 축소하는 테슬라의 생산 전략은 전기모터 비용에도 영향을 미칠 수 있다. 전기모터에도 복수의 칩이 사용되고 있기 때문이다.

그뿐 아니다. 테슬라가 2023년에 공개한 새로운 파워트레인의 생산 비용은 1,000달러다. 다른 경쟁 기업에 비해 3배 이상 저렴한 비용이다. 이렇게 전기모터, 칩, 파워트레인 등 전기자동차의 핵심 부품에서 생산 비용을 지속적으로 낮출 수 있는 이유는 앞서 설명한 것처럼, 테슬라가 차량의 모든 구성 요소를 직접 제작하거나 간접 담당하고 있기 때문이다. 이에 반해 전통적인 자동차 기업들은 소프트웨어를 비롯한 핵심 부품의 생산을 아웃소싱하고 있다. 따라서 테슬라와 이들 전통 기업 사이의 가격 경쟁력은 시간이 지날수록 벌어질 수밖에 없다.

비용과 이익의 혁신, 4680 배터리와 리튬 제련소

배터리 생산 비용을 절반으로 줄였다!

일론 머스크는 테슬라의 새로운 4680 배터리의 중요성에 대해 여러 차례 이야기했다. 이 새로운 배터리는 2030년 연간 2,000만 대의 차량 생산 목표를 달성하는 데 있어 결정적인 역할을 맡고 있기 때문이다. 기적의 배터리라고 할 수 있는 이 4680 배터리를 통해 테슬라는 매우 큰 비용 절감을 목표로 하고 있다. 현재 모델 Y의 배터리 가격은 약 1만 달러인데, 새로운 배터리 기술이 적용되면 가격이 절반으로 줄어든다.

문제는 4680 배터리의 대량 생산이 매우 어렵다는 점이다. 2020년 9월 배터리의 날Battery Day 행사에 처음 4680 배터리가 소개된 이래 3년여가 지난 2023년, 테슬라는 겨우 5만 2,000대의 차량에 이 배터리를 공급할 수 있는 양산 체계를 갖추었다. 이는 2023년 전체 인도 차량 약 180만 대의 2.9%에 불과한 매우 적은 양이다. 이 배터리의 생산량이 왜 이렇게 낮을 수밖에 없었는지, 그리고 무엇보다도

4680 배터리가 가지고 있는 의미는 무엇인지를 살펴보자.

먼저 4680 배터리는 무엇이고, 현재 대다수 테슬라 차량에 장착된 2170 배터리와 다른 점은 무엇일까? 배터리 크기를 비교하면 4680은 2170보다 5.5배 더 크다. 4680 배터리의 이름은 '지름 46mm, 높이 80mm의 크기에서 따 온 것이다. 그리고 4680 배터리는 2170보다 5배 더 많은 에너지를 저장할 수 있고, 6배 더 많은 전력을 생산하며, 16% 더 긴 주행 거리를 제공한다.[13]

4680 배터리의 핵심은 전극의 새로운 양극과 음극 건식 코팅 공정에 있다. 이 새로운 공정 덕분에 일반적인 습식 배터리에서 오래 걸리던 건조 과정을 줄일 수 있게 되었다. 그러나 이 건식 코팅은 습식 코팅에 비해 전극 밀도가 상대적으로 낮기 때문에 동일한 배터리 용량을 달성하기 위해서는 전극의 두께나 면적을 더 키워야 한다. 그리고 이 크기는 생산 과정에서 상당한 복잡성을 야기한다. 그중에서도 수백 개의 배터리 호일battery foil이 문제다.

배터리 호일은 전기 전도를 돕고 전해액 누출을 방지하는 중요한 부품이다. 그리고 배터리가 충전 및 방전하는 과정에서 생겨나는 전자들을 이동시키는 통로 역할을 하는 집전체가 가장 핵심적인 구성 요소이다. 이 배터리 호일은 매우 정밀하게 절단되어야 하고 서로 정확하게 접혀야 한다. 또한 단락이 발생하지 않도록 완벽하고 견고하게 연결되어야 한다. 하나라도 정확히 겹쳐지지 않거나 필름이 약간이라도 어긋나면 해당 배터리 셀을 생산에서 제거해야 한다. 그러면 약 10분 동안 생산 라인을 중단해야 하고, 이는 전반적인 생산 속도 저하로 이어지는 핵심 오류에 해당한다. 테슬라가 4680 배터리에서 가장 신경 쓰는 것도 바로 이 부분이다.

4680 배터리의 대량 생산을 어렵게 하는 두 번째 문제는 전극의 정렬이 잘못될 수 있다는 점이다. 배터리 셀에는 세 가지 주요 층이 있다. 양극cathode, 음극anode, 분리막separator이 그것이다. 이 세 층은 '그림 3'처럼 젤리 롤Jelly Roll이라고도 불리는 길고 얇은 필름 형식으로 서로 매우 단단하게 말려 있다.

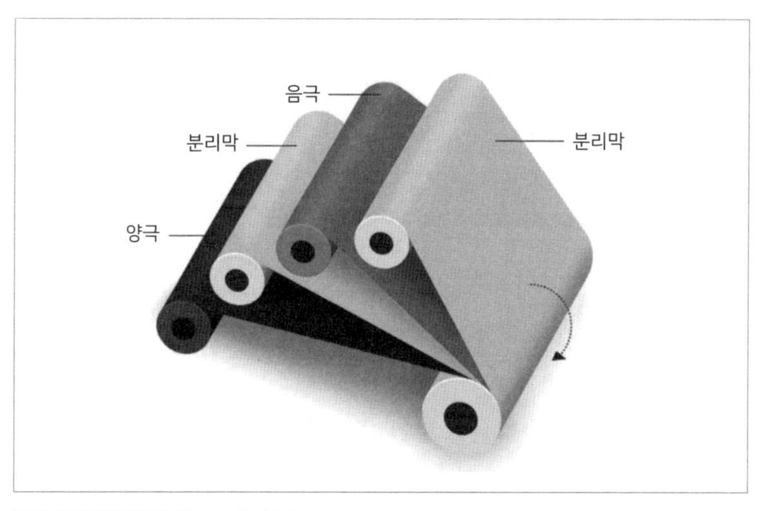

그림 3 | 젤리 롤 (출처: Battery Inside)

이 젤리 롤이 서로 완벽하게 롤링되지 않을 때가 있다. 풀어진 키친타월을 사람이 대충 다시 말아 놓은 경우처럼 말이다. 젤리 롤 롤링의 허용 오차는 1mm 미만이다. 이 오차가 커지면 해당 배터리 셀은 폐기해야 한다. 또한 젤리 롤의 롤러가 크고 넓기 때문에 압력을 균일하게 가하는 것도 어려운 과제다. 압력이 균일하게 가해지지 않으면 표면과 두께가 고르지 않은 전극을 얻게 되고, 이 경우에도 해당 배터리 셀을 폐기해야 한다.

그럼에도 불구하고 4680 배터리의 장점은 명확하다. 앞서 강조한 것처럼 배터리 생산 비용이 이전 배터리에 비해 절반으로 줄어든다는 점은 엄청난 효과다. 테슬라의 장기 목표는 자동차 부문에서 영업이익률 30%를 달성하는 것이므로, 비용 효율적인 전기차를 계속 공급하기 위해 이 새로운 배터리는 매우 중요하다. 그래서 테슬라는 난이도는 높지만 기대 효과는 엄청난 이 4680 배터리 제조를 위해 완전히 새로운 생산 기계를 도입했다.[14] 이 생산 기계는 세 대의 독립적인 기계를 하나로 결합한 형태이며, 덕분에 효율성이 매우 높다. 일명 '3-IN-1'이라고 부르는 이 기계에서는 동일 시간에 더 많은 양의 셀이 처리된다. 한 기계에서 다른 기계로 셀을 운반하는 마그네틱 레일이 필요 없기 때문이다.

이 3-IN-1 기계는 다음과 같이 세 개의 공정을 담당한다.

① 노칭 머신: 전극의 가장자리를 레이저로 절단하는 역할을 담당한다.

② 와인딩 머신: 노칭된 롤을 분리막과 결합하여 단단한 젤리 롤로 감는다.

③ 용접기: 롤을 배터리 하우징에 연결하는 용접을 담당한다.

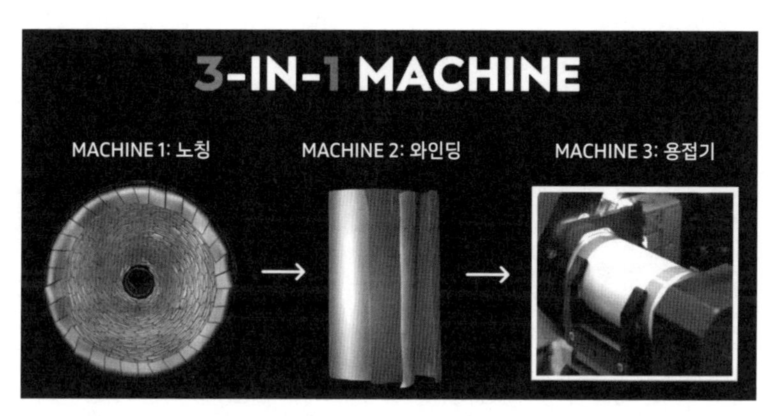

그림 4 | 4680 배터리 젤리 롤 생산 기계 (출처: Cleanerwatt[15])

3-IN-1 기계에도 일론 머스크의 철학이자 명언인 '최고의 프로세스는 프로세스가 없다'가 반영되어 있다. 전극을 건식 코팅하는 방식은 이전에는 한 번도 대량 생산 방식으로 시도된 적이 없었다. 기존 리튬 이온 배터리는 양극과 음극을 코팅하기 위해 습식 건조 방식을 채택했었다. 그래서 공장의 상당한 공간을 건조하는 데 할애할 수밖에 없었다. 반면, 수분을 사용하지 않고 양극을 생산하는 건식 코팅 방식은 건조에 필요한 에너지가 적고, 건조 공정을 위한 공장 바닥 공간을 절약하여 생산 비용을 크게 절감할 수 있다.

테슬라는 이 획기적인 건식 코팅 기술을 얻기 위해 맥스웰 일렉트로닉스Maxwell Electronics라는 회사를 인수했다. 현재 이 기술을 대규모로 사용하는 회사는 전 세계에서 테슬라가 유일하다. 다만 훨씬 더 넓은 원통형 셀을 위해 젤리 롤이 훨씬 더 길어졌기 때문에 테슬라가 생산량을 늘리는 동안 많은 문제에 직면한 것은 당연한 일이다.

2023년 12월 로이터 보도[16]에 따르면 테슬라는 아직 생산 목표를 달성할 수 있을 만큼 빠르게 4680 배터리를 만드는 데 성공하지 못했다. 로이터는 4680 배터리 셀의 양극을 건식 코팅하는 것은 문제가 없지만, 테슬라는 배터리에서 가장 비싼 부품인 음극에 건식 코팅 기술을 적용하는 데 어려움을 겪고 있다고 보도했다. 사이버트럭에 탑재된 4680 배터리 팩에는 약 1,360개의 개별 셀이 들어 있다. 다시 말해 테슬라가 2025년의 사이버트럭 생산 목표인 25만 대를 공급하려면 연간 3억 4천만 개, 즉 하루에 거의 백만 개의 셀을 만들어야 한다는 뜻이다.

테슬라는 4680 배터리 셀을 사이버트럭뿐만 아니라 이른바 차세대 차량인 모델 2에도 사용할 계획이라고 밝혔다. 2023년 12월 기준으로는 아직 두 차량에 모두 사용할 수 있는 건식 코팅 4680 배터리 셀을 충분히 생산하지 못하고 있다. 테슬라의 주요 배터리 공급업체 중 하나인 파나소닉은 4680 배터리 생산을 위해 미국의 최소 두 곳에 공장을 건설할 계획이지만, 이제 막 첫 번째 공장을 착공한 상태다. 앞서 로이터 보도에 따르면 테슬라가 현재는 하나의 생산 라인에서 4680 배터리를 안정적으로 생산하고 있으며, 이를 확대할 경우 생산 탄력을 받을 것으로 평가하고 있다. 또한 일단 안정성을 확보하고 나면 생산 속도는 기하급수적으로 빨라질 수 있다고 전망했다.

2023년 12월 기준 테슬라는 오스틴 기가팩토리에서 2개의 4680 생산 라인을 가동하고 있으며, 이를 두 단계에 걸쳐 총 8개 라인으로 확대할 계획이다. 이 중 마지막 4개 생산 라인은 2024년 말 가동을 목표로 하고 있다.

리튬 제련소, 돈을 찍어 내는 기계!

리튬은 이른바 '화이트 골드'로 불린다. 이 물질은 현대 문명의 기본 구성 요소 중 하나이며, 오늘날 어디에나 존재한다. 스마트폰, 노트북, 무선 이어폰 등 많은 전자기기에 리튬 이온 배터리가 들어 있다. 자연스럽게 리튬을 소유한 사람 또는 집단이 권력을 갖고 있는 세상이다. 현재 이 귀중한 원소의 생산 대부분은 중국 정부의 손에 달려 있다. 그리고 이제 테슬라도 그 주도권 경쟁에 본격적으로 뛰어들었다.

테슬라는 리튬 정제에 혁명을 일으키고자 텍사스주 코퍼스 크리스티Corpus Christi에 새로운 제련소를 건설하고 있다. 2023년 3월 테슬라 투자자의 날에 일론 머스크와 수석 부사장 조 벨리노Joe Bellino는 새로운 리튬 제련소를 위한 첫 삽을 떴다고 발표했다. 이 새로운 제련소를 통해 테슬라는 중국에서 정제된 리튬 공급으로부터 자유로울 수 있을 뿐만 아니라 이 중요한 물질에 대한 통제권을 가질 수 있다. 단, 리튬(원석)은 전 세계에 고르게 분포되어 있기 때문에 리튬 자체가 아니라, 리튬의 정제가 배터리 생산의 제한 요소라고 일론 머스크는 강조했다. '표1~2'에서 확인할 수 있는 것처럼 리튬 채굴량과 매장량은 중국에만 집중되어 있지 않다. 리튬 채굴이 생산 제

표 1 | 2022년 기준 나라별 리튬 채굴량

순위	국가	톤	퍼센티지
1	호주	61,000	47.2
2	칠레	39,000	30.2
3	중국	19,000	14.7
4	아르헨티나	6,200	4.8
5	브라질	2,200	1.7
6	짐바브웨	800	0.6
7	포르투갈	600	0.5
8	캐나다	500	0.6
글로벌 합계		**129,300**	**100**

출처: Lithium facts[17]

표 2 | 2022년 기준 나라별 리튬 매장량

순위	국가	리튬 매장량(톤)	퍼센티지
1	칠레	9,300,000	35.7
2	호주	6,200,000	23.8
3	아르헨티나	2,700,000	10.4
4	중국	2,000,000	7.7
5	미국	1,000,000	3.8
6	캐나다	930,000	3.6
7	짐바브웨	310,000	1.2
8	브라질	250,000	1.0
9	포르투갈	60,000	0.2
	기타	3,300,000	12.7
글로벌 합계		**26,000,000**	**100**

출처: Lithium facts

한 요소가 아니라는 이야기다.

문제는 리튬 정제에 있다. 〈월스트리트저널〉 보도에 따르면, 중국이 세계 정제 리튬의 65% 이상을 생산하고 있고, 생산된 리튬 이온 배터리의 약 80%를 공급하고 있다.[18] 리튬 광석을 배터리 친화적인 물질로 정제하는 공정이 중국에 집중되어 있는 것이다. 따라서 배터리 및 전기자동차 생산에서 중국 의존도가 높을 수밖에 없다. 이 문제를 해결하려는 것이 테슬라의 리튬 제련소다.

리튬 이온 배터리 생산의 가장 큰 과제는 리튬을 비용 효율적으로 정제하는 것이다. 테슬라의 새로운 리튬 제련 공장은 걸프 연안의 텍사스주 코퍼스 크리스티에 건설되며, 일론 머스크의 스페이스 X 발사 시설 근처에 위치한다. 이 리튬 제련소를 통해 테슬라는 미국에서 직접 4680 배터리 생산에 필요한 정제된 리튬을 확보할 수 있게 된다. 이는 에너지 산업의 패러다임 전환을 가져올 수 있을 정도로 임팩트가 크다. 미국이 리튬과 배터리에 대한 자체 공급을 확보하고 이를 통해 중국에 대한 의존도를 줄일 수 있게 되기 때문이다.

리튬 제련소 건설 준비는 2023년 1월 초에 시작되었으며, 건설 비용으로는 총 3억 7,500만 달러가 소요될 것으로 예상된다. 테슬라는 이미 2023년 1월 중순부터 리튬 제련소의 경영진을 뽑기 시작했으며 관리자, 프로젝트 기획자, 지역 건설 관리자 등의 구인 작업을 시작했다. 그해 투자자의 날 행사에서 조 벨리노는 리튬 제련소 건설 작업이 이미 진행 중이며, 1년 이내에 리튬 정제 생산이 시작될 것으로 예상한다고 밝혔다. 2024년 4분기 가동을 목표로 하고 있다는 뜻이다.

또한 테슬라는 텍사스 기가팩토리와 멕시코 기가팩토리에서 차세대 차량 모델 2를 생산할 계획이다. 그러나 2023년 3분기 콘퍼런스 콜에서 일론 머스크는 높은 이자율이라는 거시 경제 조건을 이유로 멕시코 기가팩토리 공장 건설을 연기한다고 밝혔다. 그 대신 텍사스 오스틴 기가팩토리에서 차세대 차량 모델 2의 생산 라인 건설을 시작했다고 전했다. 오스틴 기가팩토리에서는 세계에서 가장 많이 팔리고 있는 차량인 모델 Y가 생산되고 있고, 사이버트럭 또한 이곳에서 생산을 시작했다. 건설이 연기된다고 해도 2026년, 늦어도 2027에는 멕시코 기가팩토리에서 모델 2가 양산될 가능성이 높다.

중요한 것은 이 모든 차량에 많은 4680 배터리가 필요하다는 것이다. 리튬 제련소가 위치한 코퍼스 크리스티는 멕시코 기가팩토리가 건설될 몬테레이Monterrey와 오스틴 사이 중간쯤에 위치하고 있다('그림 5' 참조). 정제된 리튬이 트럭으로 두 기가팩토리에 빠르게 운송될 수 있다는 의미이다.

테슬라는 오스틴 기가팩토리 부지에 배터리 음극을 위한 특수 생산 시설을 건설했다. 그 곳에서 수산화 리튬이 니켈 및 망간과 결합되어 4680 배터리 셀의 음극이 생산된다. 멕시코 기가팩토리에도 동일한 시스템이 구축될 가능성이 높다. 아마도 훨씬 더 큰 규모로 구축될 것이다.

차세대 4680 배터리 플랫폼은 생산 비용을 절감하고 대량 생산을 목표로 하며, 리튬과 철을 결합한 4680 셀 형식의 LFP(리튬 인산 철)

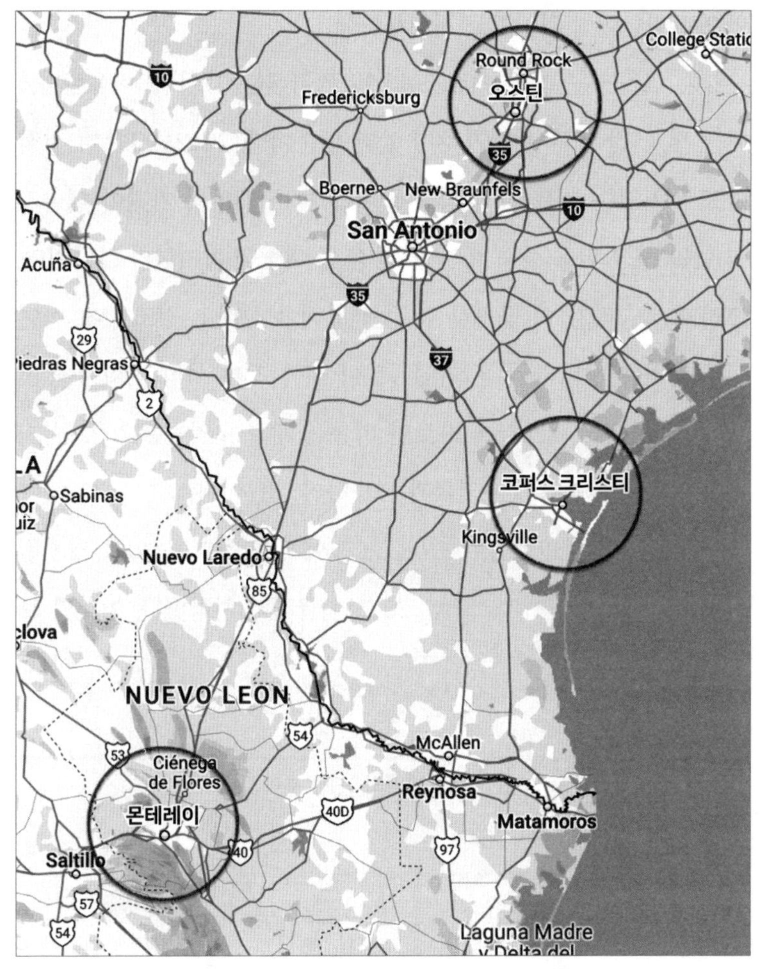

그림 5 | 텍사스 기가팩토리와 멕시코 기가팩토리 중간 즈음에 위치한 리튬 제련소

배터리를 생산할 가능성도 존재한다. 일론 머스크는 니켈 음극 배터리는 향후 주행 거리가 긴 애플리케이션에만 필요하며, 철이 지구상에서 가장 흔하기 때문에 대부분의 전기자동차는 LFP 배터리를 기

반으로 만들어질 것이라고 전망한다.

일론 머스크는 리튬 제련소를 '돈 찍어내는 기계'에 비유한다.[19] 최근 몇 년간 리튬 원가가 치솟았기 때문이다. 2022년 1분기 실적 발표에서 그는 리튬 가격 상승에 따른 높은 배터리 가격이 테슬라의 단일 생산 비용 상승 요인 중 가장 큰 비중을 차지한다고 밝혔다. 그리고 테슬라가 이 문제를 직접 해결해야 한다고 강조했다. 이어서 테슬라뿐 아니라 많은 기업가들이 리튬 정제 사업에 뛰어들 것을 권했다. 일론 머스크에 따르면 리튬 정제의 수익률은 2022년 기준 소프트웨어 기업의 수익률과 비슷하기 때문이다.

원자재 가격은 변동성이 크다. '표 3'에서 확인할 수 있는 것처럼 탄산 리튬lithium carbonate 가격은 2023년 급격히 하락했다. 이것만 보

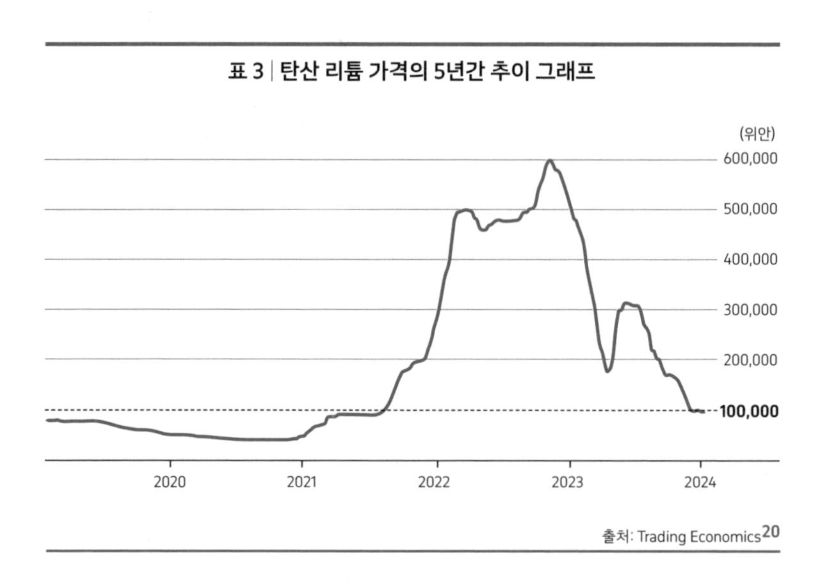

표 3 | 탄산 리튬 가격의 5년간 추이 그래프

출처: Trading Economics[20]

면 리튬 가격이 바닥으로 떨어진 것처럼 보인다. 그러나 5년 차트를 보면 리튬은 여전히 2020년과 2021년 대비 높은 가격으로 거래되고 있음을 알 수 있다. 따라서 여전히 엄청난 수익 기회가 있다. 그리고 모든 투자에 대해 장기적으로 접근한다면 리튬에 대한 수요는 시간이 지남에 따라 증가할 수밖에 없다는 점도 중요하다.

블룸버그 NEFNew Energy Finance [21]에 따르면 2030년까지 리튬의 수요는 공급을 초과할 것이며, 이에 따라 리튬 가격은 계속 상승할 것으로 전망된다. 이러한 상황에서 테슬라는 리튬 제련소를 통해 적지 않은 수익을 올릴 것으로 보인다. 다른 전기자동차 제조 기업은 채굴 회사와 파트너십을 맺거나 지분을 인수하고 있지만, 테슬라는 본격적으로 리튬 제련소를 전체 전기자동차 생산 공정에 통합하고 있다. 이는 테슬라에게 추가적인 경쟁 우위로 작용할 수 있다. 이렇게 테슬라는 또 한 번 전기자동차 산업을 선도하고 있다.

사이버트럭의 시장 가능성, 그리고 우려

2023년 11월 30일 테슬라의 사이버트럭이 세상에 공개되었다. 그리고 두 가지 커다란 질문을 남겼다.

첫째, 사이버트럭의 2025년 생산 목표는 25만 대다. 이는 2023년 모델 Y의 유럽 판매 수와 유사한 수준이다. 이 말은 곧 2025년까지 사이버트럭으로는 수익을 내기가 어렵다는 얘기다. 그렇다면 테슬라는 굳이 왜 사이버트럭을 생산하는 걸까?

둘째, 사이버트럭의 디자인은 매우 독특하다. 일론 머스크의 화성 욕망이 투영된 것일까? 자동차 공학 차원에서 보면 최고의 안전한 차량을 설계하기 위한 선택이었다는 주장도 있다. 지금까지의 일반적인 픽업 트럭과는 질적으로 다른 안전성을 확보하기 위한 어쩔 수 없는 선택이라는 이야기다. 그 근거는 무엇일까? 이 같은 두 가지 질문에 대한 답을 정리해 본다.

사이버트럭은 2025년 하반기까지 테슬라에게 수익을 가져다주지 못할 것이다. 오히려 사이버트럭 생선 설비 투자 증가로 테슬라의 전체 수익률을 하락시키는 요소로 작용할 것이다. 규모의 경제 효과

그림 6 | 2023년 11월 사이버트럭 출시 행사에 참석한 일론 머스크 (출처: Photographer Frederic J. Brown / AFP via Getty Images)

를 볼 수 있는 양산 체계를 갖추기까지는 약 18개월이 걸리기 때문이다.

픽업 시장에서 사이버트럭이 가질 수 있는 가격 경쟁력도 의문이다. 듀얼 모터를 갖춘 사이버트럭 전륜 구동 모델all-wheel의 가격대가 6만 8,890달러에서 시작되기 때문이다. 리비안 듀얼 모터 모델인 R1T의 가격대는 7만 3,000달러에서 시작한다. 가격 경쟁력이 두드러지지 않는 셈이다. 사이버트럭이 양산될 경우 가격 하락의 여지는 존재하지만 6만 8,890달러는 현재 시점에서 유감스러운 부분이다.

그럼에도 불구하고 사이버트럭은 크게 세 가지 의미를 가지고 있다. 첫째, 48볼트 아키텍처다. 이는 앞으로 생산될 테슬라의 2만

5,000달러 중저가 차량에도 적용될 예정이다. 다시 말해서 사이버트럭은 테슬라가 중저가 모델로 가는 길에서 중요한 징검다리 역할을 맡고 있는 셈이다.

둘째, 4680 배터리 적용이다. 4680은 모델 3와 모델 Y의 고급 사양에도 적용된다. 또한 차세대 중저가 차량에도 4680 배터리가 사용될 예정이다. 사이버트럭은 4680 배터리 생산에서 규모의 경제 효과를 가능하게 한다.

셋째는 마케팅 효과다. 사이버트럭의 독특한 섀시와 디자인 그리고 파워는 테슬라 팬들을 대상으로 강력한 브랜딩 효과를 발휘할 수 있다.

계속해서 사이버트럭이 시장에서 가지는 의미를 좀더 세밀하게 들여다 보자.

2025년까지 사이버트럭 전량 판매 가능

먼저 픽업 트럭 시장의 의미를 간략하게 짚어 보자. 2021년과 2022년 기준 세계 픽업 트럭의 매출 규모는 각각 약 1,840억 달러[22]와 2,025억 달러[23] 수준이다. 이중 북미 시장이 차지하는 비율은 2021년 기준 77%다. 그리고 중국, 태국, 유럽이 그 뒤를 잇는다. 다시 말해 픽업 트럭의 핵심 시장은 북미 그중에서도 미국이다. 2021년 매출 기준 미국 전체 승용차 시장에서 픽업 트럭이 차지한 비율은 14.3%다.[24] 유럽의 0.4%, 중국의 2.2% 대비 압도적으로 높은 수치다.

한편 전통 자동차 기업에게 픽업 트럭이 가지고 있는 의미는 매우 크다. 포드의 경우 2021년 전 세계 매출 가운데 무려 20.7%가 픽업 트럭에서 발생했다.[25] 수요 측면에서 시장 규모는 어떠할까? 2022년 미국에서 픽업 트럭의 총 판매 대수는 약 1,375만 대 수준이었다. 테슬라가 2025년 사이버트럭의 생산 목표를 25만 대로 제시했고, 2024년에는 12만 대 수준에 머무를 전망이니 연간 판매 대수가 1,000만 대를 훌쩍 뛰어넘는 픽업 트럭 시장에서 특별한 문제가 발생하지 않는 이상 테슬라의 사이버트럭은 2024년과 2025년 전량 판매가 가능하다는 얘기다.

가격 경쟁력: 2025년부터 시장 경쟁력 강화

앞서 언급했듯, 사이버트럭의 핵심 모델은 6만 8,890달러의 전륜 구동이다. 미국 인플레이션 감축법(IRA)은 2024년부터 7만 달러 미만의 전기 픽업 트럭에 7,500달러의 보조금을 지급하도록 명시하고 있다. '표 4'의 〈월스트리트저널〉 분석을 보면 사이버트럭 전륜 구동의 가격은 리비안과 유사한 수준이며, 포드 F-15 라이트닝 대비 약 2만 달러 정도 비싸다. 내연기관 픽업 트럭과 비교해도 사이버트럭 전륜 구동이 2만 달러 이상 높은 가격대다.

이러한 배경에서 테슬라가 2024년 사이버트럭 생산 목표를 약 12만 대로 설정한 것은 내부 생산 여건 측면에서도, 시장 경쟁 환경 측면에서도 타당하다. 현실적으로 12만 대 이상 판매하긴 쉽지 않기

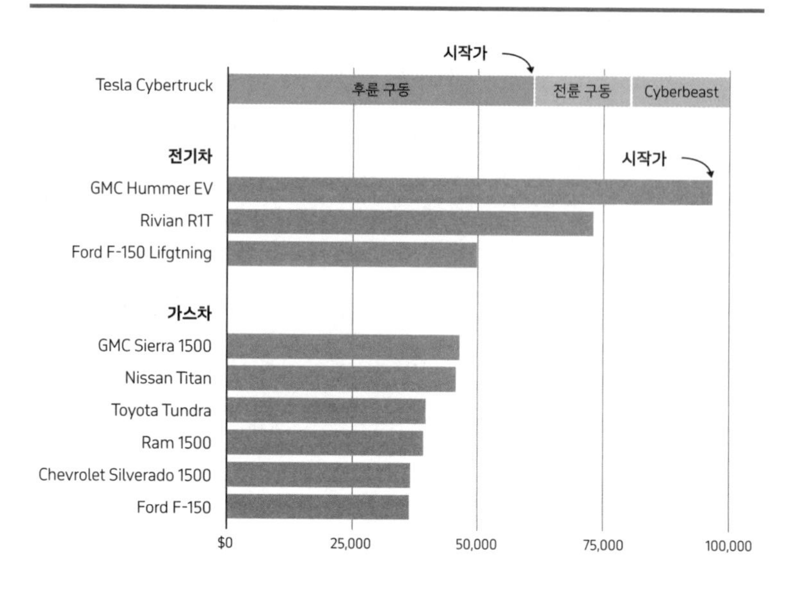

그림 7 | 픽업 트럭 가격 비교 (출처: 월스트리트저널26)

때문이다. 보조금을 받을 경우 4만 달러 초반 가격대를 형성할 사이버트럭 후륜 구동rear-wheel 모델은 2025년부터 판매될 예정이다. 이 후륜 구동 모델은 (전륜 구동 모델에 비해) 내연기관 픽업 트럭 대비 가격 경쟁력 또한 확보할 수 있다. 따라서 2025년 사이버트럭 생산 목표인 25만 대도 충분히 미국 시장에서 소화될 수 있다.

사이버트럭의 혁신 1: 48볼트 아키텍처

1960년 자동차의 전압은 6볼트에서 12볼트로 전환되었다. 이후 약

60년 동안 지속되었던 12볼트 아키텍처가 48볼트로 업그레이드되어 차량 '전체'에 적용되는 첫 번째 차량이 바로 사이버트럭이다. 인포테인먼트 시스템, 라이트, 와이퍼 등 모든 보조 시스템에 12볼트가 아닌 48볼트를 사용한다는 것은 정말 특별한 일이다. 이렇게 테슬라는 새로운 표준을 만들어가고 있다.

'전력(와트, Watt) = 전압(볼트, Volt) × 전류(암페어, Ampere)'로 계산된다. 480전력을 사용한다고 가정하자. 이 경우 48볼트 아키텍처에서는 케이블을 통과하는 전류가 10암페어에 불과하지만, 12볼트 아키텍처를 사용할 경우 40암페어에 달한다. 쉽게 이야기해서 48볼트 아키텍처에서는 케이블의 두께 또는 단면적이 4배 더 작아지는 것이다. 또는 동일한 케이블을 통해 약 4배 더 많은 전력을 전달할 수 있게 된다.

48볼트 아키텍처에서는 케이블의 두께만 변화하는 것이 아니다. 수많은 전자 부품 모두가 효율성을 4배 높이는 방향으로 변화하며 그 결과 일부 부품은 필요 없어질 수도 있다. 최종적으로 48볼트 아키텍처는 자동차 생산 공정의 효율성을 더욱 높일 것이다. 그리고 이 같은 혁신이 적용되는 또 다른 차량이 테슬라의 2만 5,000달러 중저가 모델, 이른바 모델 2다.

사이버트럭의 혁신 2: 스테인리스 스틸 차체

테슬라 사이버트럭은 디자인 측면에서 가장 미래지향적인 차량이다. 하지만 대다수 사람들은 파격적인 변화를 그다지 좋아하지 않는다. 그래서 사이버트럭은 디자인 측면에서 세계에서 가장 논란이 많은 차량인지도 모른다. 대체 사이버트럭은 왜 이렇게 파격적인 모양새를 하고 있는지 그 이유를 알아보자. 흥미로운 점은, 많은 사람들이 알고 있는 것과는 달리 사이버트럭은 특별히 미래지향적으로 보이도록 디자인되지 않았다는 것이다. 오로지 세계에서 가장 가볍고, 가장 튼튼하며, 가장 강력한 픽업 트럭이 되기 위해 설계되었으며, 동시에 가장 저렴한 생산 비용을 추구할 뿐이다.

사이버트럭에서 가장 눈에 띄는 특징은 바로 차체, 즉 테슬라가 외골격이라고 부르는 차체의 구조이다. 차체는 길고 넓으며 앞쪽으로 갈수록 가늘어지는 형태이다. 이는 자동차의 전형적인 특징이 아니다. 어쩔 수 없이 선택된 차체 디자인이다. 사이버트럭의 차체는 4.5cm 두께의 냉간 압연 300 시리즈 스테인리스 스틸로 제작되고 있다. 이 소재는 차량, 특히 이 정도 크기의 차량을 제작하는 데 일반적으로 사용되는 소재가 아니다. 이 소재로 제작된 차량은 1981년 생산되고 영화 '백 투 더 퓨처'에 등장했던 드로리안DeLorean 12, 단 한 대뿐이다.

스테인리스 스틸 소재는 너무 단단하고 강해서 평평하게 만드는 것이 어렵다. 그리고 거대한 화장지 롤과 유사한 코일 형태로 생산되는데, 이를 반듯하게 풀어도 이전의 곡선 형태로 다시 튀어나오는 경향이 있어 문제가 되곤 한다. 이러한 어려움은 테슬라가 3년여 만에 사이버트럭을 출시하기까지 겪었던 생산 과정의 주요 장애물 중

하나이다. 이 때문에 2023년 3분기 콘퍼런스 콜에서 일론 머스크는 "우리는 사이버트럭으로 스스로 무덤을 팠다(We dug our own grave with Cybertruck)."고 말했을 정도다. 사이버트럭에 사용되는 스테인리스 스틸은 매우 두껍고 강하기 때문에 성형이 어렵다. 때문에 자동차 차체 패널을 생산하는 데 일반적으로 사용되는 스탬핑 프레스stamping press가 무용지물이다. 스탬핑 프레스는 금형을 사용하여 성형하거나 절단하는 금속 가공 기계다. 스탬핑 프레스 대신 테슬라는 레이저로 스테인리스 스틸을 절단한 다음 구부리거나 접어서 차체 모양을 만들고 있다.

그런데 테슬라는 사이버트럭에 왜 이렇게 단단한 강철을 사용하는 걸까? 방탄 효과를 위해서? 결론부터 이야기하면 방탄 효과는 두꺼운 강철의 결과이지 목적이 아니다. 사이버트럭은 전통 픽업 트럭과는 완전히 다른 보디 프레임 구조를 가지고 있기 때문에 두꺼운 강철을 필요로 한다.

픽업 트럭의 대명사 포드 F150은 매우 가벼우면서도 부드러운 금속인 알루미늄 차체를 사용한다. 전통 픽업 트럭은 점점 가벼워지고 있는데, 테슬라 사이버트럭은 무겁다는 결론을 내릴 수 있다. 그런데 정말 그럴까? 여기서 사이버트럭의 차체 구조 설계를 살펴볼 필요가 있다. 일반적인 픽업 트럭은 보디 온 프레임body on frame 디자인으로 설계되었다. 여기서 하부 구조frame가 픽업 트럭의 구조적 핵심이고, 차체와 적재 공간은 그저 하부 구조 위에 올려져 있을 뿐이다. 다시 말해 차체body는 차량 구조에 아무런 관여도 하지 않는 셈이다.

유니보디 vs. 보디 온 프레임

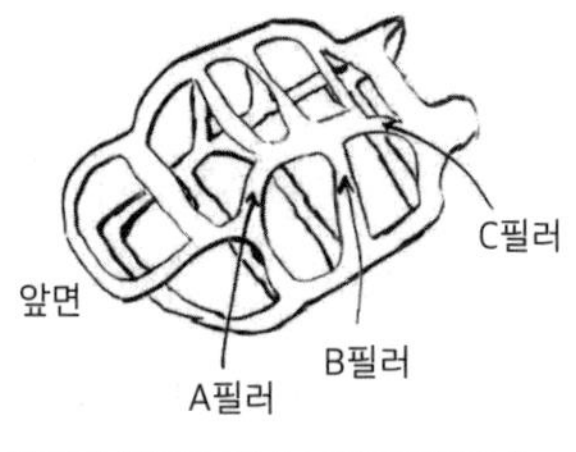

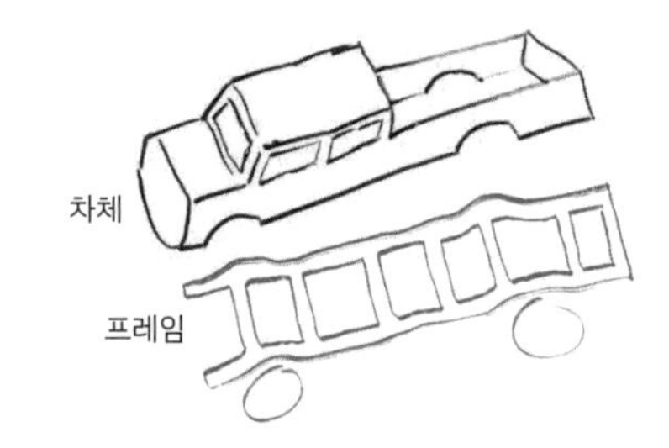

그림 8 | 유디보디(왼쪽)와 보디 온 프레임(오른쪽)

픽업 트럭의 견인력은 이 프레임에서 나온다. '그림 8'의 오른쪽 이미지 하단에서 보이는 이 프레임은 앞쪽에서 뒤쪽으로 이어지는 두 개의 강철 레일로 구성되어 있다. 그리고 두 레일 사이에 더 가벼운 금속 막대가 사용되어 강철 레일이 서로 연결되어 있다. 따라서 트럭에 화물을 싣거나 무거운 물건을 끌거나 코너를 빠르게 돌아야 할 때 무게를 분산할 수가 없다. 무게가 백퍼센트 다 이 두 개의 강철 빔에 집중되고, 프레임 위에 놓인 트럭의 전체 차체와 적재 공간은 불필요한 하중일 뿐, 안정성과 구조에 기여하는 바는 제로다.

보디 온 프레임 디자인보다 한 단계 더 진화한 것은 유니보디unibody다. 참고로 이 방식은 거의 모든 자동차 생산에 사용되고 있다. '그림 8' 왼쪽 이미지에서 보이듯 유니보디에서는 섀시와 차량의 상부 구조가 함께 결합되어 있다. 이를 통해 차량에 작용하는 모든 하중과 에너지가 차량 내부 구조로 분산된다. 차량 지붕, 차량 바닥, 트렁크가 모두 차량의 안정성을 높이는 데 기여하는 것이다. 이는 개별 부품이 특별히 안정적이거나 강할 필요가 없다는 것을 의미한다. 다시 말해 차량 하부 구조에 더 이상 무거운 고강도 강철 빔이 필요하지 않다는 뜻이다. 이것이 바로 유니보디 설계의 전체 중량이 매우 가벼워질 수 있는 비결이다.

하지만 유니보디라고 해도 여전히 그 중량은 매우 크다. 그 이유는 차체 또는 차량 외피 때문이다. 그래서 최근 차체의 부품으로 플라스틱 또는 알루미늄이 많이 사용되고 있다. 문제는 이러한 부품은 강도가 약하고 차량 안정성에 대한 기여도가 낮다는 점이다. 그리고 차체에 쓰인 금속 및 알루미늄은 부식에 취약하기 때문에 차체 전체를 코팅하고 도장해야 하는데, 이는 차체의 무게를 증가시키는 주범에 속한다. 작은 페인트 통도 제법 무게가 나간다는 걸 경험해 본 적 있다면 이 이치를 짐작할 수 있을 것이다.

세계 최고의 픽업 트럭을 만들겠다는 목표를 가지고 있던 테슬라는 어떻게 이 유니보디 원리를 개선할 수 있었고, 어떻게 더 강력한 트럭을 만들 수 있었을까? 그 해답은 바로 냉간 압연 스테인리스 스틸로 만든 두꺼운 판금에 있다. 이 소재는 매우 안정적이어서 실제로 차량에 추가되는 무게보다 더 많은 무게를 지탱할 수 있다. 즉, 사이버트럭의 안정성은 내부에 있는 것이 아니라 외부, 즉 외골격에서 비롯된다. 이는 곧 테슬라가 차량 섀시의 내부 구조 전체를 제거할 수 있었다는 것을 의미한다. 사이버트럭의 차체는 실제로 빈 상자에 불과하지만 여전히 놀라운 안정성을 자랑하는 이유다.

한편 스테인리스 스틸을 접어야 하는 경우 굽힘 강도를 유지하기 위해 가능한 한 적게 접어야 하는데, 바로 이 때문에 사이버트럭 차체 디자인이 상자갑 같은 모양을 하고 있는 것이다. 크게 보면 사이버트럭은 삼각형 모양이다. 이 삼각형 또한 우연히 디자인된 것이 아니다. 삼각형은 기하학에서 가장 강력한 도형이다.

요약하자면 스테인리스 스틸은 일반적으로 사용되는 알루미늄보다 무겁고 가격이 비싸다. 하지만 훨씬 더 강하기 때문에 테슬라는 기존 픽업 트럭 디자인에서 강철 빔을 없앨 수 있었다. 동시에 유니보디 디자인의 상부 차체 구조와 전체 도장 공정도 제거할 수 있었다. 물론 이는 고품질 스테인리스 스틸을 사용한 덕분이다. 이렇게 테슬라는 픽업 트럭이 만들어지는 방식 자체를 혁신하고 있다. 유니보디의 안전성을 크게 뛰어넘는 테슬라의 '외골격' 차체는 사이버트럭을 세계에서 가장 안전한 픽업 트럭으로 만들고 있다.

우려: 이익률 하락

1부의 테슬라 주가 전망에서 분석한 것처럼 사이버트럭 양산을 위해서는 앞으로도 많은 투자가 필요하다. '그림 9'에서 보이듯 테슬라의 R&D 지출과 자본 지출(Capex)이 꾸준히 증가하는 경향을 확인할 수 있다. 여기에는 도조 슈퍼컴퓨터 등도 한 몫하고 있지만, 사이버트럭의 생산 설비 투자 또한 카펙스를 상승시키는 요인 중 하나다. 이는 결국 테슬라 전체 대당 평균 생산 비용을 높여 테슬라

그림 9 | 테슬라 R&D 및 카펙스

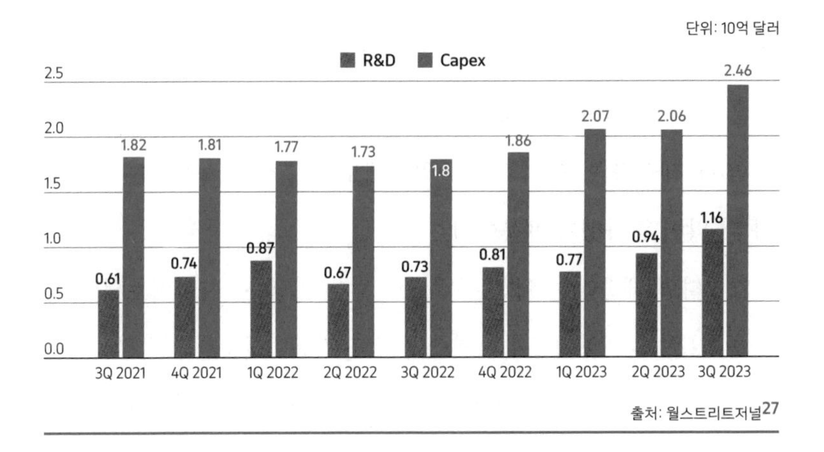

출처: 월스트리트저널[27]

의 수익률을 하락시키는 요인으로 작용한다. 테슬라는 2026년에야 사이버트럭 양산 체계를 갖출 것으로 전망된다. 따라서 2024년과 2025년 테슬라는 두 자릿수 수익률을 기록하는 것이 쉽지 않은 과제가 되었다.

테슬라의 사이버트럭은 양산 단계에 이르더라도 모델 Y와 같은 글로벌 베스트셀러가 되지는 못할 것이다. 테슬라는 2025년 전 세계적으로 최대 25만 대의 사이버트럭을 판매할 것으로 예상하고 있는데, 25만 대는 2023년 모델 Y의 유럽 판매량 수준에 그친다. 픽업트럭은 앞서 설명한 것처럼 북미에서는 인기가 많지만 다른 지역에서는 틈새 제품에 불과하다.

여기에 비싼 사이버트럭의 가격도 대중화의 걸림돌이다. 대부분의 구매자가 원하는 전륜 구동은 6만 8,890달러에서 시작하지만 다양한 사양을 추가할 경우 8만 달러에 이를 수 있다. 그리고 저렴한 후륜 구동의 경우 2025년에야 출시될 예정이다. 그 사이 사이버트럭은 이미 2023년 테슬라의 실적에 부정 영향을 미쳤다. 가격 인하로 인해 테슬라의 총 마진이 줄었음에도 불구하고 카펙스는 예상보다 더 많이 증가했기 때문이다.

그렇다면 테슬라는 왜 재정적으로 말이 안 되는 사이버트럭의 생산을 취소하지 않았을까? 테슬라의 장점은 '단순함simplicity, 규모scale, 속도speed'에 있다. 지금까지 테슬라의 성공은 모델 3와 모델 Y 생산 플랫폼의 급진적인 단순함에 기반하고 있다. 이 강점은 실제로 기존 자동차 업계가 테슬라를 두려워하고 모방하게 만든 지점이다.

테슬라의 단순함, 규모, 그리고 속도는 테슬라의 뛰어난 엔지니어 문화, 즉 혁신 문화에서 비롯되었다. 그리고 사이버트럭은 자동차 사업 부문에 있어서 테슬라의 혁신 능력을 더욱 돋보이게 할 수 있다. 48볼트 아키텍처, 스테인레스 스틸 외골격, 콘트롤러의 무선 연결 확대, 4680 배터리 등 사이버트럭 생산 프로세스에서 얻은 다수의 기술 혁신은 이른바 새로운 모델 2로 연결된다.

또한 사이버트럭의 혁신은 그 자체로 테슬라의 브랜딩에 크게 기여할 수 있다. 테슬라라는 브랜드는 많은 부분 첨단 기술과 혁신을 바탕으로 하고 있기 때문이다. 이러한 테슬라의 혁신 브랜딩을 표현하고 있는 사이버트럭은 테슬라 차량 전체 판매의 증가뿐 아니라 폭넓은 테슬라 개인 주주의 확장으로 연결될 것이다.

2

자동차 사업을 뛰어넘는 에너지 사업

메가팩:
무궁무진한 수요와 엄청난 수익 사업

테슬라의 미래가 사이버트럭, 모델 2, 옵티머스의 등장 여부에 달려 있지 않다고 한다면 어떨까? 테슬라의 미래를 좌우할 성공 키는 다른 곳에 있을 수 있다. 이 키는 가장 단순한 제품 중 하나에서 비롯되었다. 바로 메가팩이다. 간단히 말해서 메가팩은 배터리로 가득 찬 거대한 금속 상자다. 거대한 배터리라고 생각해도 좋다. 테슬라는 2019년 1월부터 메가팩을 판매하고 있고, 2세대 버전이 2023년 출시되었다.

메가팩은 정말 거대한 크기를 자랑한다. 길이 9.2미터에 높이는 2.8미터를 넘고, 무게는 약 40톤에 달한다. 2세대 메가팩 하나는 최대 3,900kWh를 저장할 수 있다. 4인 가구가 냉난방과 조리 등을 포함해 1년 평균 약 4,000kWh를 소비한다는 것을 떠올리면 그 성능을 짐작할 수 있을 것이다. 물론 메가팩은 개인이 구입할 수 있는 제품이 아니다.

월스트리트의 애널리스트 절대 다수는 테슬라 에너지 사업 부문을 아직까지 완전히 무시하고 있다. 테슬라 기업 가치 및 주가 분석의 모든 내용이 새로운 모델, 차량 가격, 판매 대수, 수익률 등 차량 사업 부문에 집중되어 있다. 그러나 메가팩 사업과 그 성장 잠재력을 분석해 본다면 이에 비해 테슬라 차량 사업 부문은 아주 작은 수준에 불과할 수 있음을 알게 될 것이다. 메가팩으로 대표되는 테슬라 에너지 사업 부문은 테슬라 전체 차량 사업과 유사한 수익 혹은 더 많은 수익을 올릴 수 있는 잠재력이 있다.

구체적으로 테슬라에게 메가팩이 중요한 이유를 살펴보자. 우선 메가팩은 저장 전력, 배터리 구성, 가격 구조 등 제품의 데이터 차원뿐 아니라, 제조 공정까지 모든 것이 완전히 새롭다. 지난 4년 동안 테슬라 메가팩은 네바다주 기가팩토리와 캘리포니아 라스롭Lathrop 메가팩토리에서 생산되었다. 제2의 메가팩토리는 2023년부터 중국 상하이에서 건설되기 시작하여 2024년 하반기에 가동을 시작할 예정이다.

네바다 기가팩토리에서는 2170 및 4680 배터리와 NCM(니켈 코발트 망간) 배터리가 생산되고 있으며, 이는 테슬라 차량뿐 아니라 메가팩에도 사용되고 있다. 이러한 고성능 배터리는 제조 비용이 상대적으로 비싸기 때문에 테슬라는 2022년까지 에너지 사업 부문을 통해 큰 수익을 창출할 수 없었다. 그러나 2023년 3분기에 무려 23.5%의 이윤율을 기록하며 향후 폭발적인 성장을 예고했다.

일론 머스크는 2030년까지 테슬라 에너지 사업 부문의 이윤율이 무려 65%를 기록할 것이라고 전망했다. 이는 자동차 사업보다 2배에서 많게는 3배까지 높은 수준이다. 과연 일론 머스크는 이렇게 높은 수익률을 어떻게 달성한다는 것일까? 에너지 사업 부문의 매출 총이익률을 65%라는 환상적인 수치까지 끌어올릴 수 있는 비결은 무엇일까?

공장 설비를 빠르게 확장하고 있는 라스롭 메가팩토리에서는 새로운 2세대 메가팩이 생산되고 있다. 이 2세대 메가팩에는 파나소닉이 생산하는 NCM 배터리 대신 중국 CATL의 LFP 배터리가 사용되고 있다. LFP 배터리는 가격이 저렴하다는 것 외에도 몇 가지 추가적인 장점이 있다.

LFP 배터리는 100% 완전 충전이 가능하다. 또한 용량 손실률이 낮기 때문에 다른 리튬 이온 배터리보다 수명이 더 길다. 다시 말해 용량 손실 없이 더 많은 횟수의 충전과 방전이 가능하며, 충전으로 인해 배터리 용량이 저하되지도 않는다. 동시에 기대 수명이 길고 유지 관리가 가장 쉬운 배터리다. 성능의 큰 손실 없이 최대 5,000회까지 충전할 수 있으며, 이는 11년의 사용 기간 동안 매일 충전 및 방전할 수 있는 수치에 해당한다.

이러한 장점 외에도 CATL의 LFP 배터리가 메가팩에 더욱 적합한 이유는 또 있다. 네바다 기가팩토리는 2023년 하반기 기준 4GWh의 배터리 생산 능력에 도달했다. 이는 많은 양의 생산을 의미하지만, 메가팩 수요를 감당하기에는 충분하지 않다. 현재 메가팩 주문은 2024년 3분기까지 완판된 상태다.[28] 바로 이러한 이유로 새로운 메가팩토리가 건설되었고, 앞으로도 더 많은 메가팩토리 건설이 예고되고 있다. 최대 생산 능력으로 가동되는 라스롭 메가팩토리에서만 연간 40GWh가 생산될 수 있다. 그리고 생산량이 많을수록 비용 효율성이 높아진다는 것은 기정사실이다.

메가팩의 가격 구조도 완전히 바뀌었다. 2022년 메가팩 하나의 판매 가격은 124만 달러였다. 1세대와 2세대의 메가팩 가격을 각각 제대로 비교하기 위해 KWh당 가격을 살펴보자. 2022년 메가팩 KWh 가격은 461달러였고, 2023년 이 가격은 두 배 가까이 상승했다. 테슬라 홈페이지[29]에 따르면 단일 메가팩 가격은 세금과 배송 비용을 제외하고 약 180만 달러다. 이는 KWh로 환산할 경우 615달러를 의미한다.[30] KWh 저장 용량당 메가팩 가격이 33% 상승한 셈이다. 이렇게 판매 가격이 상승한 상황에서 테슬라는 기존 2170 배터리보다 최대 30% 저렴한 LFP 배터리를 사용하여 메가팩의 대량 생산 체계를 확대하고 있다. 이것이 테슬라 에너지 사업 부문의 이윤율이 크게 상승할 수밖에 없는 이유다.

요약하면, 테슬라는 더 많은 메가팩 생산량을 비용 효율적으로 생산하고 있는 것이다. 그리고 에너지 사업 부문 이윤율은 앞으로 더 폭발적으로 증가할 전망이다. 메가팩 생산량이 더 빨리 증가할수록 테슬라의 분기별 사업 실적은 그 효과를 더 많이 볼 수 있을 것이다.

일론 머스크가 주장한 것처럼 테슬라는 메가팩을 통해 자동차 부문보다 장기적으로 더 많은 수익을 올릴 수 있는 기회를 가지고 있다. 2013년 메가팩 사업은 2012년 테슬라가 막 전기차를 생산하려던 초기 단계와 유사했다. 그만큼 수요 곡선에서도 초기 단계에 있었다는 뜻이다.

그림 10 | 미국 배터리 저장소 설치 용량 및 예상치

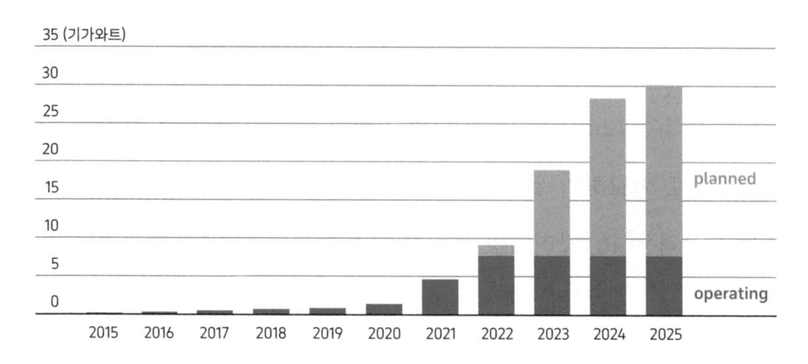

출처: 미국 EIA[31]

테슬라는 에너지 저장 설비와 관련해서 시장의 그 누구도 따라올 수 없는 제품을 개발한 것이다. 이들의 고객은 2021년 85개의 메가팩을 주문한 애플[32]을 비롯하여 다양한 정부 기관 및 단체들이다. 이들 정부 기관과 기업들은 CO2 중립을 달성하기 위해 얼마든지 비용을 지불할 준비가 되어 있다. 미국 에너지부 보고서에 따르면 에너지 저장 시장은 기하급수적으로 성장하고 있다.

2023년 4분기 기준 미국에는 약 16GWh의 배터리 저장 장치가 설치되어 있다.[33] 이 수치는 2024년 30GWh 가까이 증가할 것으로 예상된다('그림 10' 참조). 불과 2년 만에 현재 수준의 거의 2배에 달하는 수치로 증가할 것이란 의미다. 미국 정부라는 고객 하나만 해도 테슬라가 라스롭 메가팩토리에서 생산할 수 있는 것보다 더 많은 메가팩을 필요로 한다. 30GWh는 3천만KWh이고, KWh당 615

달러의 가격을 곱하면 1,840억 달러라는 계산이 나온다. 이는 테슬라의 2020년 총 매출과 맞먹는 수준이다.

차세대 차량이나 FSD, 로봇까지 말할 필요도 없이, 메가팩 사업 하나만으로도 2030년에 어떤 기업이 세계에서 가장 가치 있는 기업이 될지는 쉽게 예상할 수 있을 것이다.

오토비더:
자동 수익 실현 AI 시스템

에너지 사업 부문에서 테슬라를 주목해야 하는 또 다른 이유는 바로 AI 기술이다. 테슬라는 AI 기술을 활용하여 태양광, 풍력 등의 재생 에너지를 저장하거나 거래할 수 있는 시스템을 개발, 사업화하고 있다. 이는 오늘날 친환경 사업으로 전환해야 하는 다수의 기업은 물론 에너지로 수익화를 실현하고자 하는 개인들에게도 주목받고 있다.

앞서 살펴본 메가팩 사업은 오토비더Autobidder라 불리는 강력한 AI 도구를 날개 삼아 빠르게 성장하고 있다. 오토비더는 자동화된 실시간 에너지 거래 플랫폼이다. 가정용으로 쓰이는 파워월PowerWall과 메가팩 등의 에너지 저장 장치를 설치해 전기 요금이 저렴할 때 전기를 사서 저장하고, 전기 수요가 가장 높을 때 비싼 값에 전기를 되팔 수 있게 한 것으로, 누구나 에너지 시장에 참여할 수 있는 자율 시스템을 구축한 것이다. 이를 위해 전력 생산량과 소비량을 자동으로 분석하는 머신러닝, 예측 분석 기술 등이 적용되었다.

전기를 사고파는 비즈니스를 쉽게 이해하기 위해 석유를 판매하는 상황에 비유를 해 보자. 어느 마을에 매우 큰 주차장이 있다. 마을 구성원 누구나 석유 값이 저렴할 때 석유를 구매해서 이를 큰 통에 담아 이 주차장에 옮겨 놓을 수 있다. 1년 후 석유 값이 크게 올랐다. 이 때 주차장에 보관해 둔 통에 담긴 석유를 되팔면 이 마을 구성원은 큰돈을 벌 수 있다.

여기서 큰 주차장은 테슬라 메가팩이고, 석유를 좋은 가격에 구매할 수 있는 시기와 판매 시점을 정해주는 것이 바로 오토비더다. 차이점이 있다면 전기 가격은 미국, 유럽, 호주 등에서는 마이크로초(1초의 100만 분의 1) 단위로 변한다는 것이다. 또한 전기를 구매, 저장, 판매하는 실제 과정은 매우 복잡하다. 언제나 그렇듯 악마는 디테일에 있다. 그럼 오토비더의 디테일을 이해하기 위해 테슬라가 오토비더를 어떻게 정의하고 있는지 그 의미를 하나씩 구체적으로 살펴보자.

"오토비더는 전력 생산자에게 배터리 자산을 자율적으로 수익화할 수 있는 기능을 제공한다. 오토비더는 가치 기반 자산 관리 및 포트폴리오 최적화를 제공하는 **실시간 거래 및 제어 플랫폼**으로, 소유자와 운영자가 비즈니스 목표와 **위험 선호도에 따라** 수익을 극대화하는 운영 전략을 짤 수 있도록 지원한다."[34]

위 인용문에서 첫 번째로 주목할 것은 '실시간(real-time)'이라는 표현이다. 오토비더는 마이크로초 단위로 작동한다는 의미다. 따라서 매우 빠른 속도로 변화하는 전기 가격에 신속하게 대응할 수 있다. 참고로 오토비더가 마이크로초 단위로 구매 및 판매로 전환할 수 있는 것은 배터리의 순간 전환 능력 덕분이다.

두 번째로 주목할 것은 오토비더가 거래 플랫폼이자 동시에 제어 플랫폼이라는 점이다. 메가팩에서 막대한 양의 전기를 저장할 수 있기 때문에 거래도 가능하고, 또한 이를 통해 수익을 창출할 수 있다는 뜻이다. 다시 말해 메가팩과 오토비더는 항상 함께 존재해야 그 의미가 있다. 배터리로 에너지를 효과적으로 제어할 수 있어야 에너지 거래가 가능하기 때문이다.

전력망의 가장 큰 특징 중 하나는 사람, 가정 또는 기업이 사용하는 전기 양이 항상 일정할 수는 없다는 점이다. 일반적으로 밤 시간에 전기 사용량은 크게 줄어든다. 또는 여름철 오후 시간대에 전력 사용량은 크게 증가하고, 그 결과 전기 가격도 상승한다. 따라서 메가팩과 같은 대용량 배터리를 이용하고 오토비더를 이용해 최적의 전기 구매 및 판매 시기를 결정할 수 있다면 유리한 시기에 배터리를 충전하고 또는 방전하여 돈을 벌 수 있다. 이를 에너지 차익거래라고 부른다.

마지막으로 '위험 선호도에 따른다'는 표현은 분명히 손실이 발생할 위험이 존재한다는 뜻이다. 전기 에너지를 좋은 시기에 구매하고 판매하는 것은 어느 정도 도박이 될 수 있다. 싼 시기라고 판단될 때 매수했지만 전기 가격이 한동안 더 내려갈 수도 있기 때문이다. 주식시장의 숏short 포지션을 취했을 때와 유사한 상황이 발생할 수 있다는 것이다. 주식 가격이 계속 오르는데도 공매도를 했다면 손실을 보게 된다. 전기도 마찬가지다. 전기 가격이 오를 것이라 예상하고 킬로와트시당 특정 금액으로 구매했는데 오히려 내려가면 손해를 볼 수 있다.

그러나 오토비더의 구성 요소 중에는 옵티캐스터OptiCaster라는 AI 소프트웨어가 있어, 손실보다는 에너지 차익 거래에서 높은 수익률을 낼 수 있게 하고 있다. 옵티캐스터는 AI를 기반으로 최적의 타이밍을 예측하는 솔루션이다. 테슬라는 1억 시간 이상의 오토비더 운영 경험을 축적하여 전기 가격 예측, 전기 부하 예측, 전기 발전량 예측, 스마트 입찰 등의 기능을 옵티캐스터에 구현하고 있다.

테슬라 에너지 임원인 로헨 마Rohan Ma에 따르면 테슬라 오토비더는 메가팩을 설치한 기업 및 공공기관에 2021년부터 2023년 하반기까지 3억 3천만 달러 이상의 거래 수익을 돌려주었다.[35] 이는 비교적 단기간에 엄청난 수익을 창출한 결과이다. 단적인 예로 CNBC 보도에 따르면 호주에 설치된 메가팩은 약 1년 만에 설치 비용을 상각할 수 있었다.[36]

테슬라 오토비더는 이처럼 메가팩 운영 기업에게 에너지 차익 거래로 추가 수익을 창출할 수 있게 할 뿐만 아니라, 전력망 안정성을 유지하는 데 중추적인 역할을 한다. 전기 가격을 예측한다는 것은 전기 소비량을 예측하는 것에서 출발하지만, 주변에 위치한 다른 전기 발전소의 발전 능력도 함께 예측한다는 것을 의미한다. 다시 말해 오토비더는 메가팩이 설치된 태양광 및 풍력 발전소의 발전 용량만 계산하는 것이 아니라, 주변 지역의 전기 소비량과 전기 생산량을 포괄적으로 그리고 정밀하게 계산하고 예측한다. 그리고 전기 수요가 가장 많은 시간대에 전략적으로 저장된 에너지를 방출함으로써 정전 등을 방지하고 전력망 안정성에도 기여하는 것이다.

나아가 테슬라 메가팩과 오토비더는 재생 에너지로의 전환을 가속화시킬 수 있다. 앞서 호주 사례가 보여주듯 재생 에너지 생산과 운영은 석탄 발전소 및 석유 발전소 대비 비교할 수 없는 높은 경제성을 실현할 수 있기 때문이다. 에너지 생산에 투자한 금액을 단기간에 회수한다는 것은 매우 경이로운 일이다. 가스나 석탄 발전소를 짓는다면 투자 비용을 회수하는 데 수십 년이 걸리며, 원자력 발전소는 건설 비용이 너무 크기 때문에 투자 비용 회수는 더 오래 걸리기 마련이다.

이쯤에서 다시 한번 상기해 보는 테슬라의 사명, 즉 '지속가능한 에너지 사회로의 전환을 가속화'하는 데 있어 메가팩과 AI 기반 오토비더는 중요한 역할을 맡고 있다.

AI 기술의 결정체

도조 슈퍼컴퓨터의 역할과 경제적 가치

세계의 거물급 투자은행 중 하나인 모건 스탠리는 2023년 9월 보고서[37]를 통해 테슬라 차량과 자율주행 소프트웨어를 서비스로 판매할 수 있도록 지원하는 슈퍼컴퓨터 도조Dojo가 테슬라의 기업 가치를 최대 5,000억 달러(약 664조 원)까지 높일 수 있다고 주장했다. 도조 슈퍼컴퓨터는 전 세계 다른 모든 자동차 제조업체와 테슬라를 차별화하는 포인트다. 테슬라는 최근 몇 년 동안 끊임없이 도조에 대해 이야기해 왔고 언론에서도 계속해서 관심을 갖고 보도하는 프로젝트다. 계속 성장 중인 도조는 빠르면 2024년 세계 5대 슈퍼컴퓨터 목록에 포함될 예정이다. 그렇다면 도조 슈퍼컴퓨터는 정확하게 무엇일까?

'도조'는 전 세계 테슬라 차량으로부터 수집된 막대한 양의 도로교통 데이터와 영상 자료를 신경망 처리를 통해 학습하고 분석하는 데 특화된 테슬라의 슈퍼컴퓨터이다. 이는 테슬라의 완전자율주행, 즉 FSD의 기능을 향상시키는 데 활용된다.

2023년 6월 일론 머스크는 도조 슈퍼컴퓨터가 마침내 온라인 상태가 되었으며 지난 몇 달 동안 유용한 계산을 해 왔다고 발표했다. 이 계산은 자율주행이 속한 인공지능 신경망에 필요한 계산이다. 많은 비평가들의 말과 달리 테슬라는 이미 완전한 기능을 갖춘 도조 칩을 제작하고 있으며, 이를 더 큰 시스템에 설치하기 시작했다. 2024년 말에 도조는 100엑사플롭의 성능을 갖추면서 세계에서 가장 큰 슈퍼컴퓨터가 될 것으로 전망된다.

엑사플롭은 컴퓨터의 연산 능력을 측정하는 단위로, 컴퓨터가 초당 100경 번의 연산을 수행할 수 있는 능력을 말한다. 이를 우리 모두가 알고 있는 지표인 돈으로 환산해 보자. 엔비디아의 A100 그래픽 카드는 수년 동안 업계 표준으로 사용되어 온 최고급 컴퓨팅 장치이다. 이 A100 칩은 세계에서 가장 진보된 소프트웨어를 제작하는 데 사용되고 있으며, 챗GPT, 미드저니 같은 인공지능 모델뿐만 아니라 마이크로소프트와 구글도 이 칩을 사용하고 있다. 당연히 가격도 엄청나서, 2024년 1월 기준 대당 평균 약 1만 달러에서 1만 2,000달러에 이른다.

그런데 앞서 언급한 도조 슈퍼컴퓨터의 성능 100엑사플롭은 이 A100 그래픽 카드 30만 대가 필요한 수치이며, 이를 금액으로 환산하면 30억 달러가 된다. 테슬라는 2년 가까운 시간 동안 도조 슈퍼컴퓨터에 최소 30억 달러를 투자하고 있는 셈이다.

자동차 제조업체에 이처럼 터무니없이 비싸고 강력한 슈퍼컴퓨터가 필요한 이유가 무엇일까? 마치 운동 시설처럼 도조 슈퍼컴퓨터 시스템은 인공지능을 수련하는 훈련장으로 사용되도록 설계되었다.

더 정확히 말하면 테슬라의 자율주행 인공지능 신경망의 새로운 본거지라 할 수 있다. 바로 이 지점에서 도조를 다른 슈퍼컴퓨터와 구별할 수 있다.

도조 슈퍼컴퓨터는 뉴욕에 위치한 테슬라의 인공지능 부서가 운영하는 맞춤형 하드웨어 플랫폼으로, 앞서 언급한 것처럼 완전자율주행 시스템을 훈련하는 데 사용된다. 궁극적으로는 인간의 시각 피질과 뇌 기능의 디지털 복제품을 만든 다음, 이를 사용하여 자동차가 자율적으로 운전하도록 하는 것이 목표이다.

테슬라의 차량에 설치된 모든 카메라는 미국뿐 아니라 세계 각국에서 도로 주행을 동영상으로 쉬지 않고 녹화하고 있다. 도조 슈퍼컴퓨터에서는 초당 수십억 개의 이미지가 인공지능 모델이 이해할 수 있는 언어로 번역되고 있다. 이 과정을 라벨링labeling이라고 한다. 라벨링은 마치 인공지능이 무엇을 보고 있는지 알 수 있도록 이미지 픽셀 그룹에 해당 설명을 할당하는 것과 같다. 서로 다른 이미지나 픽셀에 더 많은 설명을 할당할수록 시스템이 패턴을 더욱 잘 인식하고 연결시킬 수 있게 된다.

과거에 테슬라는 이 라벨링 작업을 사람들에게 맡겼다. 하지만 이는 인공지능 신경망 기능을 향상시키는 가장 좋은 방법은 아니었다. 인공지능 신경망 시스템을 성공적으로 개선하려면 이 시스템을 인간의 개입 없이 완전히 자동화해야 한다. 그리고 이러한 자동화가 가능하려면 그만큼 컴퓨팅 파워가 이를 받쳐줘야만 한다. 이 컴퓨팅 파워가 바로 도조 슈퍼컴퓨터다.

그렇다면 이 모든 것은 무엇을 의미하는 걸까? 도조 슈퍼컴퓨터는 테슬라에게 어떤 변화를 가져올까? 첫 번째는 테슬라가 자율주행 소프트웨어를 빠르게 그리고 지속적으로 개선할 수 있게 되었다는 점이다. 물론 모든 신제품은 초기 투자가 필요하기 때문에 생산 초기 및 확장 단계에서 많은 비용을 필요로 한다. 바로 이 점이 테슬라의 차량 평균 생산 비용과 수익률을 누르는 이유다.

한편 도조 슈퍼컴퓨터가 엔비디아 A100 칩 30만 개를 필요로 한다고 해서 도조 슈퍼컴퓨터가 실제 엔비디아 칩만으로 구성되는 것은 아니다. 테슬라는 TSMC와 함께 'D1 Dojo'라는 칩을 양산하기 시작했다.[38] 이로써 테슬라는 엔비디아로부터 A100 칩 또는 H100을 공급받기 위해 다른 업체들과 반드시 경쟁할 필요는 없게 되었다. 오히려 더 많은 도조 칩이 생산될수록 도조 칩의 단가는 하락할 수 있다. 이에 반해 다른 인공지능 관련 기업은 인공지능 성능이 향상될수록 점점 더 많은 그래픽 카드가 필요해질 테고, 계속해서 더 많은 비용을 쓰게 될 것이다. 이것이 바로 테슬라가 자체 칩을 설계한 이유다. 엔비디아의 새로운 H100 그래픽 카드의 가격은 2024년 1월 기준 무려 대당 4만 달러이다.

일론 머스크는 도조 슈퍼컴퓨터의 초기 버전이 테슬라의 컴퓨터 비전 시스템에 특별히 맞춤화되어 있으며, 이는 테슬라가 FSD와 옵티머스에 필요한 것과 정확히 일치한다고 말했다. 그러나 일론 머스크는 도조 시스템의 향후 버전은 일반 인공지능 훈련에 맞게 조정

될 것이라고 말했다. 다시 말해 도조 슈퍼컴퓨터가 챗GPT 또는 그록Grok과 같은 거대언어모델의 훈련과 추론에도 사용될 수 있다는 뜻이다.

이것은 무슨 의미일까? 도조 시스템은 지속적으로 확장되고 있다. 자율주행 기능 향상에 특화된 것으로 보였던 도조가 어느 수준부터는 '다른 용도'로도 이용될 수 있다는 뜻이다. 그렇게 되면 도조 시스템은 추가적인 경제 가치를 가져올 수 있다. 다시 말해 도조 시스템을 통한 수익화가 가능하다는 이야기다. 일론 머스크는 도조 시스템이 아마존의 AWS, 마이크로소프트의 애저와 같은 방식으로 작동할 것이라고 가정한다. 테슬라는 도조 슈퍼컴퓨터를 이용하는 외부 고객에게 요금을 청구할 것이다.

잘 알다시피 아마존이 지금처럼 크게 성장한 원인은 마켓 플레이스에서의 제품 판매 때문만은 아니다. 아마존은 클라우드 서비스를 판매하여 매우 높은 마진을 달성하고, 이것으로 다른 사업 영역에 대한 투자 자금을 조달했다. 아마존이 초기에 서버 용량을 크게 늘린 이유는 블랙 프라이데이와 같은 이벤트로 서버가 폭주했기 때문이다. 나머지 기간 동안에는 이 서버 용량을 사용하지 않았고, 이를 임대하는 사업을 시작한 것이 바로 아마존 AWS다. 테슬라도 도조 슈퍼컴퓨터를 아마존 AWS처럼 똑같이 활용할 수 있다. 그리고 이는 테슬라에게 결코 적지 않은 추가 매출과 이윤을 제공할 것이다.

자율주행 패러다임을 바꾸는 종단간 AI 완전정복

테슬라의 AI 기술 하면 가장 먼저 떠오르는 것이 바로 완전자율주행 기능인 FSD일 것이다. 일론 머스크는 2023년 2분기 콘퍼런스 콜에서 FSD 버전 12 즉, V12가 인간보다 더 안전하게 운전할 수 있을 것이라 주장했다. 그리고 23년 8월 26일 일론 머스크는 직접 새로운 FSD V12 알파 버전의 시운전 라이브 방송[39]을 통해 V12의 놀라운 가능성을 세상에 공개했다.

그러나 이 라이브 방송 중 '일단 정지 표지(Stop Sign)'에도 차량이 멈추지 않고 계속 앞으로 달리는 사고가 발생했다. 이 사고를 한국 일부 언론과 많은 유튜브 채널에서는 자율주행의 한계로 분석했으나 이는 잘못된 해석이다. V12의 기능과 의미를 제대로 이해하지 못했기 때문이다. 이 글은 FSD V12에 도입된 'End-to-End AI' 즉 종단간 AI가 의미하는 바가 무엇인지 자세히 설명하면서 테슬라의 현 단계 자율주행 기술 수준을 분석하고자 한다. 이를 위해 먼저 당시 라이브 방송의 하이라이트를 요약하고, 이어서 거기에 등장한 다양한 기술 개념을 설명할 것이다.

참고로 End-to-End AI는 자율주행 기술 전체에 인공지능을 이용하고 있다는 뜻이다. 지금까지 테슬라를 비롯 알파벳의 웨이모Waymo 등 모든 자율주행 기술은 반쪽 끝End에만 다양한 인공지능 기술을 사용했다. 예를 들어 신호등, 앞 차와의 거리, 주변에 위치한 다양한 물체 등을 인공지능 기술을 이용하여 인식했다. 그리고 나머지 반쪽 끝End은 인간이 직접 프로그래밍한 자율주행 소프트웨어가 작동한다. 인공지능이 파란 신호등을 인식하면, 인간이 코딩해놓은 '주행'이라는 명령어가 작동하는 식이다. 그런데 테슬라는 FSD V12에서 인간이 직접 프로그래밍한 소프트웨어를 모두 삭제하고, 이를 인공지능이 스스로 만든 규칙 조합으로 대체하고 있다. 이러한 배경에서 FSD V12에 적용된 새로운 방식을 End-to-End AI라 부른다.

인간의 개입을 없앤 End-to-End AI

FSD V12는 더 이상 인간에 의해 30만 줄lines 이상의 C++ 코드로 프로그래밍된 소프트웨어를 다루지 않는다. 대신 신경망 인공지능으로 테슬라 차량마다 설치된 8대의 카메라에서 입력된 영상을 처리하여 차량을 제어한다. 여기서 30만 줄 이상의 코드는 이른바 인간이 작성한 휴리스틱 코드heuristic code를 지칭한다. 휴리스틱은 문제를 더 빠르고 효율적으로 해결하기 위해 경험적인 방법을 사용하는 전통적인 소프트웨어의 접근 방식에 속한다. 바로 '그림 11'에서 'Traditional Programming'으로 표현된 부분이다.

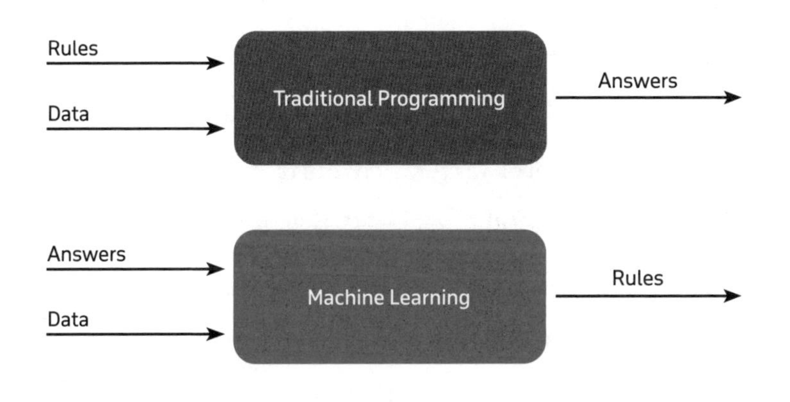

그림 11 | 전통 소프트웨어와 기계학습의 차이(출처: 2019년 구글 I/O[40])

FSD V11까지는 30만 줄 이상으로 구성된 휴리스틱 코드가 존재했다. 이 코드에는 무수히 많은 규칙rules이 인간에 의해 사전 입력되어 있다. 그리고 테슬라 개별 차량의 8개 카메라가 수집하는 많은 양의 데이터를 정제 및 분석하는 데 이른바 '컴퓨터 비전'이라는 인공지능 기술이 이용된다. 이 인공지능 기술로 분류된 데이터는 30만 줄 이상의 C++ 코드로 구성된 전통 소프트웨어에 입력input된다. 이 과정을 거쳐 결괏값output으로 나오는 것이 테슬라 차량을 제어control하는 답answers이다. 이렇게 FSD V11까지 테슬라의 자율주행 기술은 전통 소프트웨어와 인공지능의 합작품이었다. 그런데 이 전통 소프트웨어를 삭제하고 순수 인공지능 기술만으로 작동하는 것이 바로 FSD V12다.

FSD V12에 처음으로 도입된 End-to-End AI는 30만 줄 이상의 대규모 코드로 구성된 전통 소프트웨어를 모두 '삭제'했다. 전통 소프트웨어를 삭제했다는 말은 사전에 입력된 규칙rules도 사라졌음을 의미한다. FSD V12에는 적색 신호등에 멈춘다는 '사전 입력된 규칙'이 더 이상 존재하지 않는다. 자율주행을 위한 훈련training, 인지perception, 계획planning 그리고 제어control 등의 모든 기능을 처음부터 끝까지, 끝에서 끝까지 신경망 네트워크가 담당한다. End-to-End AI에 대한 구체적인 설명은 후술하고, 여기서 잠깐 일론 머스크의 FSD V12 알파 버전 시운전의 시사점을 살펴보자.

기술 S-커브와 FSD V12의 발전 단계

2015년에 일론 머스크는 테슬라 차량이 2018년까지 완전자율주행을 할 것이라고 약속한 바 있다. 그는 2016년, 2017년 그리고 2018년에도 유사한 말을 반복했지만, 테슬라는 아직까지 완전자율주행을 실현하지 못하고 있다. 그럼에도 일론 머스크가 반복적으로 약속을 했다는 것은 테슬라가 나름대로 FSD 기술의 가능성을 확신하고 있다는 의미이기도 하다. 그런데도 FSD 기술이 일론 머스크의 기대만큼 발전하지 못한 이유는 무엇일까?

이를 이해하기 위해서는 기술 S-커브Technology S-Curve 개념을 이해할 필요가 있다. '그림 12'의 왼쪽 이미지처럼 특정 기술은 기하급수적으로 성장하다가 일정 단계에 이르면 한계에 부닥친다. 기술의 초기에는 급속한 발전을 이루면서 기울기가 가파르다가, 해당 기술이

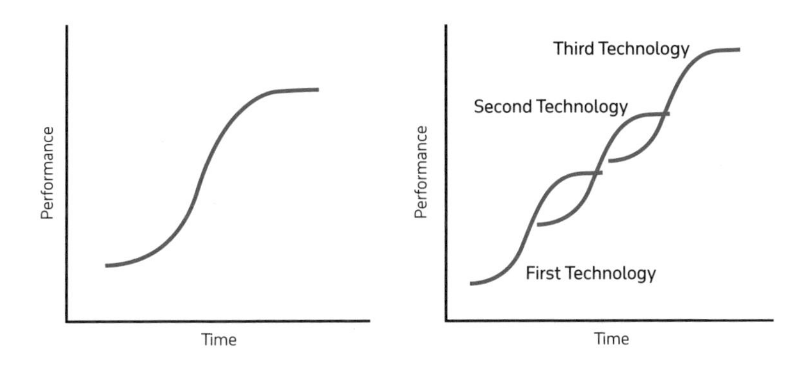

그림 12 | 기술 S-커브

크게 개선되고 정교해지면서 발전 속도가 현저히 느려져 기술기가 거의 정체되는 것이다. 이때 새로운 두 번째 기술이 등장한다('그림 12'의 오른쪽 이미지 참조). 첫 번째 기술이 정체기를 맞을 때 새로운 기술이 등장하면서 기술은 다시 급성장한다. 그리고 이 기술 또한 성장기를 지나 다시 한계를 만나게 된다. 이러한 방식으로 진화하는 것이 기술 S-커브다.

기술 S-커브를 테슬라의 FSD에 적용하면 172쪽의 '그림 13'과 같다. 일론 머스크가 과거 FSD 기술 가능성을 예측할 당시 사용 가능했던 소프트웨어와 하드웨어 기반은 기하급수적인 성장 단계에 있었다. 이는 자율주행으로 이어질 수도 있었다. 하지만 이 기술의 S자 곡선은 점점 더 평평해지면서 한계에 도달했다. 따라서 FSD 시스템을 여러 번 다시 프로그래밍해야 했다.

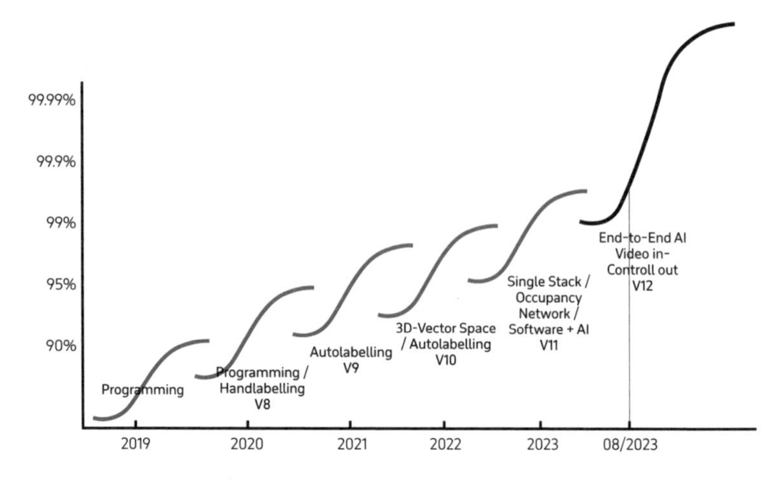

그림 13 | 테슬라 FSD S-커브

테슬라는 2021년 V9의 자동 라벨링auto labeling, 2022년 V10의 벡터 공간, 2023년 거대언어모델 점유occupancy 네트워크 등을 사용하여 FSD 시스템을 다시 설정하며 FSD 기술을 꾸준히 발전시켜 왔다. 하지만 이 모든 기술을 하나의 단일 스택single-stack으로 가져오지 못했고, FSD 소프트웨어는 여전히 인간이 원하는 완벽함을 달성하지 못했다. 여기서 단일 스택은 하나의 시스템 또는 스택에 모든 기능이 포함된 소프트웨어를 말한다. 일반적으로 특정 기능을 수행하는 소프트웨어는 복수의 스택으로 구성되어 있다. 복수 스택은 단일 스택 대비 개발, 유지 및 관리에서 오류 가능성이 높고 효율성이 낮다.

테슬라는 예상보다 빠르게 2023년 8월 FSD V12에서 마침내 30만 줄이 넘는 코드를 신경망 네트워크로 대체하였고, 이는 단일 스택이다. 이를 통해 비디오 입력부터 비디오 학습 및 인공지능을 통한 차량 주행까지 모든 것이 단일 스택, 다시 말해 하나의 시스템으로 가능해졌다. 물론 FSD V12가 99.99999%의 신뢰도 및 완성도에 도달할 수 있을지는 아직 미지수다. 하지만 챗GPT 등 최근 생성 AI의 빠른 발전을 고려할 때 이번에는 그 가능성이 매우 높다고 평가할 수 있다. 2023년 8월 일론 머스크의 시운전에서 확인할 수 있는 것처럼 End-to-End AI는 많은 데이터 훈련 없이도 매우 잘 작동하고 있다.

다음은 2023년 2분기 콘퍼런스 콜과 8월 시운전에서 얻을 수 있는 시사점을 좀 더 일목요연하게 정리한 것이다.

- 이미 언급했듯이 FSD V12에는 더 이상 휴리스틱 코딩이 포함되어 있지 않다. 이를 대신한 신경망은 테슬라 운전자의 비디오를 사용하여 훈련된다.
- 이 접근 방식은 인간의 두뇌와 눈에 해당하는 신경망과 카메라로 인간 운전을 100% 모방하는 것을 목표로 한다.
- 카메라만 있으면 된다. 라이다나 레이더는 필요하지 않다.
- 하지만 인간의 개입 없는 인공지능 훈련을 가능하게 하려면 엄청난 컴퓨팅 성능이 필요하다. 여기서 테슬라 슈퍼컴퓨터 도조가 그 역할을 담당한다.
- FSD V12는 하드웨어 4.0에서 작동할 것이라 예상했는데, 하드웨어 3.0에서도 작동 가능하다. (참고로 테슬라 하드웨어는 테슬

라 차량에 설치된 카메라와 컴퓨팅 칩을 갖춘 컴퓨터 시스템을 의미한다. 다음 장에서 구체적으로 다루겠지만, 테슬라 하드웨어 4.0은 새로운 카메라와 하드웨어 3.0보다 더 강력한 컴퓨팅 성능을 갖춘 차세대 컴퓨터다. 하드웨어 4.0 카메라는 3.0 카메라보다 해상도가 높고 시야각이 넓으며 야간 영상 품질이 더 우수하다. 2023년 모델 S부터 적용된 하드웨어 4.0은 2024년 1월부터 판매되는 테슬라 차량에 단계적으로 적용되고 있다. 2019년 이후 생산된 테슬라 차량에는 하드웨어 3.0이 설치되어 있다.)

- 인공지능 학습이 완료되면 End-to-End AI는 FSD V11보다 더 적은 컴퓨팅 파워로 작동할 수 있다. 따라서 FSD V12는 하드웨어 3.0이 설치된 테슬라 차량에서도 작동 가능하다.
- 30만 줄 이상의 코딩이 사라졌다는 의미는 더 이상 자동차가 빨간불에 멈추거나, 녹색 신호에 주행하도록 지시하거나, 과속방지턱에서 브레이크를 밟거나, 일단 정지 신호에 멈추거나, 앞 차량이나 자전거 운전자와의 거리를 알려주거나, 회전교차로에서 주행 순서 및 주행 방법을 알려주는 형식의 사전 프로그래밍을 할 필요가 없어졌다는 뜻이다. 그럼 어떻게 한다는 말일까?
- FSD V12의 End-to-End AI는 동영상을 통해 교통 표지판도 자율적으로 학습한다. 일론 머스크는 "우리는 자동차에 단지 많은 동영상을 보여줬을 뿐입니다."라고 말했다.
- FSD V12는 활성화 상태가 아니어도 차량의 백그라운드에서 항상 작동하고 있다. 만약 운전자가 FSD V12와 다르게 행동

하면 이는 카메라로 촬영되어 도조 슈퍼컴퓨터에 보고된다. 그런 다음 동영상을 사용하여 운전자가 올바르고 합법적으로 행동했는지 아닌지를 확인하며, 이를 통해 FSD와 운전자 중 누가 옳았는지를 학습한다.

- FSD V12를 훈련하는 것은 더 이상 FSD가 장착된 차량만이 아니라 모든 테슬라 차량을 대상으로 이뤄진다. 일론 머스크는 현재 테슬라 운전자들이 동영상을 수집하고 FSD를 훈련하기 위해 전 세계 도로 위를 달리고 있다고 말했다.
- 시운전을 하는 라이브 방송 중 '일단 정지 표지'에도 차량이 멈추지 않고 계속 달리는 사고와 관련하여 일론 머스크는 통계적으로 미국 운전자 중 0.5%만이 정지 표시에 실제로 차량을 멈추고 있는 사실을 지적했다. FSD V12에는 더 이상 30만 줄 이상의 코딩 프로그램이 없고 End-to-End AI는 다수 운전자 행동을 모방하기 때문에 일단 정지 표지에 멈추지 않은 것이다. 이를 막기 위해서는 테슬라 차량이 촬영한 동영상 중 0.5%만을 훈련용으로 선별해야 한다. 인간이 작성한 경험적 코드 또는 규칙 기반의 코드가 작동했던 FSD V11에서 이러한 사고는 발생하지 않았다.
- FSD V12는 거대언어모델이 통합되어 있기에 뛰어난 추론 inference/reasoning 능력을 자랑한다. FSD V12는 테슬라 차량에서 수집되는 방대한 학습 데이터에 기반한 훈련과 추론을 통해 앞서 설명한 일단 정지 표지 사고를 극복할 수 있다.

- 일론 머스크는 FSD 훈련 하드웨어인 도조 슈퍼컴퓨터에 2023년 20억 달러, 2024년 20억 달러를 투자할 계획이라고 밝혔다.

2024년 10월 도조 슈퍼컴퓨터가 완성되면 그 컴퓨팅 성능은 2023년 8월 도조 슈퍼컴퓨터의 성능보다 최소 50배 정도 향상될 것이 분명하다. 그렇게 된다면 172쪽의 '그림 13'에서 제시한 것처럼 FSD V12는 End-to-End AI 접근법과 도조 슈퍼컴퓨터의 결합으로 인간의 주행 능력과 매우 유사한 수준 또는 이를 뛰어넘게 될 가능성이 높다.

오토파일럿, FSD 그리고 하드웨어 4.0

이번에는 테슬라의 자율주행 기능을 좀 더 자세하게 살펴보자. 테슬라 차량에는 자율주행 관련 세 가지 옵션이 있다. 첫 번째 옵션은 차량 구매 시 무료로 제공되는 '오토파일럿autopilot'이다. 이 옵션은 어댑티브 크루즈 콘트롤 및 차량을 특정 차선에 유지시켜 주는 스티어링 어시스턴트와 같은 기능을 제공한다. 최근 판매되는 대부분의 경쟁사 차량에도 제공되는 기능이다.

두 번째 옵션은 '향상된enhanced 오토파일럿'이다.[41] 앞의 첫 번째 옵션에 차선 변경 어시스턴트가 추가된 것이다. 이 향상된 오토파일럿 옵션으로 테슬라 차량은 자율주행으로 고속도로 진입로 및 출구를 탐색할 수 있다. 물론 두 옵션 모두에서 운전자는 운전대에 항상 손을 올려놓아야 한다. 차선 변경 시 테슬라 차량은 스스로 표시등을 활성화한다. 좁은 주차 공간에서 차량을 앞뒤로 움직일 수 있는 자동 주차 기능과 독창적인 스마트 호출 기능도 두 번째 옵션에 추가되어 있다. 이 기능을 통해 테슬라 차량은 운전자가 탑승하지 않은 상태에서 복잡한 주차 공간과 장애물 주변을 자율주행하여 주차할 수 있다. 이 자율 주차 기능은 65미터 거리로 제한된다.

그리고 마지막 옵션으로 최첨단 주행 보조 기능인 '풀 셀프 드라이빙Full Self Driving', 즉 앞서 계속 언급했던 'FSD'가 있다. 진정한 의미의 자율주행을 목표로 하는 옵션은 당연히 FSD다. FSD는 2024년 1월 기준 미국에서만 이용 가능하며, FSD에는 앞서 두 개의 옵션에서 설명했던 모든 기능에 더해 차량 흐름 및 교통 표지판 인식, 도시 운전 지원 기능이 포함되어 있다. 이 기능을 사용하면 이론적으로 운전자 감독하에 모든 경로를 자율주행하는 것이 가능하다. FSD는 아직 미국 정부로부터 공식적으로 승인되지 않았기 때문에 '베타' 버전이다. 테슬라는 중국과 유럽에서 FSD 도입을 위한 신청서를 제출한 상태다.

테슬라는 FSD를 위한 여러 버전의 하드웨어를 개발했고, 이를 계속해서 업데이트하고 있다. 일론 머스크에 따르면 FSD V12는 하드웨어 3.0과 하드웨어 4.0이 설치된 차량에서 모두 작동한다.

하드웨어 3.0 및 하드웨어 4.0은 8개의 온보드 카메라를 통해 시각적 피드백을 받는다. 이 중 3개의 카메라는 전면 유리창에 장착되어 있고 약간씩 다른 특성을 가지고 있다. 각 카메라는 서로 다른 범위와 시야각을 담당한다.

'그림 14'에서처럼 메인 카메라는 전방에 장착되어 최대 150미터까지 시각 정보를 캡처할 수 있다. 시야각이 더 넓고 최대 60미터까지 볼 수 있는 광각 카메라도 전방에 설치되어 있다. 또한 최대 250미터까지 볼 수 있는 망원 카메라도 있다. 이 3개의 카메라는 모두 백미러 위에 배치되어 있다. 아울러 차량 양쪽에도 총 4개의 카메라가 설치되어 있다. 그 중 2개는 후방을 향하고 다른 2개는 정면을 향하고 있다. 이 4개 카메라의 주요 기능은 주차다. 또한 차량 후방에는 최대 50미터 범위의 마지막 여덟 번째 카메라가 있다.

8개의 온보드 카메라의 시야각은 서로 겹쳐 있어 중복성redundance을 보장한다. 여기서 중복성은 중요한 키워드다. 메인 시스템 또는 일부 카메라에 장애가 발생하더라도 차량이 안전하게 자율적으로

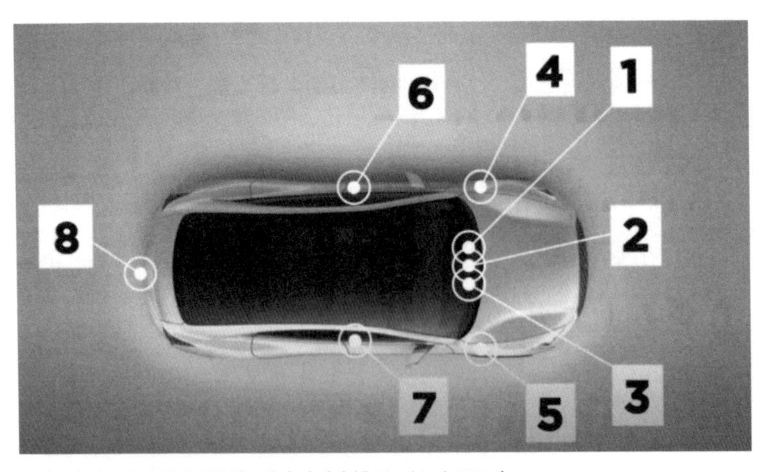

그림 14 | 테슬라 차량에 장착된 8개의 카메라 (출처: 테슬라 유튜브)

작동할 수 있게 하기 때문이다. 이처럼 테슬라가 안정성을 높이기 위해 어떤 과정을 거치는지 좀 더 살펴보자.

2021년 테슬라 데이Tesla Day에서 테슬라 차량의 수많은 센서와 카메라가 주변 환경을 어떻게 인식하는지, 그리고 센서와 카메라가 수집한 모든 정보가 어떻게 FSD 중앙 컴퓨터로 전송되는지 등이 소개되었다. 테슬라 차량의 센서와 카메라는 데이터를 벡터 데이터로 전환한다(벡터 데이터는 우리가 보는 것과 유사하지만 색상이 없는 3D 세계와 비슷하다). 오토파일럿 또는 FSD가 활성화되면 주변 환경에 대한 디지털 표현이 차량 내부 모니터 화면에 표시된다. 8개의 카메라는 우리가 실제로 눈으로 보는 것처럼 정적이든 동적이든 거의 모든 장애물을 감지한다. 나아가 이 모든 활동이 차량이 움직이는 과정에서 일어나는 것이기 때문에 보행자 및 기타 모든 객체들의 미래 시점의 행동을 예측하는 것 또한 중요하다. 테슬라는 FSD V11 베타와 V12 베타부터 거대언어모델 점유 네트워크와 신경망을 사용하여 과거 시점, 현재 시점, 미래 시점을 각각 확률로 계산할 수 있게 했다. 이로써 운전 중 앞으로 무슨 일이 벌어질지 예측하는 제어 기능을 향상시키고 있다.

End-to-End AI 심화학습

이번 꼭지는 End-to-End AI에 대해 기술적으로 좀 더 깊이 있는 정보를 원하는 독자들을 위해 쓰였다. 테슬라가 자율주행에서 놀라운 진보를 이룬 End-to-End AI는 인간의 신체 언어와 행동을 모방하여 테슬라 차량이 인간 운전자처럼 부드럽고 자신감 있게 행동하는 것을 가능케 한다.

차량 주변 환경의 다양한 요소를 인식하고 이해하는 데 있어 인간이 개입하는 휴리스틱 코드 방식은 근사치와 추정치를 빠르게 제공할 수 있지만, 이 빠른 속도를 위해 정확성을 희생하는 경우가 많다. 이에 반해 인공지능 신경망은 인식 기능을 완벽하게 만드는 데 큰 기여를 할 수 있다. 인간의 인식 능력을 모방하는 인공지능 신경망은 공사 구간, 폭우, 넘어진 나무와 같은 복잡한 상황을 처리하는 데 필요한 추론 능력이 뛰어나기 때문이다.

우리는 이미 챗GPT를 통해 AI가 높은 수준의 추론 능력으로 다양하고 방대한 데이터로써 훈련된 지식을 적용할 수 있다는 것을 알고 있다. 이렇게 고급 인공지능 신경망은 대규모 데이터로부터 학습하고, 차량 환경에 대해서도 더욱 포괄적으로 이해할 수 있게 하며, 나아가 더 정확한 예측을 할 수 있게 한다.

이렇게 인식 기능의 향상을 성공적으로 해결하면서 테슬라 FSD는 계획과 제어 기능 향상에 집중할 수 있게 되었다. '계획'은 차량이 탐색해야 할 가장 좋고 안전한 경로를 결정하는 기능이다. 반면 '제어'는 계획 시스템에 의해 생성된 계획을 실제로 실행하기 위해 차량을 조작하는 기능을 의미한다. 지금까지 자율주행 기술은 계획과 제어에 있어 이른바 반사적 운전reflexive driving의 성격을 가지고 있었다. 즉, 앞선 차량이나 장애물 등의 수많은 특정 조건에서 인간이 행동한 것들의 방대한 규모의 반사적 실행 코드를 갖는 방식이다.

반사적 운전은 End-to-End 인공지능 신경망 구조에서도 출발점이 된다. 차이점은 인공지능 신경망은 특정 결정을 내리는 이유를 이해할 수 있다는 점이다. 이에 반해 인간이 입력한 경험적 코딩 방식은 실행 또는 행동의 이유를 완전히 이해하기 어렵다. 왜냐하면 인간은 운전 경험이 누적될수록 운전 숙련도가 증가하기 마련이고, 이 숙련도가 높아짐에 따라 운전은 점차 반사적으로 이뤄지기 때문이다. 즉, 숙련이 될수록 특정한 행동 및 실행에 대한 이해는 추상적인 개념으로 진화한다. 물론 '이해'와 '반사적 행동' 사이에 명확한 경계를 구분하는 것은 불가능에 가깝다. 그러나 인간이 입력한 규칙에만 기반한 휴리스틱 코드와, 반사적 운전에서 이해를 진화시키는 인공지능 신경망은 학습 시간이 누적될수록 그 숙련도의 차이가 커질 수밖에 없다.

초기 자연어 모델은 데이터베이스와 인간이 작성한 규칙을 가진 경험적 시스템으로 구성되어 언어 측면만을 다룰 수 있었다. 그러나 트랜스포머 모델 등 거대언어모델은 언어 모델만으로도 복잡한 작업을 수행할 수 있다. 테슬라 FSD와 도조 슈퍼컴퓨터에선 언어 모델과 이미지 모델 등 다양한 인공지능 신경망 모델이 하나의 거대언어모델로 통합되었다. 거대언어모델 또한 고급 인공지능 신경망의 한 종류다. 이 인공지능 신경망은 텍스트 데이터뿐 아니라 시각 데이터, 소리 데이터 등 서로 다른 모달리티modality가 상호 작용하며 의미 있는 결과물을 생성할 수 있는 수준으로 진화하고 있다. 이렇게 거대언어모델은 다양한 분야에서 인공지능 시스템의 숨겨진 잠재력을 드러내고 있다.

테슬라의 FSD V12의 고급 인공지능 신경망 또한 운전 계획과 운전 제어를 거대언어모델과 유사한 방식으로 다룬다. FSD V12에는 점유 네트워크라는 거대언어모델이 통합되어 있어 인공지능 시스템 능력을 더욱 향상시킬 수 있는 잠재력을 가지고 있다. 예를 들어 인간 운전자가 차량에 대고 천천히 달리라거나 길가에 정차하라고 요청할 수 있고, 테슬라 FSD V12의 언어모델은 이러한 요청을 운전 모델이 이해할 수 있는 행동으로 변환한다. 이렇게 FSD V12에는 음성, 텍스트, 운전 등 다양한 모달리티가 통합되어 있다. 덕분에 테슬라는 운전자 행동과 선호도를 분석함으로써 FSD를 인간의 기대와 운전 스타일에 더 잘 맞추도록 조정할 수 있게 되었다. 이는 자율주행 기술의 매우 중요한 발전이다.

한편 앞서도 간단히 언급했지만, 인공지능 신경망은 복수의 스택으로 구성된 휴리스틱 코드와 달리, 단일 스택으로서 인공지능 신경망의 구조를 진화시킬 수 있는 유연성을 가지고 있다. 휴리스틱 방식은 강력한 경계와 인터페이스를 가지고 있어서 새로운 지식을 얻게 될 때, 다시 말해 초기 가정과 인터페이스가 불완전하거나 잘못되었다는 것을 깨닫게 될 때 유연하게 진화할 수가 없다.

이에 반해 인공지능 신경망은 훈련하면서 자체 인터페이스를 재정의할 수 있는 능력을 가지고 있다. 따라서 이전에 중요하거나 관련 없다고 여겨졌던 요소를 쉽게 추가하거나 제거할 수 있다. 이 훈련을 반복함으로써 인공지능 신경망 네트워크는 이전에 알려지지 않았던 숨겨진 패턴과 통찰력을 발견할 수도 있다. 인공지능 신경망 네트워크 내의 개념들이 왕복하며 다른 방식으로 재연결되고 아이디어를 재정렬하며 효과적인 해결책을 찾을 때까지 변화할 수 있기 때문이다. 이렇게 자체 수정 및 세련화를 통해 신경망은 지속적으로 개선될 수 있다.

휴리스틱은 자율주행 시스템이 특정 기대치를 충족하도록 지시하는 것을 목표로 하지만, 인공지능 신경망은 이러한 경계를 넘어 명시적으로 코딩할 수 있는 것을 넘어서는 결과를 달성할 수 있는 잠재력을 가지고 있다. 충분한 양의 데이터, 풍부한 컴퓨팅 능력, 폭넓은 훈련이 주어진다면 인공지능 신경망은 이전에 상상할 수 없었던 결과를 달성할 수 있다. 따라서 FSD V12는 인간 코딩의 한계에 갇혔던 휴리스틱 방식에서, 이제 문제 해결 방식을 스스로 재정의할 수 있는 인공지능으로 완전한 전환을 이룬 역사적 발전이다. FSD V12는 테슬라 운전자와 승객에게 이전에 경험하지 못한 자율성 수준을 제공할 수 있게 되었다.

그러나 FSD V12는 위험성도 가지고 있다. 그 잠재적 위험 중 하나는 자율주행 시스템이 결정을 내리는 데 도움이 되는 규칙이나 지침인 휴리스틱이 제거되었다는 점에 있다. 앞부분에 언급한 '일단 정지 표지'를 무시하고 주행한 사건이 대표적인 사례다. 이런 사건은 V11에서는 발생하지 않았다. 이러한 후퇴는 휴리스틱 코드를 자율주행 시스템에 다시 추가하지 않고 이 문제를 어떻게 해결할 것인지에 대한 숙제를 던진다. FSD에 더 많은 예제를 제공하고 특정 기능이나 시나리오에 대한 이해를 다듬음으로써 FSD가 자동으로 실수를 바로잡을 수 있도록 학습할 수 있다. 엔지니어는 특정 예제에서 인지 시스템 훈련을 반복하여 특정 시나리오에서 실수를 개선하고 성능을 향상시킬 수 있다.

여기서 중요한 역할을 담당하는 것은 손실 함수loss function다. 손실 함수는 신경망이 특정 예제에서 어떻게 수행했는지를 평가하고 자율주행 시스템의 가중치를 조정하는 데 도움을 준다. 자율주행 시스템은 수천 가지 다양한 요소들을 출력하는데, 손실 함수는 이러한 요소들에 따로 가중치를 줄 수 있게 한다. 엔지니어가 단순히 더 많은 예제를 수집하는 것에만 의존하는 대신 자율주행 시스템에 일종의 '뇌 수술'을 하는 것이라고 보면 된다. 이는 원하는 결과를 얻기 위해 자율주행 시스템의 특정 구성 요소에 대한 목표지향적 조정alignment을 하는 것을 의미한다.

FSD V12의 또 다른 위험성은 부정적 예제의 부족이다. 전통적인 인공지능 신경망 훈련에서는 자율주행 시스템에게 무엇을 해야 하고 무엇을 하지 말아야 하는지를 가르치기 위해 긍정 예제와 부정 예제를 각각 제공한다. 그러나 인간 행동을 모방하기 위한 인공지능 시스템을 훈련할 때 부정적 예제를 제공하는 데는 한계가 있다. 특정 상황에서 자율주행 시스템에게 '절대로 무엇인가를 하지 말라'고 단적으로 지시하기가 어렵기 때문이다. 자율주행 시스템의 제어 예측과 실제 인간 행동이 다른 상황도 부정 예제에 속한다. 예를 들어 인공지능 시스템이 가속을 제안하지만 인간 운전자가 속도를 줄이는 경우다. 이러한 부정 예제는 수없이 많이 존재한다.

해결책으로는 자율주행 시스템이 실패하는 상황과 잘 작동하는 상황을 각각 기록하고 이를 비교하면서 특정 패턴을 찾아가는 것이다. 인간 행동을 모방하기 위한 자율주행 훈련은 긍정 예제와 부정 예제의 차이를 기록하고 자율주행 시스템을 지속적으로 다듬는 역동적인 과정이다. 여기서 훈련 데이터의 품질과 정확성을 보장하는 것이 중요하다. 테슬라 FSD는 전 세계 약 400만 테슬라 운전자가 수집하는 데이터와 이를 정제하는 도조 슈퍼컴퓨터가 훈련 데이터의 품질과 정확성을 뒷받침하고 있다.

또한 테슬라는 다양한 지역에서 FSD 운전자를 고용하고 있다. 이들은 일종의 '우수 운전자'로 분류된 사람들인데, 이들에 의해 수집된 데이터는 별도로 라벨링이 된다. 앞서 설명한 것처럼 일론 머스크는 통계적으로 미국 운전자 중 0.5%만이 정지 표시에 실제로 차량을 멈추고 있는 사실을 지적했다. '우수 운전자'는 이 0.5%에 속할 수 있다. 우수 운전자가 수집하는 데이터는 라벨링될 뿐 아니라 여기에 가중치를 부여할 수 있다. 이렇게 테슬라는 인간에 의한 데이터 라벨링 또는 데이터 큐레이션을 훈련에 이용하고 있다. 이는 훈련 데이터의 다양성을 향상시키고 부정 예제에 대한 문제를 해결할 수 있게 한다.

종합적으로 볼 때 휴리스틱 코드를 인공지능 신경망으로 대체하는 FSD V12는 자율주행 기술 발전에 있어 새로운 기술 S-커브를 추가했다고 평가할 수 있다. 여기에 적용된 '하나의 단위'로서 End-to-End AI는 도조 슈퍼컴퓨터와 결합되면서 자율주행 기술을 결국 인간의 능력을 뛰어넘는 수준으로 끌어올리는 데 결정적 기여를 할 가능성이 높다.

FSD 기반 로보택시

일론 머스크는 로보택시 사업화에 총력을 기울이겠다는 분명한 의지를 표명하고 있다. AI 전문가 제임스 두마James Douma는 로보택시가 실현된다면 테슬라 차량 소유주, 투자자, 사회 전반에 5배의 가치가 창출될 것으로 추정했으며, 일론 머스크 역시 이에 동의했다.

로보택시 네트워크 구축을 위해 테슬라가 해결해야 할 과제는 다양하다. 먼저 FSD 진화 및 로보택시 서비스 네트워크 운영에 필요한 데이터를 처리할 데이터센터 확충이 시급하다. 또한 언박스드 프로세스 방식의 로보택시용 차량 생산도 쉽지 않은 도전이 될 전망이다. 이는 모델 S에서 모델 3로 넘어갈 때만큼이나 복잡한 과제가 될 수 있다.

아울러 로보택시의 대규모 도로 운행을 위해서는 규제 당국의 승인이 필수적이다. 다행히 미국 여러 도시에서 이미 로보택시 시범 운행을 허가한 바 있어 청신호가 켜졌다.

로보택시 호출 앱이 완벽하게 작동하는 과제도 중요하다. 단순한 앱 개발을 넘어 우버가 오랜 시간 축적해 온 수요 예측과 차량 배치

노하우가 필요하다. 마지막으로 차량 청소, 세차, 충전, 위치 추적 등을 담당할 협력사로 구성된 로보택시 관리 네트워크 구축도 필수적이다.

로보택시 사업이 궤도에 오르기까지는 예상보다 긴 시간이 소요될 것으로 보인다. 하지만 일단 시작되면 폭발적인 성장이 예상된다. 초기에는 적자가 불가피하겠지만, 장기적으로는 엄청난 가치를 창출할 잠재력이 있기 때문이다.

테슬라가 모델 3를 출시할 때 보여준 수치에 따르면 로보택시는 1마일당 약 18센트의 비용을 발생시킨다. 따라서 최종 고객은 1마일당 약 50센트를 지불할 것이라고 상상할 수 있다. 이를 마일당 평균 2~3달러인 미국 택시의 이용료와 비교하면 로보택시의 엄청난 가격 경쟁력을 짐작할 수 있다. 택시가 아닌 개인 차량의 마일당 비용으로 계산해 봐도 로보택시는 훨씬 저렴하다. 미국에서는 차량 유지비, 세금, 에너지 비용, 보험료를 포함해 평균적으로 1마일당 50~80센트의 비용이 발생한다. 이렇게 개인 차량과 비교해도 로보택시의 가격 경쟁력은 뛰어나다.

FSD가 진화하여 테슬라 차량이 로보택시로 업데이트된다면 테슬라 차량은 인간 운전자 없이 혼자 운전하며 계속 수입을 창출할 수도 있다. 이처럼 처음에는 새로운 시장이 열리겠지만, 그러나 로보택시 시장도 포화 상태를 맞이할 수 있다. 이미 웨이모 등이 테슬라보다 앞서 로보택시 시장을 개척하고 있다. 이런 상황에 비춰 볼 때 로보택시 시장은 가격, 안전 및 기능에 따라 시장 판도가 바뀔 가능성이 있다. 예를 들어 웨이모 차량에 앉아 스마트폰으로 게임을 하는 것과 테슬라 차량의 17인치 화면에서 자체 콘트롤러로 게임을 하는 것은 큰 차이가 있다. 결국 이 시장도 승자 독식으로 빠르게 변화할 것이다. 그리고 도로 주행에 필요한 하드웨어가 장착된 수백만 대의 자동차를 보유하고 있는 기업은 현재 테슬라뿐이다.

4

SF 소설의 상상이 현실이 되는 옵티머스

로봇이 주도하는 세상. 더 이상 빈곤이 존재하지 않고 누구나 꿈을 실현할 수 있는 세상. SF 소설에서나 상상할 수 있던 세상이다. 이 상상의 세계는 모든 사람이 재원에 대한 걱정 없이 원하는 것을 자유롭게 할 수 있는 풍요의 사회이다. 모든 제품과 서비스가 무료가 될 수 있다고 상상해 보자. 이때 우리 문명은 혁명적인 수준으로 진화할 것이다.

특정 사회의 경제력은 생산 주체의 숫자에 생산성을 곱하여 결정된다. 따라서 한 사회의 경제가 지속적으로 성장하려면 두 가지 경우의 수가 있다. 사람이든 로봇이든 생산 주체의 숫자를 늘리거나 또는 생산성을 높이는 것이다. 하지만 인간의 생산성에는 분명히 한계가 있고 인간의 수가 늘어나는 것에도 제약이 있다. 바로 여기에 로봇의 역할이 있다. 로봇은 인간만큼 제약을 받지 않기 때문이다. 생산성과 생산 주체가 무한대에 가깝다면 경제 전체도 무한히 성장할 수 있다. 이것이 바로 테슬라 봇bot, 즉 옵티머스의 역할이다.

FSD 기술을 로봇에 적용하다

2022년 테슬라 AI 데이AI Day 행사에서 처음으로 테슬라 봇이 소개되었다. 무대에 등장한 테슬라 봇은 다소 어색한 모습으로 춤을 추었다. 하지만 당시 행사에 소개된 테슬라 봇은 시제품을 만들기 위해 필요한 부품을 기능적으로 조합한 것으로, 그저 테스트 수준에 불과했다. 그 로봇은 하나의 실험에 불과했지만, 그 시점부터 본격적인 소프트웨어 개발이 시작되었고, 로봇을 구성하는 개별 부품의 개선과 양산 준비가 본격화되었다.

일론 머스크의 목표는 로봇을 자동차처럼 최대한 효율적으로 대량 생산하는 데 있다. 그러기 위해서는 로봇의 부품 수와 특히 전력 소비를 최소한으로 줄여야 한다. 테슬라 봇의 전원 공급은 하루 종일 활동하기에 충분한 에너지를 제공하는 2.3KWh 용량의 테슬라 차량 배터리로 이루어진다. 이 초소형 배터리 패키지를 생산하기 위해 테슬라는 전기자동차와 동일한 공급망을 활용하고 있다.

로봇 무게의 대부분은 배터리가 설치된 로봇 중앙에 집중되어 있다. 테슬라 봇의 몸통에는 배터리와 함께 로봇의 두뇌에 해당하는 중앙 컴퓨터도 설치되어 있다. 이 중앙 컴퓨터는 테슬라 차량에 탑재된 FSD 칩으로 구동된다. 테슬라 FSD 자율주행 기능은 약간의 차이만 있을 뿐 테슬라 봇에도 적용된다. 그래서 테슬라 봇은 인간과 유사한 시력을 갖추고 있고, 전반적으로 인간의 두뇌처럼 볼 수 있을 정도로 발전되어 있다.

테슬라 봇의 중앙 컴퓨터는 카메라를 통해 전달되는 데이터를 처리하고, 몇 분의 1초 만에 행동 결정을 내릴 수 있다. 테슬라 봇은 전기 신호를 기계적 움직임으로 변환할 수 있는 28개의 구동기actuators를 사용한다. 테슬라는 초기 40개의 구동기로 테슬라 봇을 설계하였으나 그 수를 28개로 줄였다. 이 구동기를 통해 로봇은 다리와 팔을 들어 올리고 손가락 하나하나까지 움직일 수 있다. 테슬라 봇의

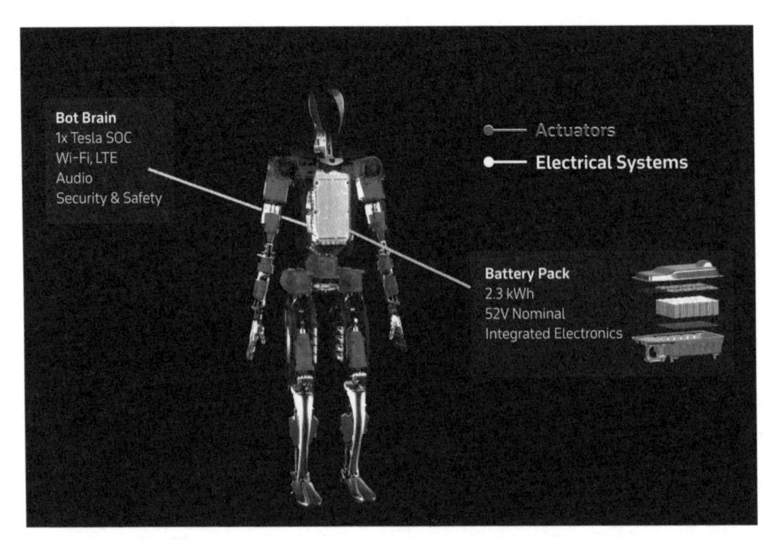

그림 15 | 테슬라 봇의 내부 구조 (출처: 테슬라 AI 데이 2022 유튜브 중계 영상[42])

움직임은 대부분 인간의 동작을 그대로 모방한 것인데, 예를 들어 무릎 관절은 사람의 무릎 관절을 복제한 것이다. 또 로봇의 손은 기계적으로 스프링이 달린 힘줄을 사용하는데, 이 역시 인간 손이 근육과 힘줄을 사용하는 방식과 유사하다.

테슬라 엔지니어들은 비용과 생산 공정 면에서 효율적으로 제조할 수 있는 로봇을 개발하는 것이 주요 목표라고 거듭 강조해 왔다. 여기서 중요한 것은 부품 소재의 가격 적절성affordability이다. 그래서 테슬라는 테슬라 봇을 유연하게 만들기 위해 탄소 섬유나 티타늄 같은 소재를 포기하고 플라스틱과 알루미늄과 같은 값싼 소재를 사용하고 있다. 또한 강철을 포기함으로써 전체 무게를 줄였다. 이를 통해 에너지 소비와 기계적 부하를 줄일 수 있었다.

이러한 배경에서 테슬라 봇은 보스턴 다이내믹스가 만든 아틀라스처럼 제자리에서 점프하며 몸을 거꾸로 뒤집는 멋진 동작을 하지 못한다. 어떻게 보면 테슬라 봇은 꽤 지루한 동작만 하는 것처럼 보인다. 하지만 테슬라 봇의 목적은 아틀라스와 달리 '유용성'에 있다. 테슬라 봇의 구조와 디자인은 비용 효율적으로 대량 생산이 가능한 형태로 만드는 것에 집중되어 있기 때문에 아틀라스처럼 빠르게 달리고 점프하는 등의 스포츠 능력을 갖추고 있지 않다. 대신 높은 수준의 인공지능을 가지고 있다. 이 부분이 바로 테슬라 봇이 경쟁사의 로봇과 가장 차별화되는 포인트이다.

대부분의 인간형 로봇에는 아직까지 뇌가 없다. 미리 프로그래밍된 동선을 수행할 뿐, 세상을 자율적으로 탐색하지는 못한다. 그리고 생산 비용도 매우 높아서 소량만 생산되고 있다. 이에 반해 테슬라 봇의 성능은 다른 휴머노이드 로봇과 비교해서 단순하지만, 그 대신 더 많은 개수를 생산할 수 있고 생산 가격도 더 낮다는 것에 주목할 필요가 있다.

우리는 로봇이 달리기를 하고 점프하는 모습을 본 적이 있지만, 사실 이런 퍼포먼스는 그다지 중요한 것이 아니다. 독립적으로 행동하고 도구를 사용하여 사용자를 위한 작업을 수행할 수 있는 휴머노이드 로봇의 이상을 구현한 것이 바로 테슬라 봇, 옵티머스다. 게다가 가격은 2만 달러, 우리 돈으로 약 2,700만 원에 불과하다. 물론 적은 금액은 아니다. 그러나 2만 달러 가격의 로봇이 청소, 요리, 빨래, 쇼핑 그리고 심지어 재활용 쓰레기를 분류하여 밖으로 가지고 나가는 등 인간의 일상 과제를 대신해 준다면 우리의 삶이 얼마나 더 생산적으로 변할 수 있을지 상상해 보라. 적지 않은 가격이지만, 그럴 만한 가치가 있지 않은가.

언급했듯, 테슬라 봇을 다른 수백만 달러짜리 로봇과 구별하는 결정적인 요소는 바로 '두뇌'다. 테슬라 봇은 가까운 미래에 도로에서 자율주행을 할 수 있는 테슬라 차량과 동일한 컴퓨터 두뇌를 사용할 것이다. 테슬라 차량은 컴퓨터 비전과 End-to-End AI가 탑재된 하나의 로봇이나 다름없다. 그런데 바퀴가 4개 달린 로봇(테슬라 차량)에서 바퀴 2개짜리 로봇(테슬라 봇)으로 전환할 때 커다란 과제가 발생한다. 차량은 이미 4개의 타이어로 도로를 안정적으로 달리고 있는 반면, 로봇이 보행을 하려면 배워야 할 것이 아직까지 많이 남아 있다. 예를 들어 안전한 발걸음 배치와 몸의 균형을 잡는 것도 배워야 한다.

FSD 시뮬레이터를 사용하여 로봇을 훈련하고 개발하고 있는 테슬라 엔지니어 팀은 이미 좋은 해결책을 찾았다. 2세대 테슬라 봇인 '옵티머스 젠 2Optimus Gen 2'의 걸음걸이가 크게 진화한 것이 한 증거다. 지금까지 대부분 로봇은 평발로 걷는 형태였지만, 2세대 테슬라 봇은 인간과 유사하게 발뒤꿈치부터 발끝까지 움직이는 동작을 사용한다. 이를 위해 2세대 테슬라 봇에는 관절형 발가락이 적용되었다.

테슬라 봇의 또 다른 흥미로운 측면은 사람의 움직임을 포착하고 복제하는 능력이다. 이는 인간의 움직임을 나타내는 소위 키 프레임을 기록함으로써 이루어진다('그림 16' 참조). 이를 통해 로봇이 인간

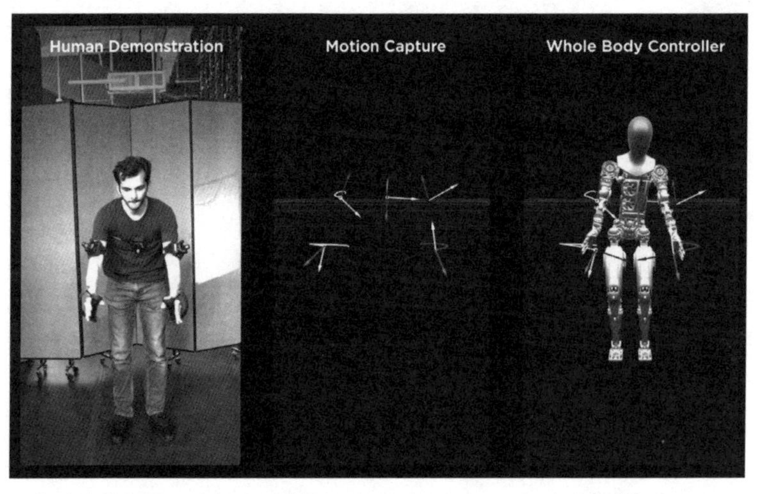

그림 16 | 인간 행위를 모방하는 프레임 (출처: 테슬라 AI 데이 2022 유튜브 중계 영상[43])

과 비슷한 방식으로 움직이도록 훈련할 수 있다.

테슬라 봇에서 특히 잘 작동하는 것은 컴퓨터 비전 시스템이다. 테슬라 봇은 3개의 카메라를 사용하여 세상을 탐색하고 작업을 수행한다. 테슬라 차량과 마찬가지로 로봇에 설치된 FSD 컴퓨터는 로봇의 카메라에서 데이터를 가져와 인간이 세상을 인식하는 방식과 유사하게 디지털 이미지를 3차원 벡터 공간으로 재구성한다('그림 17' 참조). 이 시스템을 통해 테슬라 봇은 3D 벡터 형식의 디지털 세

그림 17 | 3차원 벡터 시뮬레이션 (출처: 테슬라 AI 데이 2022 유튜브 중계 영상44)

계와 현실 세계에서 동시에 움직일 수 있다. 테슬라 봇의 컴퓨터는 3D 픽셀의 수를 세어 거리, 크기, 속도를 빠르고 정확하게 인식할 수 있다. 테슬라 봇의 컴퓨터 비전 시스템은 테슬라 차량에 탑재된 것과 동일한 시스템으로 주변 물체를 인식하는 데 탁월하다. 차량의 컴퓨터 비전은 보행자, 자전거, 개, 트럭 또는 자동차를 구별하고 인식하는 데 사용된다. 그리고 테슬라 봇은 테슬라 차량과 똑같이 현실 세계의 사물을 인식하고 구별할 수 있다. 이 과정을 통해 언젠가는 테슬라 차량과 테슬라 봇은 신경망에 학습된 모든 사물을 식별할 수 있게 될 것이다.

그러나 문제는 실내에서 탐색을 할 때이다. 이 경우에는 차량처럼 정해진 경로가 없기 때문에 테슬라 봇은 스스로 길을 찾을 수 있어야 한다. 이 문제를 해결하기 위해 테슬라 봇은 도달할 수 있는 지점을 찾는 데 도움이 되는 가장자리 감지 기능을 가지고 있다. 고주파 패턴으로 가장자리를 인식하고 이를 통해 가장자리 사이를 안전하게 이동할 수 있다.

2세대 테슬라 봇,
옵티머스 젠 2

2023년 12월 14일 테슬라는 옵티머스 2세대 모델 영상[45]을 발표했다. 이 영상에서 확인할 수 있는 테슬라 로봇 공학의 진일보를 정리해 보자. 지금까지 테슬라는 여러 세대의 로봇을 선보였다. '범블비Bumblebee'라 불리는 0세대 테슬라 봇은 2021년 8월 테슬라의 첫 번째 AI 데이에 발표되었고, 1세대 옵티머스 젠 1은 2023년 3월에 공개되었다.

0세대 모델은 많은 비판을 받았다. 사람의 연기가 포함되었고, 로봇공학에서 가장 기초가 되는 구동기가 빠져 있었기 때문이다. 구동기는 전기, 유압 등의 에너지를 사용해서 물리적인 움직임이나 힘을 생성하는 장치다. 구동기는 로봇의 팔이나 다리, 손가락 그리고 다양한 기계 부품을 제어하여 움직이게 하는 데 사용된다. 요약하면 0세대 모델은 로봇공학의 핵심이 대부분 빠진 프로토타입에 불과했다.

테슬라는 2022년 3월에야 구동기가 포함된 1세대 로봇을 공개했다. 그리고 2023년 12월에 2세대 모델을 발표했는데, 눈에 띄는 특

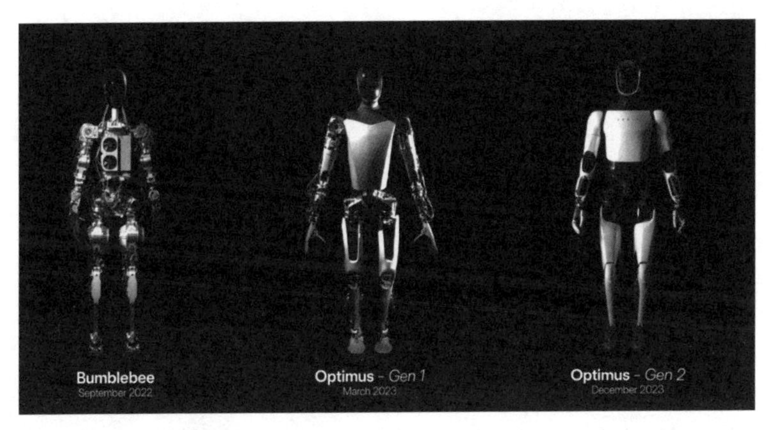

그림 18 | 테슬라 봇의 진화

징 중 하나는 로봇의 가슴 상단부에 'TESLA' 로고가 박혀 있다는 점이다. 이는 테슬라 봇이 프로토타입 단계에서 생산 단계로의 전환을 목전에 두고 있다는 의미로 해석할 수 있다.

구체적으로, 2세대 모델 영상에서 확인할 수 있는 첫 번째 개선은 운동학kinematics에서 큰 개선이 이루어졌다는 것이다. 전반적으로 1세대 모델과 유사한 운동학을 보여주고 있지만 다양한 운동 및 움직임에서 큰 개선이 이루어졌다. 그중에서도 머리의 움직임이 개선된 점이 눈에 띈다. 특히 '2 자유도 머리'가 인상적이다. 자유도degree of freedom는 로봇이 독립적으로 움직일 수 있는 정도를 나타내는 용어인데, 2세대 봇은 머리의 상하 및 좌우 움직임이 더욱 자연스럽다. 이를 통해 머리에 달린 카메라로 외부 사물을 더 정확하게 인식하고 추적할 수 있게 되었다. 예를 들어 차량에 타고 내릴 때 머리의 움직임이 더욱 자연스러울 수 있다.

또한 걷는 걸음걸이도 크게 진화했다. 앞서 설명한 것처럼 2세대 테슬라 봇은 인간과 유사하게 발뒤꿈치부터 발가락까지 움직이는 동작을 사용하며 걷는 모습을 보인다. 이러한 변화는 힘과 압력의 감지 기능 추가와 함께 로봇의 균형 감각과 다양한 바닥 표면에 대한 반응 능력을 향상시킨다. 특히 관절형 발가락이 있어 자연스럽게 구부리고 걸을 수 있게 되어 보행 속도가 30% 가까이 빨라졌다.

발가락뿐 아니라 다리와 무릎 디자인도 변경되었다. 이를 통해 안정성과 균형이 강화되었고, 그 결과 로봇이 넘어지지 않고 스쿼트와 같은 동작을 수행할 수 있게 되었다. 이는 로봇의 무게 중심을 이해하고 발의 센서를 활용하여 균형을 조정하고 유지하는 능력이 향상된 덕분이다.

2세대 테슬라 봇의 두 번째 개선은 세련된 디자인이다. 테슬라는 로봇의 케이블을 숨겨 거의 눈에 띄지 않게 만드는 데 탁월한 능력을 발휘하고 있다. 이는 로봇의 미관을 좋게 할 뿐만 아니라 케이블이 다른 물체에 걸리는 위험을 줄여 안전성을 향상시켰다. 또한 인간의 눈에 잘 띄는 수많은 케이블과 팔다리 그리고 몸체에 이용된 알루미늄은 로봇과 같이 일하고 생활하는 인간에게 잠재적 위협으로 인식될 수 있다. 이런 위협을 줄이는 게 중요했던 이유는, 테슬라 봇이 인간과 같은 공간에서 일을 하는 이른바 협동 로봇cobot으로 분류되기 때문이다. 테슬라 봇 머리 주위에 무드 조명이 장착된 점도 협동 로봇의 특성을 반영한 것이다. 무드 조명은 미적 효과뿐 아니라 정보 제공의 목적을 가지고 있어서 무드 조명의 다양한 색상으로 로봇의 작동 상태를 표현하고 있다.

세 번째 개선은 테슬라 봇의 질량 감소다. 2세대 테슬라 봇은 성능 저하 없이 10kg의 체중 감량에 성공했다. 알루미늄과 같은 금속 소재였던 일부 부품은 이제 플라스틱이나 폴리우레탄 등 가벼운 소재로 대체되었다. 줄어든 무게와 개선된 걸음걸이 덕분에 로봇은 추가 동력 없이도 더 빠르게 걸을 수 있게 되었다.

네 번째 개선은 테슬라 봇의 손이다. 1세대 봇의 손과 마찬가지로 2세대 봇의 손도 11개 자유도를 가지고 있지만, 구동 메커니즘과 관절 설계가 개선되어 더 부드럽게 움직일 수 있게 되었다. 달걀을 깨뜨리지 않고 집어 올리는 능력에서 확인할 수 있는 것처럼 손가락 끝에 센서를 추가하여 로봇이 물체를 집어 들 때 더 효과적인 압력 감각과 그립감을 가질 수 있게 되었다. 이를 통해 빨래를 개거나 바늘에 실을 꿰는 등 더 능숙하게 다양한 작업을 수행할 수 있다.

또한 손목 메커니즘에서도 진화를 엿볼 수 있다. 관절 지점을 더 작게 만들었고, 여기에 구동기의 각도를 조정하여 인간 팔의 기능과 유사하게 더 넓은 범위에서 움직일 수 있게 되었다. 이러한 디테일한 디자인 조정으로 더욱 우아하고 효율적인 로봇 팔이 탄생하였다. 그 결과 테슬라 봇은 정밀성과 손재주가 필요한 다양한 산업과 작업에 혁신을 가져올 잠재력을 갖추게 되었다.

또 하나 중요한 점은 이 모든 개선과 혁신이 이루어진 기간이 24개월 이내라는 점이다. 수많은 경쟁 업체들을 뛰어넘어 단기간에 상당한 발전을 이뤄낸 셈이다. 일론 머스크가 말한 것처럼 테슬라 봇에는 테슬라 FSD와 동일한 인공지능인 End-to-End AI가 적용된다. 로봇공학과 인공지능이 융합될 때 비로소 로봇은 협동 로봇으로 다양한 산업에서 활용될 수 있는 잠재력을 가지게 된다. 인공지능은 로봇이 복잡한 작업을 자율적으로 수행하는 데 결정적 역할을 맡기 때문이다. 이렇게 테슬라 봇은 제조, 의료, 가사 등 다양한 산업에서 혁명을 일으킬 것으로 기대를 모으고 있다.

그렇다면 테슬라 봇은 우리 사회에 어떤 긍정적인 영향을 미칠 수 있을까? 세계 여러 나라에서, 특히 선진국의 출산율이 급격히 감소하고 있다. 한국의 출산율은 그중에서도 세계 최하위일 정도로 낮은데, 이는 필연적으로 인구 감소로 이어질 수밖에 없다. 최근까지 지구상에서 가장 인구가 많은 나라였던 중국조차도 2023년 정점에 도달한 이후 앞으로는 빠르게 감소할 전망이다. 이러한 인구 감소에 테슬라 봇이 다양한 해결책 중 하나가 될 수 있다.

세계 경제에서 상품에 대한 수요가 해마다 계속 증가하고 있는 데 반해, 인구 감소를 보완하기는 쉽지 않기 때문에 해결책은 생산성 향상에 있다. 생산성이 크게 증가하지 않는다면 우리는 필연적으로 심각한 경제 위기에 직면할 가능성이 높다.

1930년 무렵 발생한 대공황은 각국 경제 생산량을 크게 떨어뜨렸고 실업률을 폭발적으로 증가시켰다. 주식 시장은 폐쇄되었고, 수많은 은행이 파산했으며, 전 세계적으로 수출이 중단되었고, 시민들은 돈을 구할 수 없게 되었다. 세상의 종말과 같은 분위기였다. 이런 상황을 반복하지 않기 위한 일환으로 인간형 로봇이 대안으로 떠오르고 있다. 로봇에 의한 자동 생산은 이미 세계 곳곳에서 현실이 되고 있다.

그러나 아직 로봇이 할 수 없는 유일한 일은 독립적이고 자율적으로 움직이는 것이다. 이러한 때 인간과 유사한 방식으로 움직일 수 있는 인간형 로봇은 미래를 위한 새로운 가능성을 열 수 있다. 물론 로봇, 특히 스스로 생각할 수 있는 지능형 로봇은 위험 요소도 가지고 있다. 그래서 일론 머스크는 2023년 4분기 실적 발표에서 해킹 등을 막을 수 있는 테슬라 봇의 안전장치 마련에 짧지 않은 시간이 들 것이라고 예고했다.

하지만 한 가지 분명한 것은 로봇의 개발을 피할 방법이 없다는 점이다. 로봇이 가져다주는 효율성과 생산성의 향상은 너무 크고, 로봇이 세상에 긍정적인 영향을 미칠 수 있는 잠재력 또한 너무 크기 때문이다.

3부

TESLA

전기차 시장 전망, 그리고 신흥 강자 BYD

INTRO

대다수가 '전기차 기업'으로 인식하는 테슬라는, 실제로 전기차 수요에 대한 논쟁이 회사의 성장과 밀접하게 연결되어 있다. 테슬라는 전기차 시장의 성장을 주도해 왔으며, 전기차 시장의 확대가 곧바로 테슬라의 발전으로 이어졌다.

하지만 2023년 중반부터 전기차 시장은 초기 성장에서 대중 시장으로 넘어가는 과정에 이른바 캐즘Chasm을 겪으며 정체 현상을 보이고 있다. 2023년 10월부터 〈월스트리트저널〉 등 여러 미디어가 미국 내 딜러들 사이에서 보유한 전기차 재고량이 증가하고 있다고 보도했다. 이어서 한국에서도 공중파 방송과 유명 유튜브 채널들이 전기차 수요 감소에 대해 언급하기 시작했다.

그런가 하면 2024년 1월 도요타 자동차의 도요타 아키오 회장은, 전기자동차 기술이 발달한다 해도 그 점유율은 최대 30%에 그칠 것이며, 나머지 70%는 하이브리드 차량(HEV), 수소전력 차량(FCEV) 및 내연기관 차량(ICE)이 차지할 것이라고 주장하였다.[1] 그는 내연기관 자동차 시장이 축소될 순 있어도 완전히 사라지진 않을 거라고 강조하는 입장이다.

도요타의 믿음처럼 전기차는 30%라는 시장점유율에 만족해야 할까, 아니면 테슬라의 바람처럼 내연기관에서 전기차로 완전한 시장 전환이 이루어질까? 이 질문들에 답하기 위해서는 앞으로 전기차 시장이 지속될 수 있을지, 그리고 어느 정도 강도와 속도로 전기차 시장으로의 전환이 이루어질지를 판단하는 것이 중요하다. 이 글은 바로 이런 질문들에 대해 답하고자 한다.

전기차 시장을 예측하는 일은 다양한 변수와 이해관계가 얽혀 있어 간단치 않다. 거시 경제 상황, 소비자 인식 변화 가능성, 국가 정책, 전기차 생산 능력, 유가, 충전 인프라 등 여러 요소가 전기차 시장에 영향을 미친다. 또한 하이브리드(HEV), 플러그인 하이브리드(PHEV), 순수전기차(BEV) 각각의 상품성과 가격도 함께 고려해 살펴보고자 한다.

아울러 3부에서는 테슬라의 가장 강력한 경쟁자인 중국 BYD에 대한 이야기도 함께 다룬다. 1995년 배터리 회사로 시작한 BYD가 어떻게 전기차 기업으로 변신해 갔는지, 게다가 이처럼 단기간에 세계 전기차 시장의 선두로 안정적인 성장을 이뤄낸 비결은 무엇인지 살펴볼 것이다.

테슬라와 BYD의 성공 방정식은 유사하면서도 분명한 차이가 있다. 테슬라가 강력한 브랜드 가치와 기술 혁신으로 성공했다면, BYD는 저렴하지만 경쟁력 있는 성능을 갖춘 다양한 옵션의 전기차를 제공함으로써 시장을 넓혀 가고 있다. 과연 누가 어떤 모습으로 최종 승자가 될 것인지 분석하고 예측해 보자.

전기차 시장에 대한 오해와 진실

전기차 수요 감소라는 오해

전기차 시장에서 글로벌 주요 기업들을 살펴보면 계속해서 큰 폭의 성장을 이어가고 있음을 확인할 수 있다. 경기 침체 상황에서도, 일부 기관들이 제시한 예상치를 하회하는 경우는 있었어도, 어느 곳에서도 성장이 완전히 정지된 사례는 발견되지 않았다. 2023년에 북미 지역은 47% 증가율을 보였고, 서유럽과 중국은 각각 29%, 23%의 성장률[2]을 기록하며 전기차 수요가 꾸준히 증가하고 있음을 보여주었다.

글로벌 전기차 시장은 2023년에 1,000만 대를 넘었으며, 2030년에는 4,000만 대 이상으로 확대될 것으로 예측된다.[3] 비록 일시적으로 성장 속도가 다소 둔화될 가능성은 있으나, 장기적으로 볼 때 전기차로의 전환 흐름은 지속될 것이다.

성장 속도가 둔화되는 것은 시장이 지속적으로 확대되는 과정에서 종종 발생하는 일반적인 현상이다. 매년 동일한 비율로의 성장을 기대하는 것은 거의 불가능한 일이다. 특히 높은 이자율이 새 차량 구매의 할부나 리스 비용을 증가시키면서 최근 몇 달 사이 전기차를 포함해 모든 유형의 차량에 대한 할인이 지속해서 증가하고 있다. 중요하게 짚어야 할 부분은, 이러한 현상이 소비자들 사이에서 전기차에 대한 관심이 줄어들었다는 의미는 아니라는 점이다. 오히려 테슬라의 가격 인하 전략과 함께 금리 상승이라는 두 요소가 결합되어, 일부 기존 자동차 제조 기업들이 그들의 판매 전략을 재고하고 있다.

일부 기업의 전기차 판매 둔화는 사실

2023년 미국 자동차 딜러들의 전기차 보유 재고가 증가하면서 미국 언론은 전기차 시장의 성장성에 의문을 제기했다. 이를 어떻게 해석해야 할까? 전기차 시장을 선도하는 테슬라를 포함하여 리비안과 같은 기업들은 딜러 네트워크를 활용하지 않는 판매 방식을 채택하고 있다. 딜러의 판매 재고가 큰 폭으로 쌓인 대표적 기업은 포드와 GM이다. 특히 포드의 경우, 마하-E 모델의 판매량이 줄었다. 이는 할인율이 높은 테슬라 모델 Y와의 경쟁 때문일 가능성이 크다.

이처럼 치열한 경쟁 속에서 가격 인하가 중요한 이슈로 부각하자, 포드 CEO 짐 팔리Jim Farley는 최근 F-150 라이트닝과 마하-E 모델의 생산량 조절 및 일부 전기차 관련 자본 지출 연기 계획을 발표하기에 이르렀다.

그런가 하면 GM은 최근 울티움Ultium 배터리 조립 공정에 어려움을 겪고 있으며, 2022년 대비 2023년의 전기차 생산량과 판매 실적이 모두 감소하는 상황에 직면하였다. 이러한 이유로 GM은 차세대 플랫폼 개발에 더욱 주력하기로 결정했고, 결과적으로 쉐보레 볼트 EV와 볼트 EUV 모델의 2023년형 버전 생산을 2023년 12월 종료하였다. GM은 앞으로 새롭게 선보일 울티움 EV 플랫폼을 기반으로 한 쉐보레 실버라도 EV와 GMC 시에라 EV의 제작 계획을 발표하였지만, 예상되었던 출시 일정을 당초 2024년에서 2025년 말로 변경하였다. 비록 출시가 지연되고 있지만, 회사는 차세대 전기차용 울티움 배터리 아키텍처로의 전환 작업을 지속해서 추진 중임을 밝혔다.

테슬라는 2024년 초까지 차량 가격을 인하함으로써 시장 둔화에 대응하고 있다(2024년 3월부터는 모델 Y RWD의 가격을 1,000달러/2,000유로 수준 인상하여 수익성 개선을 꾀하고 있다. 고객 반응에 따라 다시 조정 가능성은 있다). 그러나 포드와 GM 같은 다른 자동차 기업들은 테슬라처럼 가격을 낮출 여력이 없어 판매량에서 큰 타격을 입었다. 이러한 상황은 전기차 업계에서 원가 경쟁력 확보가 얼마나 중요한지를 보여주는 단적인 예다. 배터리 직접 생산이 가능한 테슬라와 중국의 BYD는 비교적 유리한 위치에 있으며, 이들은 높은 가격 인하 여력을 보유하고 있다. 또한 테슬라와 BYD는 생산 공정 혁신을 지속하고 있어 경쟁 우위를 한층 강화할 예정이다. 이는 장기적으로 볼 때 테슬라와 BYD의 시장 지배력이 점점 더 커질 수 있음을 시사한다.

이러한 상황에서도 미국 내 주요 자동차 기업들이 전기차 개발 및 생산에 대한 약속을 철회한 것은 아니다. 2023년 전미자동차노조

UAW와 GM, 포드, 스텔란티스 등 빅 3 사이에 체결된 계약에 따르면, 이들 회사는 새로운 전기차 공장 건설 및 모델 출시를 위해 수십억 달러 규모의 투자를 계속해서 추진하기로 합의했다. 이러한 결정은 변화하는 시장 요구와 치열해지는 글로벌 경쟁 속에서 자신들의 입지를 강화하기 위함이다.

한편 2023년 미국 내 전통 자동차 기업들이 어려움을 겪는 동안 그 공백을 메우며 현대기아자동차가 미국 전기차 시장에서 GM과 포드를 추월하는 성과를 보였다. 아울러 BMW도 우수한 실적을 달성하고 있다. BMW CFO 발터 머틀Walter Mertl은 내연기관에서 전기차 전환의 티핑 포인트는 2023년 도달했다고 주장한다.[4] 특히 BMW의 iX1과 i4 모델은 2023년 33만 대 이상 판매되며 주목할 만한 성과를 올렸고, 2023년에 출시된 i5 모델로 인해 BMW는 이제 모든 핵심 세그먼트에서 순수전기차 선택지를 제공하게 되었다. BMW는 2024년 순수전기차 판매량을 50만 대 이상으로 확대할 계획이다. 또한 독일 뮌헨에 위치한 내연기관 차량을 생산하는 주요 생산 시설을 2027년 말까지 완전한 전기차 공장으로 변모시키겠다는 포부 아래, 약 7억 1,100만 달러 규모의 투자 계획을 발표하였다.

세계적으로 전기차 분야에 대한 투자가 계속 이어지고 있음에도 불구하고, 그 영향이 당장 눈앞에 나타나기는 어려울 것으로 보인다. 하지만 2025년부터 전기차 시장의 성장 속도가 가팔라질 것으로 예상되기 때문에, 그 때 승리하기 위해서는 자동차 기업들이 지금 자신들의 입지를 확보해 둘 필요가 있다. 현재 경제적 불확실성 때문에 포드와 GM 같은 일부 자동차 기업들은 전기차 개발 및 투자 계획을 잠시 연기하는 상황이다. 반면 현대·기아와 볼보 같은 전통 자동차 기업은 다양한 순수전기차 모델을 개발하며 관련 투자를 계속하고 있다. 이러한 차별화된 접근 방식이 앞으로 전기차 시장에서 각 기업들의 입지를 결정짓는 중요한 요소가 될 것이다.

전기차 시장은 분명히 성장하고 있으며 내연기관에서 전기차 시장으로의 전환은 피할 수 없다. 중장기적 관점에서 볼 때 전기차 투자와 개발을 게을리하지 않는 기업들이 결국 큰 이익을 얻게 될 것이다. 세계 최대 전기차 시장인 중국의 사례에서 알 수 있듯이 전기차로의 전환은 생각보다 빠르게 이루어질 수 있다. 준비되지 않은 기업은 이 역사적 전환에서 뒤쳐질 수밖에 없다.

2

주요 국가 현황과 전망

중국

2023년 기준으로 전기차의 주요 시장은 중국(571만 대, 전년 대비 23% 상승), 서유럽(211만 대, 전년 대비 29% 상승), 미국(116만 대, 전년 대비 47% 상승) 순으로 형성돼 있다. 단연 중국의 전기차 판매 실적이 압도적이고, 그만큼 전기차에 대한 수요가 매우 높은 시장이다.

최근 몇 년간 중국에서 배터리를 이용한 전기자동차의 판매량이 크게 증가하고 있다. 2020년에는 전체 신차 판매 중 5%를 차지했던 것이, 2021년에는 12%, 그리고 2022년에는 20%, 2023년에는 25%로 점점 확대되었다.

현재도 이러한 상승 추세는 계속되어 가파른 성장률을 보이고 있다. 오는 2030년에는 점유율이 50%를 넘으면서 약 1,400만 대 이상의 전기차 수요가 있을 것으로 예상된다.

판매량의 급증뿐만 아니라, 제품의 다양성에서도 중국 시장은 독특한 위치를 차지하고 있다. 초기에는 테슬라 같은 해외 프리미엄 브랜드와 함께 니오NIO, 샤오펑Xpeng, 리오토Li Auto 등의 중국 기업들이 고급 시장을 형성한 한편, 점차 울링Wuling, 오라ORA 등 저가형 브랜드들이 대중 시장에 진입하면서 소비자 선택의 폭을 넓혔다. 그러던 것이 BYD가 중저가 시장에서 큰 성공을 거두면서 시장 카테고리를 더욱 넓혔다. 이제 중국에서는 다양한 가격대에서 소비자 요구를 만족시킬 수 있는 전기차 모델들이 출시되어 있으며, 각각의 포지셔닝도 보다 명확해졌다. 이처럼 그 규모와 범위 면에서 지속적으로 시장을 넓히고 있는 중국의 움직임으로 인해 글로벌 자동차 산업도 변화에 대한 압박을 느끼게 되었다.

중국은 이미 거대한 내수 시장을 보유하고 있음에도 불구하고, 중국 전기차 제조사들은 해외 시장으로 발을 넓히며 세계적인 자동차 기업들과 경쟁 구도를 형성하기 시작했다. 이러한 움직임은 테슬라는 물론이고, 미국, 유럽 및 한국 등지의 유명 자동차 기업들과의 본격적인 경쟁으로 이어졌다.

2023년 4분기에 들어서면서 BYD가 세계 전기차 시장에서 테슬라를 처음으로 넘어서는 판매량을 기록했다. 이는 BYD가 2021년 중국 내 자동차 판매 순위 13위에서 출발하여 2022년에 중국 최고 판매량을 기록한 후, 이제 세계 시장까지 정복한 결과로 평가할 수 있다. 일론 머스크 역시 중국의 전기차 제조사들이 갖춘 가격 대비 성능과 기술력을 공개적으로 칭찬한 바 있다. 2023년 4분기 실적 발표와 함께 진행된 콘퍼런스 콜에서 일론 머스크는 "만약 무역 장벽이 없다면, 중국산 전기차가 세계 대다수 자동차 기업들을 무너뜨릴(demolish) 것이다. 그들은 정말 대단하다."고 언급함으로써 중국 전기차 기업의 글로벌 경쟁력을 인정하였다.

이렇듯 중국의 전기차는 이제 가격 경쟁력뿐만 아니라 자율주행과 커넥티드, 스마트 기술에 있어서도 무서운 속도로 치고 나가고 있다. 2024년 4월 베이징에서 개최된 '오토 차이나' 모터쇼에는 총 100곳이 넘는 글로벌 완성차 업체들이 참가하여 자동차 산업에 있어서 중국의 위상을 다시 한 번 확인해 주었다. 친환경 차량이 278대나 전시되어 주목받았고, 전기차 모델의 종류는 더욱 늘었다. 구체적으로 전기차의 서브 브랜드를 만들고, 전기차 보디 타입 종류를 늘려 나가며, 샤오미와 같은 ICT 업체에서도 전기차 SU7으로 모터쇼에 참가하기에 이르렀다.

예전에는 글로벌 완성차 업체들이 중국 시장의 스케일과 잠재력을 염두에 두고 중국 모터쇼에 참가했다. 따라서 자신들의 기술력과 상품성을 홍보하는 목적이 더 컸다. 하지만 이제는 중국의 전기차 라인업이나 배터리 기술 등을 참고하기 위해서, 또 화웨이와 샤오미 같은 ICT 업체들과 협업하며 빠른 속도로 발전하고 있는 AI 음성인식 및 커넥티비티 기술을 벤치마킹하기 위해 더욱 적극적으로 참가하고 있다. 이들과 경쟁해서 살아남아야 하는 생존 게임에 대비하기 위해서 말이다.

한편 중국 전기차 기업들이 저렴한 가격으로 유럽 전기차 시장을 빠르게 장악하자 유럽연합은 중국 정부의 보조금 지원 여부를 조사하고 있으며, 이와 관련 추가 과세 가능성도 검토하고 있다. 미국은 이미 중국 전기차에 대한 무역 장벽을 구축한 상태이며, 특히 자국 시장에서 중국산 전기차의 확산을 억제하기 위한 추가적인 방안을 발표했다. 인플레이션 감축법인 'IRA'를 통해 중국의 부품이 포함될 경우 세액을 공제해주지 않는 법안을 발효한 것에 이어, 2024년 2월 29일 바이든 행정부는 중국의 커넥티드카가 미국의 국가 안보를 위협하는 것을 가만히 두고 보지 않겠다고 선언했다. 중국의 커넥티드카가 미국의 데이터를 중국으로 전송하는 등의 문제가 있을 시 이를 철저히 조사하여 차량 판매에 대한 강력한 조치를 하겠다는 것이다. 또한 미국의 통상 무역법인 '슈퍼 301조'를 통해 중국산 철강과 알루미늄 관세를 7.5%에서 25%까지 인상하는 방안을 검토하겠다고 밝혔다. 여기서 그치지 않고 미국은 2024년 5월 중국산 자동차의 관세를 현행 25%에서 100%까지 인상하겠다는 방안을 발표하기에 이르렀다. 이는 중국 전기차의 가격 경쟁력과 상품 경쟁력이 그만큼 강력하다는 것을 시사한다. 이러한 배경 속에서 다수의 국가들이 중국의 전기차 산업 확대에 대항하여 무역 전쟁에 나서는 형세다.

그렇다면 중국 전기차 산업은 어떻게 해서 이처럼 빠르게 그리고 폭발적으로 성장할 수 있었던 것일까?

전폭적인 정부 지원

중국 내에서 전기차 부문이 눈부신 발전을 이룬 주요 원인은 중국 정부 차원에서 제공된 광범위한 지원에 있다. 중국 정부는 전기차 산업의 활성화를 위해 다각도로 접근했다. 구매세 면제, 생산에 대한 재정적 보조, 전기차 기업들에게 유리한 대출 및 토지 사용 조건 제공, 충전 인프라 구축을 위한 보조금과 연구개발 자금 지원 등이 그 예다.

이러한 종합적인 지원책은 중국이 세계 시장에서 경쟁력 있는 전기차 생산국으로 도약하는 데 크게 기여하고 있다. 〈블룸버그〉에서 인용한 알릭스파트너스AlixPartners의 분석[5]에 따르면, 2016년부터 2022년까지 약 7년간 중국 정부는 전기차 구입을 장려하기 위해 약 570억 달러를 지원했다. 이는 같은 기간 동안 미국 정부가 지원한 금액보다 약 5배 많은 수치이며, 중국 정부가 얼마나 강력하게 전기차 산업을 밀어붙였는지를 보여주는 명확한 사례다.

또한 중국 정부는 낮은 법인세율 설정과 수출 시 부가가치세 면제와 같은 다른 혜택들도 제공하여 중국 전기차 기업을 지원하고 있다. 중국 공업정보화부(MIIT)는 신에너지 차량(중국에서는 배터리 전기차를 '신에너지 차량'으로 부른다.)의 생산량에 비례하여 보조금을 지급함으로써 2022년 말까지 총 54억 달러를 통해 약 376만 대의 차량 생산을 직접적으로 후원하였다.

이처럼 포괄적인 정책과 재정적 지원을 바탕으로 중국은 전기차 산업에서 글로벌 리더로서 자리매김할 수 있었다. 2022년의 경우 중국에서는 49개의 전기자동차 제조 기업들이 중국 정부로부터 대규모 보조금을 수령했다.[6] 이 가운데 BYD가 가장 큰 혜택을 받은 것으로 나타났다. 또한 허페이시 소재 정부와 관계된 펀드는 니오Nio의 주식 24%를 약 70억 위안(약 1조 3,340억 원)에 구매하여 주목받았으며, 여러 중국 지방 정부들도 신에너지 차량 및 핵심 부품 개발을 위한 재정적 지원을 아끼지 않았다.

이 같은 다양한 단계의 정부 지원 덕분에 중국의 전기차 기업들은 제조 비용 절감과 함께 기술력 향상이라는 이점을 얻게 되었다. 또한 2023년부터 전기차 구매자에 대한 직접적인 보조금은 폐지되었으나, 종료 예정이던 구매세 면제 혜택(최대 3만 위안, 약 560만 원)을 2025년 말까지 연장하고, 2026년부터 2027년까지 등록하는 신에너지 차량은 50%의 구매세 감면(최대 1만 5천 위안, 약 280만 원)을 받게 된다.

중국 정부는 전기차 생산 보조금 지원뿐만 아니라 구매자를 위한 지원도 계속하고 있다. 특히 유럽 시장에서는 중국제 전기차가 유럽 각국의 막대한 소비자 보조금 혜택을 추가적으로 받으면서 판매되고 있다. 즉, 중국에서 생산 보조금을 받은 중국 전기차가 유럽으로 수출될 때 소비 보조금을 받기 때문에 유럽 소비자가 중국 전기차를 구매할 때는 두 번의 보조금을 받는 효과를 볼 수 있다. 이에 유럽연합은 2023년 9월부터 중국산 전기차의 보조금 관련하여 조사에 착수하였고, 2024년에는 풍력터빈, 의료기기까지 조사 범위를 넓힌 바 있다. 유럽의 중국 반보조금 조사 결과는 2024년 11월에 나올 예정이고, 계속해서 다양한 조사를 진행하고 있다.

단, 유럽과 미국은 상황이 다르다. 독일의 주요 자동차 수출 국가가 중국이기 때문에, 유럽이 중국 전기차 수입 관세를 높일 경우 중국도 유럽 시장에 관세를 높일 가능성이 크고, 그러면 독일 경제 또한 타격을 입게 된다. 이런 배경 때문에 유럽 내부에서도 중국산 자동차에 대한 대응책이 나뉘는 분위기다. 최근 24년 4월 독일자동차협회 회장은 독일 공영방송과의 인터뷰에서 중국 수입 자동차에 높은 관세를 부과하는 것에 반대한 바 있다.

유럽 국가들이 앞으로 중국 전기차의 가격 경쟁력에 어떻게 대응할지, 미국처럼 무역 분쟁 조치를 취할 것인지 여부는 글로벌 전기차 시장 경쟁 구도에서 주요 관심사로 부상하고 있다.

한편 이 같은 유럽과 미국의 조치에 맞서 중국은 2024년 4월 중국판 슈퍼 301조로 불리는 '관세법'을 가결하여 유럽과 미국에 높은 관세를 부과할 수 있도록 조치하였다.

배터리 기술

중국이 전기차 분야에서 가격 경쟁력을 확보하고 대량 생산 체제를 구축하는 데 결정적인 역할을 한 것이 바로 배터리 기술이다. CATL과 BYD 등 세계적으로 인정받는 배터리 제조사들이 중국 내에 위치해 있는 것도 이러한 경쟁력의 원천 중 하나다. 특히 전체 전기차 생산 비용에서 배터리가 차지하는 비율이 40%에 달하는 것[7]을 고려할 때, 이들 중국 배터리 기업의 영향력은 매우 크다. 더욱이 중국의 LFP 배터리는 유럽에서 제작되는 동일한 종류의 배터리보다 가격 면에서 33% 저렴하다고 알려져 있다.[8] 이러한 비용 효율성은 중국 전기차 기업들이 국제시장에서 유리한 위치를 점하기 위한 견고

한 바탕을 마련해 준다.

또한 중국은 리튬 채광 작업을 제외하고 리튬 정제부터 배터리 셀 생산에 이르는 과정까지 배터리 공급망의 상당 부분을 자국 내에서 통제하며 관리한다. 이 같은 체계적인 자원 관리는 중국이 장기간에 걸쳐 전기차 시장을 주도해 나갈 수 있는 강점으로 평가된다. 다른 국가들이 현재 중국의 정제 및 배터리 제조 기술 수준에 도달하기 어려운 상황임을 감안하면, 이는 더욱 명확해진다.

한편 배터리 제조업체에서 출발한 BYD는 2023년도 4분기 기준으로 전 세계에서 가장 많은 전기차를 팔아치우며 업계의 정상에 올랐다. 이는 BYD가 배터리 생산과 가격을 자체적으로 관리할 수 있는 능력 덕분이었다. BYD는 해외로 배터리 공장을 확대하면서 다른 전기차 제조사들에게도 배터리를 공급하는 등 그 영향력을 넓혀 가고 있다. BYD와 테슬라 사이의 치열한 가격 경쟁은 양사 모두 직접 배터리를 생산함으로써 원가 및 마진 조정에 있어 타 기업보다 유연할 수 있었던 점에서 출발한다. 직접 배터리를 제작하는 것은 전기차 산업에서 중요한 경쟁 요소로 작용하며, 이 부문에서 독립적이지 못한 기업들은 경쟁에서 밀려날 위험이 크다.

독창성과 혁신

중국에서 전기차와 배터리 산업이 급성장한 데에는 정부 지원이 한몫했으나, 그 이상으로 중국 엔지니어들과 기업가들의 창의력과 혁신적 사고 또한 주된 동력으로 작용하고 있다. 이러한 혁신은 특히 이 판의 '신생' 자동차 제조사들로 하여금, '내연기관 함정에 빠져 있는' 전통 자동차 기업들이 장악하고 있는 시장에 도전할 수 있는 소중한 기회를 제공하고 있다. 이러한 기회는 100년에 한 번 있을까 말까 한 중요한 기회다.

화웨이와 같은 스마트폰 제조사부터 배터리에서 전기차 분야로 확장한 BYD, 그리고 다양한 신생 업체에 이르기까지 중국의 전기차 및 자율주행 기술은 빠르게 발전하고 있다. 이러한 진보는 단지 정부 지원에 의해서만 이루어진 것이 아니며, 엔지니어와 기업가들의 민첩한 결정, 혁신적인 제조 공정 개선, 그리고 노동자들의 효율적인 생산 능력이 합쳐진 결과다. 전통적인 자동차 제조기업들이 오랜 시간 검증된 모델과 최적화된 플랫폼, 아키텍처, 의사결정 구조를 유지하며 점진적인 발전을 추구하는 반면, 중국의 신생 전기차 기업은 빠른 판단과 실행을 통해 시장에서 혁신을 일으키고 있다.

이미 많은 전문기관에서 중국산 전기차에 탑재되는 인포테인먼트 시스템과 자율주행 소프트웨어가 우수하다는 평가를 받고 있다. 그리고 앞으로 전기차 시장의 확대와 함께 이런 기술들은 더 큰 시너지 효과를 낼 것이다. 미국과 유럽 등 다른 국가들의 견제 속에서도 중국 전기차 산업이 계속해서 성장할 수 있을지, 그리고 다른 국가의 자동차 기업들이 중국 신생 전기차 기업의 발전 속도를 따라잡을 수 있는 시간과 능력을 어떻게 갖출지가 흥미로운 관전 포인트다.

유럽

중국은 전 세계에서 가장 빠르게 발전하고 있는 전기차 시장으로서, 그 크기와 속도 면에서 주목할 만한 위치에 있다. 반면 유럽은 시민들의 높은 환경 인식과 각국 정부의 적극적인 친환경 정책 덕분에 전기차 시장이 성장하기 시작한 지역이다.

유럽은 오랜 기간 동안 내연기관 차량 제조에 있어 세계적인 명성을 쌓아 왔으며, 이 지역의 자동차 브랜드는 국가적 자부심의 상징으로 여겨져 왔다. 그러나 최근 전기차로의 패러다임 전환은 유럽 내에서도 큰 변화를 가져오고 있다. 특히 폭스바겐, BMW, 메르세데스벤츠 같은 역사적인 자동차 기업들이 시장점유율을 잃어가는 반면, 테슬라와 중국산 전기자동차 브랜드들이 주목받으면서 전기차 시장 경쟁 구도에 큰 영향을 미치고 있다.

전 세계적으로 전기차 시장이 확대되는 추세 속에서 테슬라, BYD, 폭스바겐 등 주요 자동차 제조업체들이 2024년 초부터 유럽 지역에서 전기차 모델의 가격을 대폭 낮추며 치열한 가격 경쟁에 돌입했다. 폭스바겐은 2024년 1월 프랑스 시장에 저렴한 버전의 ID.3와 ID.4를 출시했다. 폭스바겐의 ID.3는 최저 3만 9,990유로, ID.4는 기존보다 약 7,000유로가 저렴해진 4만 3,990유로에 판매되고 있다. BYD 역시 독일 시장에서 아토 3ATTO3 모델을 포함하여 실Seal과 돌핀Dolphin 모델의 가격을 각각 15% 그리고 5~8%씩 인하했다. 또한 테슬라는 모델 Y의 가격을 10% 낮추며 가격 전쟁을 이어가고 있다.

2023년에 미국과 중국을 시작으로 발발한 전기차 가격 경쟁은 이렇게 2024년 유럽까지 확대되고 있다. 특히 독일에서는 2023년 말부터 전기차 구매 보조금 제도가 종료되었다. 이러한 상황 속에서 가격 면에서 우위를 점하고 있는 중국의 자동차 제조사들이 유럽 시장에 본격적으로 진출함으로써 전기차 시장의 긴장감이 강화되고 있다. 특히 BYD는 2023년 11월 헝가리에 새로운 공장 설립 계획을 발표했다. 그리고 2024년 들어서는 수천 대의 차량을 싣고 유럽으로 향할 선박을 출항시켰으며, 앞으로 그 규모를 확대해 나갈 것임을 밝혀 유럽 수출을 확대하기 위한 물류 구축을 강화하는 모습을 보이고 있다.

유럽에서는 경기 침체, 전기차 구매 보조금 축소, 금리 상승 등 여러 요인으로 소비자들의 전기차 구매력이 약해지고 있다. 이로 인해 전기차 수요가 둔화될 것을 우려하는 분위기가 형성되고 있다. 2022년 초에는 0%였던 유럽 기준금리가 2024년 초 4.5%까지 상승하면서 과거처럼 리스나 할부를 통한 부담 없는 전기차 구입이 어려워진 상황이다. 이에 따라 가격 경쟁력 확보가 중요한 과제로 대두되고 있다.

게다가 유럽은 러시아의 우크라이나 침공 전쟁 발발 후 전기료 상승을 겪으면서 내연기관 차량에 비해 전기차 연료비가 오히려 더 비싸진 시기를 경험했다. 비록 2024년 들어 전기료가 다소 안정세를 찾아가고 있지만, 소비자들은 이미 전기료 상승 시점에 전기차의 경제적 매력이 크게 위협받을 수 있다는 사실을 경험했다. 그 결과 고비용의 급속 충전보다는 완속 충전과 홈 충전 인프라의 적극적인 보급이 전기차 시장 확대에 필수적임을 깨닫게 된다. 만약 홈 충전이나 공용 완속 충전 인프라 확대가 제대로 이루어지지 않는다면, 유럽 내에서 전기차 수요가 감소할 가능성도 있다.

이처럼 경제 상황, 정부의 재정 지원, 차량 가격 및 충전 인프라와 관련된 비용은 전기차 수요에 있어 결정적인 역할을 한다. 하지만 유럽은 친환경 법규로 인해 전기차 시장이 여전한 성장세를 보이고 있다. 이러한 규제는 유럽을 글로벌 전기차 시장에서 중국 다음으로 큰 시장으로 자리매김하게 했다. 전기차 제조사들 사이의 가격 경쟁도 심화되었으며, 구매 보조금 감소에도 불구하고 저렴하면서 경쟁력 있는 모델들이 소비자들에게 지속적으로 공급됨으로써 판매량은 줄지 않고 있다.

특히 유럽 소비자들은 유럽 브랜드 여부와 관계없이 가격 경쟁력 있는 전기차를 선택하는 경향이 있다. 2023년 중국 자동차 브랜드 MG가 유럽 전기차 시장에서 주목받았다. MG는 폭스바겐 ID.3와 비슷한 기능을 갖춘 MG4 모델을 약 7,000유로 저렴한 가격에 출시함으로써 '유럽 내 전기차 빅 5' 중 하나로 등극했다. 이외에도 폭

표 1 | 브랜드별 저가모델 공급계획

회사	브랜드	가격 및 출시일
시트로엥	E-C3	2.3만 유로 (24년 출시)
BYD	시걸SEAGULL	0.9만 유로 (24년 출시 예정
르노	R5	2.5만 유로 (25년 출시 예정)
테슬라	모델 2	2.5만 유로 (25년 출시 예정)
폭스바겐	ID.2	2.5만 유로 (25년 출시 예정)
폭스바겐	ID.1	1.7만 유로 (26년 출시 예정)

스바겐, 르노, 시트로엥, 테슬라 같은 대형 제조사들이 2024년부터 2025년 사이 2만 유로 대의 저가 모델을 출시할 예정임을 발표하여 전기차의 가격 경쟁이 심화될 전망이다. 이는 결과적으로 유럽에서 전체적인 전기차 수요를 높이는 데 기여할 것이다.

2023년 중국에서 출시되어 큰 주목을 받은 BYD의 새로운 전기차 모델 시걸Seagull이 유럽 시장에서도 판매 열풍을 일으킬 것으로 보인다. 유럽 내 전기차 시장은 크게 두 부문으로 나뉘는 추세가 강해지고 있다. 첫 번째 부문은 D/E 세그먼트로, 고품질 및 고급 브랜드에 대한 수요가 지속되어 온 시장 영역이다. 특히 독일 제조사들이 주도하는 고급 내연기관 자동차 시장이 점점 고급 전기차 시장으로 전환하고 있다.

두 번째 부문은 저렴한 가격대의 전기차 시장으로, 중국산 저가형 모델들의 등장으로 본격화되고 있다. 경제적인 중저가 선택지들이 유럽 소비자에게 제공되면서 해당 세그먼트가 확대되고 있으며, 여기서 여러 제조사 간에 치열한 경쟁이 벌어지고 있다. 이 현상은 앞으로 유럽 전기차 시장 발전에 있어 중요한 흐름이 될 전망이다.

유럽에서 경제적인 중저가 전기차 모델들이 성공적으로 자리 잡을 경우, 유럽 지역의 전기차 시장은 빠른 성장세를 보일 것으로 예상된다. 이는 고급 모델뿐만 아니라 다양한 소비자 층에게 맞춘 저렴한 차량까지 포함하는 광범위한 시장 확대를 의미한다. 저가형 및 다양한 모델의 전기차가 유럽 시장에 출시되면서, 전기차의 대중화와 함께 친환경적인 교통 수단으로의 시대 전환에 중요한 역할을 하게 될 것이다.

미국

미국 전기차 시장은 일론 머스크가 이끄는 테슬라와 함께 미국 정부의 인플레이션 감축법(IRA)에 의한 경제 부양 조치로 인해 큰 활력을 얻고 있다. 초기 단계에서는 중국이나 유럽 시장과 비교할 때, 전기차에 대한 수요나 친환경 의식보다는 테슬라의 혁신적인 기술과 접근 방식을 선호하는 얼리어답터들이 주된 구매 계층으로 자리잡았다. 그러나 미국 연방정부 및 주정부들이 자동차 기업에 대한 엄격한 규제를 실시하고 전기차에 대한 소비자 보조금을 제공함으로써, 미국의 전기차 시장은 매년 큰 성장세를 보이고 있다.

그러나 미국 역시 유럽처럼 경제적 상황이 어려운 가운데 금리 상승을 겪으면서 소비자들의 구매 능력이 약화되었다. 이 같은 현상은 전기차 시장에도 부정 영향을 미치고 있다.

또한 미국에서는 2024년 11월 대통령 선거 결과에 따라 전기차 산업에 대한 기대감이 크게 달라질 수 있는 상황이다. 현 바이든 행정부의 친환경차 정책에 반대하는 트럼프 전 대통령은 "백악관을 탈환하면 취임 첫 날 IRA를 폐지하겠다."고 공언했다. 다음 대통령이 누가 되느냐에 따라서 미국 전기차 시장은 일대 분기점을 맞이할 전망이다.

2023년 미국 내에서 순수전기차의 판매량은 116만 대에 달했다. 2021년 대비 54.5% 성장한 미국 전기차의 2022년 판매량은 약 80만 대 수준이었다.[9] 2023년 미국 전기차 시장은 2022년 대비 47% 증가하며 계속해서 성장하고 있음을 보여주었다. 비록 미국의 전기차 판매량이 유럽이나 중국에 비해 상대적으로 낮을지라도, 이것이 전기차 산업의 정체를 의미하는 것은 아니다. 순수전기차의 시장점유율이 중국에서는 20%를 넘어서고 있는 반면 미국은 약 8% 수준이다. 그럼에도 불구하고 미국 전기차 시장 또한 매년 성장을 멈추지 않고 있다.

물론 미국도 유럽에서처럼 경기 침체와 금리 인상이 소비자들의 구매력을 약화시키고 있다. 전기차에 대한 가격 접근성 문제와 충전 인프라, 비용 등에 대한 우려가 커지고 있는 것이다. 특히 미국 시장은 유럽보다 가격 경쟁력 있는 전기차 모델의 공급이 제한될 것으로 예상되며, 정부 정책의 변동 가능성도 크다.

앞서 대선 결과에 따라 시장 상황이 바뀔 수 있다고 했지만, 바이든과 트럼프 양쪽 모두 중국 견제에 있어 같은 목소리를 내고 있음에 주목할 필요가 있다. 인플레이션 감축법(IRA)은 북미 지역에서 생산된 배터리와 전기차에만 보조금을 지원함으로써, 북미 지역의 상대적으로 높은 인건비와 재료비로 인해 전기차의 제조 원가는 올라갈 수밖에 없다. 따라서 자동차 제조사들은 손익분기점 악화를 감수하면서까지 가격을 낮추어야 하는 상황에 직면해 있다. 이미 여러 업체들이 테슬라의 가격 인하 조치에 맞서 미국 시장에서 판매 촉진을 위한 인센티브를 확대하고 있으나, 이러한 추세가 얼마나 지속될 수 있을지는 불확실하다.

또한 유럽과 달리 미국 소비자의 친환경 의식은 상대적으로 낮기 때문에, 경제적 메리트 없이는 얼리어답터 시장에서 넓은 소비자 범위로 넘어가는 데 오랜 시간이 걸릴 수 있다.

반면 테슬라는 앞서 2부에서 살펴본 바와 같이 자사 전기차 모델의 상품성 개선뿐만 아니라 제조 과정에서도 혁신을 달성하여 공급능력과 원가 경쟁력 모두를 강화하고 있다. 그런가 하면 테슬라가 모든 브랜드의 차량이 이용할 수 있도록 자사의 충전기인 슈퍼차저 개방을 결정함으로써, 전기차 충전 인프라에 대한 긍정적인 변화도 예상된다. 이는 다양한 제조업체의 전기차 사용자들에게 큰 혜택을 가져올 것이다.

그러나 미국에서는 완속 충전과 가정용 충전 시설의 추가 확충이 여전히 요구되고 있다. 정부로부터 일정 부분 지원을 받긴 하지만, 충전 시설은 전기차가 많이 판매된 미국 서부 지역에 집중되어 있다. 이러한 상황에서 현대 · 기아를 포함해 BMW, 메르세데스벤츠, GM, 스텔란티스, 혼다는 고객들이 어려움 없이 전기차를 충전할 수 있도록 돕는 목적으로 충전 네트워크 공유에 관한 협약을 체결하였다. 이 같은 합작은 앞으로 전기차 사용자들에게 보다 나은 서비스를 제공하기 위한 산업 내 협력의 중요 사례로 평가된다.

동남아시아

동남아시아의 자동차 시장은 전통적으로 일본 기업들이 주도해 왔다. 그런데 전기자동차 부문은 일본 제조업체들이 충분히 준비되어 있지 않았던 분야로, 이는 중국 기업에게 새로운 기회를 제공하고 있다. 가격 경쟁력이 특히 중요한 이 지역에서 저렴한 모델을 선보인 중국 브랜드가 전기차 시장을 리드하고 있다. 2024년부터 태국과 인도네시아를 핵심으로 한 현지 생산 계획을 밝힌 중국의 전기차 및 배터리 기업들은 동남아시아 지역 입지를 강화할 예정이다. 특히 BYD는 태국에서 전기차 생산과 함께 인도네시아에서 배터리 팩 공장 설립을 통해 현지 생산 체제를 구축한다고 발표하였다. 유럽 시장에 이어 동남아시아 시장 공략을 본격화하고 있는 것이다.

BYD를 포함한 중국의 전기차 기업들에게 동남아시아는 향후 큰 발전 가능성을 가진 주요 무대로 자리매김하고 있다. 이 지역에서 일본 도요타는 하이브리드(HEV) 판매에 주력하는 방침을 유지할 것으로 예상된다. 앞서 말했듯, 동남아시아는 일본 자동차 기업이 우세한 시장이며 도요타의 하이브리드는 이 지역에서 원가 경쟁력을 가지고 있음에도 불구하고, 인도네시아를 비롯한 몇몇 국가에서 정부가 하이브리드뿐만 아니라 순수전기차(BEV)에 대해서도 보조금과 같은 지원을 확대하면서 도요타는 시장점유율 손실의 위험에 직면해 있다. 특히 전기차 구입을 적극적으로 장려하는 정책이 시행되는 지역에서 도요타는 그 변화를 따라잡지 못하고 있다.

베트남에서 주목받는 자동차 제조사인 빈패스트Vinfast는 특별한 존재감을 가지고 있다. 빈패스트는 베트남에서 유일한 자국 브랜드로서 소비자들 사이에서 강력한 충성도를 확보하며 인기를 얻고 있다. 빈패스트는 베트남 전국적으로 자체 충전소 네트워크를 구축하여 전기차 사용자들의 충전 불편함을 해소하는 한편, 충전과 결제가 한꺼번에 이뤄지는 플러그앤차지Plug & Charge 같은 진보된 기능을 도입해 고객 만족도를 높이고 있다. 이러한 접근 방식은 사용자들에게 보다 편리하고 안정적인 충전 경험을 제공한다. 초기 몇몇 품질 관련 문제가 발생하기도 했으나, 빈패스트는 소프트웨어 업데이트를 통해 이러한 문제들을 성공적으로 해결하였다.

동남아시아 지역이 전기차 산업에서 빠른 성장을 이룩할 것으로 예상되는 이유에는 여러 가지가 있다. 정부 차원에서 추진하는 전기차 보급 촉진 정책, 중국 전기차 기업의 경제적인 모델 공급 증가, 도심 지역에 설치된 편리한 충전소 인프라, 그리고 현지 전기차 기업에 대한 강력한 정부 및 소비자 지지 등이 그 이유에 속한다.

특히 베트남의 빈패스트와 같은 로컬 브랜드의 활약은 베트남뿐만 아니라 동남아시아 전체의 전기차 시장 발전에 긍정적인 영향을 주고 있다. 이러한 현지 기업의 성공 사례는 동남아시아 다른 국가들에게도 본보기가 되어 해당 지역 내에서 전기차 산업 생태계 구축 및 발전 가능성을 한층 높여준다. 결국 이러한 다양한 요소들이 어우러져 동남아시아는 글로벌 전기차 시장에서 중요한 성장 지역으로 자리매김하고 있다.

일본: 도요타의 선택

2023년 10월 일본 모터쇼에서 도요타는 전기차 중심으로 나아가지 않은 자사의 전략이 올바른 결정이었다고 확신을 표했다. 이러한 발언은 최근 몇 년간 지속된 전기차 시장의 불확실성 속에서 나온 것이다. 도요타는 2022년, 2023년 연속적으로 글로벌 자동차 판매량 1위를 유지하며 그들의 전략이 성공적이었음을 입증한 듯보였다. 그러나 순수전기차 부문은 매우 저조한 성적을 보이면서 후발 주자에 속해 있다.

도요타는 하이브리드 차량 분야에서 오랫동안 축적한 기술력과 안정적인 공급망 구축을 바탕으로 수소전지 자동차에 대한 투자를 강화해 왔다. 반면 순수전기차 생산 준비와 관련해서는 다른 주요 자동차 기업 대비 크게 뒤쳐져 있다. 실제로 도요타는 순수전기차 시대로의 변환 과정에서 필수 요소인 공급망 구축에 가장 큰 어려움을 겪고 있고, 전기차 전환 추세를 막으려는 로비 활동도 다각적으로 지속해 왔던 것으로 알려져 있다.

도요타는 탄소중립 달성 경로가 반드시 순수전기차만을 의미하지 않는다고 주장한다. 하이브리드차와 수소전기차 같은 다른 친환경 차량 기술들 역시 지속 가능한 미래를 위한 해결책일 수 있다고 강조한다. 이를 도요타는 '다중 경로 접근법multi-pathway approach'이라 부른다.[10] 하지만 앞서 살펴보았듯이 이미 전기차 시대는 시작되었고, 그 성장세도 계속되고 있다. 기존 내연기관 자동차 기업들조차도 각국 정부 정책에 발맞추어 전기차 시대를 위한 준비를 계속하고 있다.

글로벌 자동차 산업에서 테슬라와 BYD를 제외한 주요 브랜드들이 현재 판매 실적과 수익 면에서 테슬라와 BYD를 따라잡지 못하고 있음에도 불구하고, BMW, 메르세데스벤츠, 폭스바겐, 볼보, 현대·기아차 등은 전기차 생산 설비 확충 및 전기차 차종 다양화에 지속적으로 투자하며 경쟁력 강화에 나서고 있다. 이러한 움직임은 2024년과 2025년부터 성과를 보일 것으로 예상된다.

물론 전기차 시장으로의 전환이 가속화되는 가운데 하이브리드와 플러그인 하이브리드는 내연기관 차량에서 순수전기차로 넘어가는 과정에서 중간 단계 역할을 하고 있다. 아다시피 일시적으로 수요도 증가하고 있다. 그러나 도요타가 바라던 전체 차량 판매 중 순수전기차 비율이 30%에 그치고 나머지 70%를 하이브리드와 수소전기차가 차지하는 상황은 아니다. 미국 내 규제 강화가 본격화되는 2027년까지 하이브리드는 여전히 인기를 유지할 것으로 보이고, 유럽 일부 지역에서도 충전 인프라 부족 문제로 플러그인 하이브리드 모델의 수요가 당분간 지속될 것으로 예상되지만, 문제는 그 이후다.

도요타가 강점을 가진 하이브리드 분야는 미국 캘리포니아주에서 2030년부터 판매 금지 조치가 결정되면서 타격을 입게 되었다. 특히 최근 들어 전기차 가격 인하 경쟁이 치열해지면서 소비자 부담이 줄어들고 있으며, 각국 정부의 배터리 기술 개발 지원 및 충전 인프라 구축 지원, 테슬라의 충전소 개방 정책 및 완성차 업체들 사이의 충전 네트워크 공유 합의 등으로 충전 관련 우려도 점차 해소되고 있다.

이러한 환경 변화 속에서 도요타는 하이브리드를 앞세운 현재 방식으로 얼마나 오랫동안 경쟁력을 유지할 수 있을까? 이미 자동차 시장 변화에 크게 뒤처진 도요타는 생존하기 위해서라도 서둘러 전기차 부품 공급망 및 생산 프로세스에 대한 대대적인 투자를 진행해야 할 필요가 있다. 현재 상태로는 마치 전기차 시대의 도래를 막으려 하듯 기도하는 모습만 보여 안타깝다. 다소 극단적으로 표현하자면 도요타의 '다중 경로 접근법'은 세계 1위 자동차 기업 도요타가 자멸하는 길인지 모른다.

자동차가 소프트웨어로 정의되는 SDV 시대 개막

스마트폰이 단지 통신 도구를 넘어 우리 생활에서 중요한 역할을 하듯, 자동차도 이제는 오직 이동만을 위한 기기가 아니다. 스마트폰이 손안의 컴퓨터로서 다양한 기능을 제공하는 것처럼, 자동차는 고성능 컴퓨터를 탑재한 개인의 생활 공간으로 변모하고 있다. 운전 중에는 물론, 정차해 있거나 심지어 차와 멀리 떨어져 있을 때조차도 자동차는 사용자와 연결되며 다양한 경험과 서비스를 제공한다. 자동차는 사용자의 스마트폰은 물론 가정과도 연계될 전망이다.

그럼에도 아직까지 자동차, 주거 환경, 도시 구조 등에서 스마트 기술이 완전히 통합된 일상생활은 여전히 멀게 느껴지는 것도 사실이다. 보다 스마트화된 세상으로 나아가기 위해서는 강력한 하드웨어와 소프트웨어 그리고 안정적인 통신 인프라가 필수적이다. 예를 들어 현재 우리가 사용하는 아이폰은 하드웨어 위에 iOS라는 운영체제와 다양한 애플리케이션 서비스를 제공한다. 이처럼 데이터 교환과 메시지 전송, 앱 다운로드 및 소프트웨어 업데이트 등은 이를 가능하게 하는 원활한 통신 연결 없이는 생각할 수 없다. 따라서 스마트카부터 시작해 개인의 생활 공간과 전체 도시 구조까지 변모시키려면 해당 분야의 발전을 지원할 수 있는 충분한 기초 인프라 구축이 선행되어야 한다.

피처폰이 스마트폰으로 진화한 것처럼 자동차는 이른바 스마트카 또는 SDVSoftware-Defined Vehicle라는 새로운 패러다임으로 발전하고 있다. 이는 차량이 단순한 이동 수단을 넘어, 지속적인 소프트웨어 업데이트를 통해 성능과 서비스를 강화할 수 있는 플랫폼으로 변모하고 있음을 의미한다.

스마트폰에 이미 일상화된 무선 소프트웨어 업데이트 기능은 이제 차량에도 적용된다. 이러한 업데이트는 차량 사용자에게 신규 서비스 제공 및 차량 성능 개선을 가능하게 한다. 이를 통해 자동차의 주행 성능, 안전 사양, 편의 기능 그리고 엔터테인먼트와 같은 다양한 영역에서 차량의 기능이 실시간으로 강화된다. 대표적으로 테슬라는 연간 수십 번에 걸쳐 소프트웨어 업데이트를 통해 크고 작은 성능 개선을 실현하고 있다. 비록 자동차는 스마트폰보다 고가이며 안전 검증 필요성이 높지만, 테슬라는 소프트웨어 업데이트를 통해 사용자 경험을 꾸준히 발전시키고 있다. 2023년 하반기에는 소프트웨어 업데이트를 통해 차량 카메라의 화질을 높이며 소비자를 놀라게 했다.

이러한 업그레이드는 큰 변화에 국한되지 않고, 디스플레이 상의 아이콘 디자인 변경과 자율주행 모드 활성화 방식의 간소화처럼 작은 부분에서도 사용자 편의를 높이기 위해 다양하게 시도된다. 특히 크리스마스 시즌에 테슬라는 특별한 소프트웨어 업데이트를 '선물'로 제공함으로써 테슬라 사용자에게 즐거움을 안겨준다. 크리스마스 서비스 개선은 테슬라 차량 운전자뿐만 아니라 비사용자 사이에서도 큰 기대감을 유발하며, 어느덧 해당 업데이트가 공개될 때마다 많은 사람들의 관심과 호기심을 모으는 이벤트가 되었다. 이렇게 테슬라는 지속적인 소프트웨어 업데이트를 통해 차량 구입 이후에도 차량 성능과 서비스가 계속해서 최신 상태로 유지될 수 있음을 보여주고 있다.

자동차 제조사는 이제 단순히 전기차를 만들고 공급하는 것을 넘어서, 차내에 탑재될 소프트웨어의 개발 능력도 갖추어야 한다. 테슬라는 이 분야에서 압도적인 성과를 보이며 선두 주자로 자리매김하고 있다. 많은 자동차 기업 및 테크 기업들이 차량용 소프트웨어 개발에 투자를 하고 있지만, 테슬라와의 기술 격차를 좁혀나가기는 어려운 상황이다.

폭스바겐 그룹의 경우, 차량용 소프트웨어 개발을 목적으로 한 자회사 카리아드CARIAD를 설립하고 독자적인 소프트웨어 출시 계획을 발표했다. 그러나 예정된 자율주행 기능 및 다른 소프트웨어의 개발 진척도가 기대에 미치지 못했다. 2022년 완성될 예정이었던 카리아드 소프트웨어 1.2 플랫폼은 2025년 이후로 출시가 연기된 상태다.[11] 결국 해당 기술을 적용할 예정이던 신모델 차량의 출시 일정을 연기할 수밖에 없었다.

테슬라의 독보적인 소프트웨어 역량

자동차 산업에서 차량의 성능 및 기능 개선을 위해 소프트웨어 업데이트가 점점 더 중요해지고 있다. 이를 실현하기 위해서는 하드웨어 제어가 가능하도록 설계된 유연한 소프트웨어 구조가 필수적이다. 또한 이를 위해 하드웨어와 소프트웨어 간의 분리, 중앙 집중형 전기전자 아키텍처 그리고 대규모 데이터를 신속하게 처리할 수 있는 고속 통신 시스템의 구축이 필요하다. 나아가 변경된 소프트웨어는 신속한 테스트 후 바로 배포될 수 있어야 한다. 테슬라는 이와 관련된 기술을 모두 갖추고 있으며, 이를 통해 시장에서 돋보일 수 있는 위치를 확립하였다. 반면 다른 전통 자동차 제조사들은 이러한 변화에 발맞추기 위해 애쓰고 있음에도 불구하고 여러 어려움에 부딪치고 있다. 앞서 언급한 폭스바겐의 사례가 대표적이다.

폭스바겐을 비롯한 전통 자동차 제조사들이 현재 겪고 있는 어려움은 단지 한 기업에만 국한되지 않는다. 모두들 지금껏 전기차 개발과 생산 기술을 열심히 발전시켜 왔고, 테슬라와의 기술 격차를 줄여나가는 데 주력해 왔다. 그러나 이제 전통 자동차 제사조사들 앞에는 소프트웨어 기술 분야에서의 발전이라는 더 큰 도전과제가 떨어졌다.

처음부터 전기차 제작에 초점을 맞춘 테슬라는 내연기관 차량 관리에 필요한 복잡한 시스템을 구축할 필요가 없었다. 테슬라는 초기 모델 설계 당시부터 차내 소프트웨어 서비스 확장 가능성을 고려하여 필수적인 기초 기술들을 사전에 탑재함으로써, 소프트웨어 개발 면에서 유리한 위치를 점하고 있다. 반면 오랫동안 내연기관, 하이브리드, 플러그인 하이브리드, 순수전기차 등 다양한 모델을 출시하고 있는 전통 자동차 제조사들은 이미 출시된 차량들과 신규 전기차 및 소프트웨어 개발에 필요한 인력과 조직 체계를 동시에 관리해야 하는 이중 부담을 가지고 있다. 테슬라가 오직 전기차와 소프트웨어 개발에만 집중하고 있는 동안 말이다.

소비자들은 기존 자동차 제조사가 겪는 이러한 어려움에 대해 인내심을 보이지 않는다. 애플 아이폰은 초기에 다른 스마트폰과 뚜렷하게 차별화되었고, 이로 인해 소비자들은 스마트폰으로 할 수 있는 일에 대한 기대감을 크게 높였다. 반면 노키아는 구식 하드웨어와 최적화되지 않은 소프트웨어 OS를 탑재한 스마트폰으로 애플 아이폰에 대응했으나 이는 소비자들로부터 외면받았다.

현재 테슬라의 SDV는 애플 아이폰과 같다. 테슬라가 제공하는 다양한 소프트웨어 서비스를 경험한 이후 소비자들은 단순한 이동 수단을 넘어서는 가치를 자동차에서 찾기 시작했다. 테슬라는 이러한 요구를 충족시켜줄 뿐 아니라 그 기대 수준을 계속해서 높이고 있다. 만약 다른 자동차 제조사들이 이러한 시장 변화에 적절하게 대응하지 못한다면 노키아와 같은 운명을 맞이할 수 있다.

테슬라는 소프트웨어 기반 서비스를 구현하기 위한 기반 기술들을 차량에 미리 갖추고 있다. 그뿐만 아니라 차량 내외에서 수집되는 다양한 데이터의 양과 질에서도 경쟁 자동차 기업을 크게 앞서고 있다. 특히 테슬라는 차량의 주행 관련 정보, 사용자들의 소프트웨어 사용 패턴, 전기 충전에 대한 상세 데이터 등을 포괄적으로 분석하여 고객에게 최적화된 서비스를 선사하는 데 큰 장점을 가지고 있다.

테슬라는 소프트웨어, 인공지능 그리고 데이터를 활용하여 테슬라 운전자들의 충전 경험을 개선해 왔다. 배터리 잔량이 부족한 사용자들이 가까운 슈퍼차저를 찾아갈 때, 그곳에서 얼마나 많은 충전기가 사용 가능할지와 예상 대기 시간 등을 미리 알려준다. 이 서비스는 현재 슈퍼차저 지역으로 이동 중인 테슬라 차량들의 실시간 위치 정보 및 충전 패턴 데이터를 종합 분석하여 제공한다. 그뿐만 아니라 이미 슈퍼차저에 도달해 충전 중인 차량들의 예상 출발 시간도 계산에 포함되어, 운전자가 목적지에 도착했을 때 실제로 접근 가능한 충전기 숫자와 대기 필요 여부를 정확하게 예측할 수 있도록 한다.

테슬라는 막대한 규모의 주행 데이터 분석을 통해 자율주행 능력을 고도화하고 있다. 테슬라는 차량 내부에서 사용자가 마치 사람과 대화하는 것처럼 자연스러운 인터랙션을 제공하는 인공지능 서비스를 개발 중에 있으며, 차내에서 여가 시간을 보낼 수 있는 다양한 엔터테인먼트 옵션과 로보택시 같은 신규 비즈니스 모델을 통해 추가적인 수익 창출 방안을 모색하고 있다. 이외에도 테슬라는 애플이 성공적으로 구현한 바 있는 앱마켓 전략을 도입하여 서드파티들이 테슬라만의 앱 스토어에 참여하게 함으로써 차량용 애플리케이션 생태계를 선도하기 위한 움직임도 보이고 있다. 이를 통해 테슬라는 사용자 경험을 한 단계 끌어올리고, 시장 내 경쟁력을 더욱 강화할 계획이다.

테슬라 모델 Y는 2023년 글로벌 시장에서 가장 많은 판매량을 기록했다. 이는 테슬라가 제공하는 소프트웨어 서비스와 전기차 플랫폼이 세계 곳곳으로 확대되고 있음을 나타내는 중요한 지표다. 또한 테슬라는 다른 자동차 제조사들에게도 자율주행 기술 라이선스를 제공할 방침임을 밝혔다. 이러한 움직임은 테슬라에게 또 다른 수입원을 의미함과 동시에 테슬라가 차세대 모빌리티 분야에서의 리더십을 강화하려는 의지의 일환으로 해석된다.

3

테슬라의 유일한 경쟁자, 중국 BYD

BYD는 중국의 대표 전기자동차 기업이다. BYD의 성장세는 놀라운 수준이다. 중국 전국공상연합회가 발표[12]한 '2023년 500대 중국 민영기업 순위'를 보면, BYD는 2022년 4,240억 위안(77조 원) 매출을 올려 2021년(2,161억 위안, 39조 원) 대비 매출액이 두 배 가까이 상승했다. 매출 기준 기업 순위로 보면, 2021년 26위에서 2022년 10위로 상승해 매출 10위권 중국 기업이 되었다. 글로벌 전기차 시장에서 BYD의 성장세도 가파르다. 세계 전기차 점유율(플러그인 하이브리드 포함)로 볼 때 BYD의 점유율은 2019년 9.1%에서 2023년 상반기 20.9%로 두 배 가까이 뛰었다.

이것이 얼마나 놀라운 수치인지 테슬라 점유율과 비교해 보자면, 테슬라는 동일 기간 14%에서 14.4%로 현상 유지 수준에 그치고 있다. 또한 2021년의 BYD 매출은 테슬라의 55% 수준이었지만, 2023년 상반기에는 74% 수준에 이르고 있다.

전기차 판매량을 살펴보자. 2020년 41만 대를 판매한 BYD는 2021년 73만 대에서 2022년 186만 대를 팔았다. 그리고 2023년 총

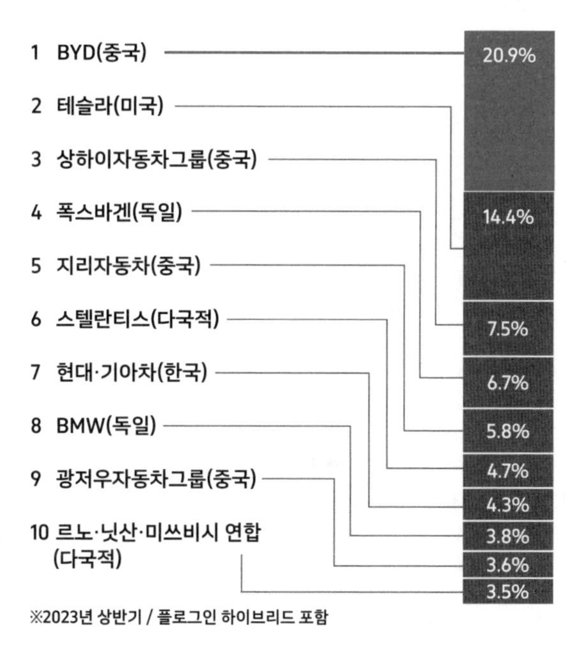

그림 1 | 전기차 업계 글로벌 판매 점유율 (출처: SNE 리서치)

판매량은 302만 대에 이르고 있다. 물론 BYD의 2023년 판매량에는 배터리 전용차 160만 대, 하이브리드차 140만 대가 포함돼 있어 여전히 전기차 배터리 전용차 생산에서는 테슬라가 선두 자리를 차지하고 있다. 그러나 '그림 2'에서 확인할 수 있는 것처럼 2023년 4분기에 BYD는 배터리 전용 자동차 자체로만 53만 대를 판매하여 테슬라 판매량 48만 5,000대를 제치고 세계 최대 EV 판매자라는 타이틀을 차지했다.

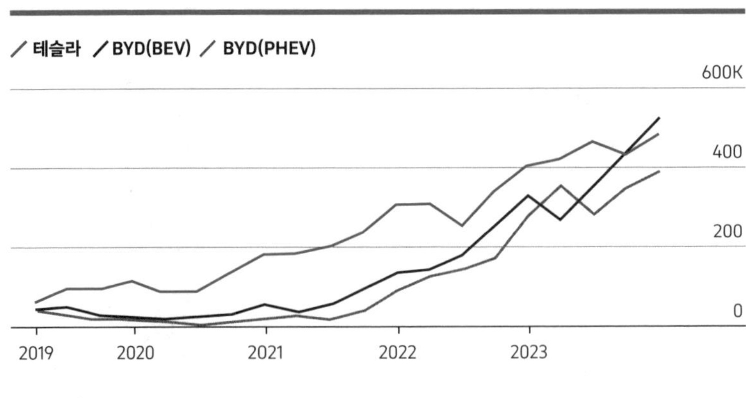

그림 2 | 테슬라와 BYD 전기차 판매량 비교 (출처: 블룸버그)

BYD의 전기차(BEV) 판매량 자체가 기하급수적으로 높아졌다는 데에만 의의가 있는 것이 아니다. 전기차는 수요가 증가함에 따라 그에 맞는 생산 속도를 맞추는 것이 중요하다. BYD는 2023년 전기차 생산 속도를 급격하게 끌어올리는 데 성공하였다. '그림 2'에서 볼 수 있는 것처럼 2023년 BYD의 판매 증가 곡선의 기울기는 테슬라보다 가파르다.

BYD가 전기차로 사업을 확장하게 된 배경

이렇게 테슬라를 위협하는 수준으로 성장할 수 있었던 BYD의 성공 비결은 무엇일까? 이를 알아보기 위해 먼저 BYD 성장의 역사를 살펴보자.

BYD는 처음부터 전기자동차 기업은 아니었다. BYD는 왕촨푸王傳福 회장이 1995년에 설립한 배터리 회사로 시작한다. 1990년대 중반은 전 세계적으로 휴대폰 시장이 크게 성장하던 시기였고, 중국도 예외는 아니었다. 휴대폰이 중국인들 사이에서 빠르게 대중화되기 시작했고, 여기서 왕촨푸 회장은 휴대폰 배터리 시장의 기회를 포착한다. 그는 사촌 형으로부터 빌린 250만 위안(약 4억 6,000만 원)과 단 20여 명의 직원과 함께 2년 만에 자체 리튬 이온 배터리를 생산해냈다.

이어서 BYD는 일본 주요 기업에 배터리를 납품하며 배터리 제조 기술을 축적해 나간다. 휴대폰 시장은 1990년대를 거치면서 고공 성장하고 있었기에 BYD의 고객사 역시 크게 확장될 수 있었다. BYD는 2000년과 2002년에 각각 모토로라와 노키아의 배터리 공급사로 선정되면서 안정적인 성장의 발판을 마련했다. 그 성과에 기반하여 2002년 7월 홍콩 증시 상장IPO에 성공한다. 나아가 2003년에는 세계 2위의 휴대폰 배터리 공급사로 입지를 다졌고, 이후 중국인들은 자연스럽게 왕촨푸 회장을 '배터리 왕Battery King'으로 부르기 시작했다.

배터리 왕이 된 왕촨푸 회장이 미래 투자처를 고민하다 선택한 것이 바로 자동차다. 휴대폰 배터리 사업에서 자신감을 얻은 왕 회장에게는 배터리로 굴러가는 전기차 사업도 성공시킬 수 있다는 자신감이 생겼던 것이다. 그리고 BYD는 2003년 1월 국영기업이던 시안 친촨 자동차 유한회사Xi'an Qinchuan Automobile의 지분 77%를 2억 7,000만 위안(약 501억 원)에 인수한다. 당시 친촨은 명색이 국영기업이었지만 파산 직전 상태였다. BYD 투자자들이 이 인수 소식에 비판적인 태도를 보일 수밖에 없었다. 이들 중 대다수가 왕 회장을 미쳤다고 생각했고, 인수 발표 당일 BYD 주가는 21% 폭락할 정도로 시장의 반응은 좋지 않았다.

BYD 투자자를 비롯하여 주변의 많은 우려대로 BYD의 초기 자동차 사업은 적자를 면치 못했다. 휴대폰 배터리를 팔며 열심히 번 돈을 모두 자동차 사업에 쏟아붓는 형국이었다. 그 결과로 2003년부터 2008년까지 BYD의 매출액 대비 이익률은 21.7%에서 6.1%까지 급락한다.

하지만 왕 회장은 자동차, 특히 전기자동차 사업에 대한 의지를 꺾지 않았다. 그리고 2003년부터 500명의 인력을 투입해 신에너지 자동차New Energy Vehicle, NEV 13를 위한 배터리 연구 개발에 착수했다. BYD는 2005년 내연기관 모델의 첫 번째 자동차 중형 세단 F3를 출시한 이후, 2008년에는 최초로 플러그인 하이브리드 모델인 F3 DM을 출시했다. 같은 해 이른바 '오마하의 현자'라고 불리는 워런 버핏 버크셔 해서웨이 회장이 BYD에 2억 3천만 달러를 투자하여 BYD의 지분 9.9%를 확보한다. 이 투자는 BYD에 대한 세계적 관심을 증폭시켰고, 들끓고 있던 BYD의 전기차 야망에 강력한 힘을 실어주었다.

2008년 12월에 출시된 F3 DM은 BYD가 글로벌 시장에서 최초로 만든 양산형 플러그인 하이브리드 차량이었다. DM은 듀얼모드Dual Mode의 머릿글자로 주행 중 휘발유에서 전기로 동력원을 바꿀 수 있는 차를 말한다. 이 차량은 하이브리드와 순수전기차의 중간 단계에 해당하는데, 가솔린 엔진과 전기 모터를 기반으로 하면서도 충전 기능이 추가된 혁신적인 모델이었다. 이후 F3 시리즈의 판매 호조에 힘입어 BYD의 자동차 판매량은 2008년 18만 대에서 2010년에는 52만 대까지 급증하였다. 그리고 F3는 2009년부터 2010년 사이 중국에서 판매량 1위를 기록하였다.

2010년 5월에는 다임러와의 합작으로, 선전에 전기차 회사 덴자DENZA를 설립하였다. 이어 2011년 10월에는 순수전기차 SUV 모델인 E6를 출시하였고, 2013년부터는 왕조 시리즈(진, 당, 송) 전기차를 선보이기 시작하였다. 이러한 노력의 결과, 2015년 BYD는 중국 전기차 시장에서 17.5%의 시장점유율을 확보하였으며, 특히 플러그인 하이브리드 시장에서는 80%의 압도적인 시장점유율을 기록하였다.

BYD 전체 매출에서 배터리 등 IT 부품이 차지하는 비중은 2005년 90%에서 2009년 47%로 줄었다. 이 때를 기점으로 BYD는 배터리 기업에서 전기차 기업으로 성공적으로 변신했다고 평가할 수 있다. 참고로 2023년 기준, BYD의 전기차 매출 비중이 33.5%에 달한다. 이는 2013년 당시 3%에 불과했던 것에서 크게 증가한 수치로, 2016년에 이미 33.5%까지 상승하였다는 사실을 감안하면 BYD는 짧은 시간 내에 전기차 시장에서 자신의 입지를 공고히 하며 급격하고 안정적인 성장을 이룬 것이다.

BYD가 폭발적으로 성장할 수 있었던 주요 요인 중 하나는 물론 BYD 왕 회장이 휴대폰을 거쳐 전기차로 이어지는 배터리 사업의 호황 흐름을 잘 포착한 것에 있다. 그러나 이보다 더 중요한 성공 요인은 중국 정부의 전기차 산업에 대한 전폭적인 지원에서 찾을 수 있다.

중국 정부는 2012년 6월 '에너지 절감 및 신에너지차 산업발전계획(2012~2020)[14]을 통해 전기차 사업을 집중 육성하겠다고 발표했다. 이 정부 지원 정책의 가장 큰 수혜자가 바로 중국 전기차 선두 업체였던 BYD다. BYD는 중국 정부의 중점 지원 대상으로 선정돼 정부 구매, 금융 지원, 보조금 등 각종 혜택을 받아 왔다. 2012년 9월 BYD의 순수전기차 모델 E6는 '중국 정부 공무원 전기차 시범운영 모델'로 선정돼 전체 정부 구매량의 50%를 차지했다.[15]

요약하면 BYD는 어쩌면 우연하게 전 세계적으로 각광받을 에너지 사업인 배터리에 일찌감치 집중하였고, 그 이후 중국 정부가 전폭 지원하는 사업군인 전기차 산업을 대표적으로 리딩하면서, 준비된 자에게 기회가 온다는 타이밍 법칙에 성공한 기업이다.

BYD의 3가지 성공 비결

2023년 전반기 동안 BYD의 중국 내 판매량은 테슬라를 크게 앞질렀다. 이는 주로 두 가지 요인에 기인한다. 첫째, BYD의 중국 내 판매량이 테슬라를 상당한 차이로 앞서는 현상과 둘째, 2023년 7월부터 BYD의 수출량이 급증한 현상이다. 이러한 추세가 2024년에도 지속되고 심화된다면, BYD가 테슬라를 앞서는 경향은 더욱 명확해질 것으로 보인다. '그림 3'에서 보이듯, 2024년 1월 BYD와 테슬라

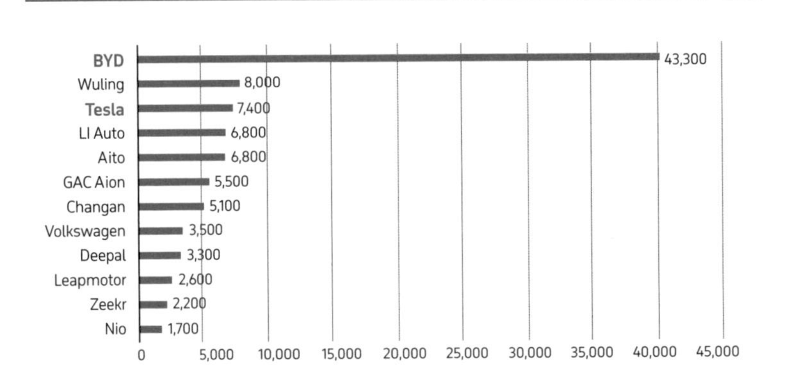

그림 3 | 2024년 1월 2주차 중국 순수전기차 판매 현황 (출처: CarNewsChina)

의 중국 내 판매량을 비교한 자료를 살펴보면, BYD의 판매량은 이미 테슬라의 5배를 넘어서고 있다.

2024년 1월 기준, BYD는 전년 동기 대비 47.6% 증가한 총 10만 5,304대의 전기차를 판매했다. 특히 주목할 만한 점은 수출 물량의 상승이다('그림 4' 참조). BYD는 1월 한 달 동안 중국 이외의 국가에 3만 6,174대의 전기차를 판매했으며, 이는 지난해 같은 기간에 비해 247.56%나 급증한 수치이다. 그러나 BYD는 순수전기차 매출 가운데 해외 수출 비율이 아직 10%에 그치는 사실상 내수 기업이다(2023년 9월 기준). BYD의 해외 수출은 2023년 7월부터 빠르게 증가하고 있으나 여전히 거대 시장인 미국에는 진출하지 못하고 있는 상황이다.

한편 브랜드 인지도나 기업가치 측면에서 볼 때, BYD는 테슬라에 비해 여전히 매우 낮은 수준이다. 지금 한국에서 30~40대 열 명

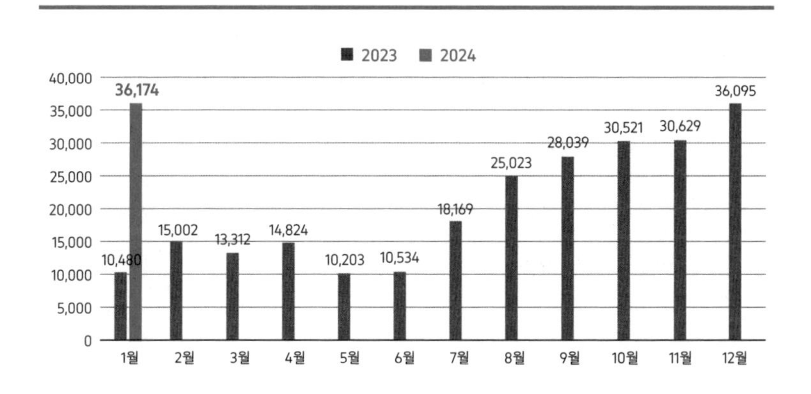

그림 4 | BYD 2024년 수출 현황 (출처: CarNewsChina)

에게 BYD에 대해 들어보았는지 물어보면 아마도 두세 명쯤 긍정 대답을 하지 않을까. 반면 테슬라에 대해 묻는다면 대다수가 안다고 답할 것이다. 또한 2024년 4월 26일 기준 시가총액으로 비교해 보아도, 테슬라는 약 5,600억 달러, BYD는 약 825억 달러로 6.7배가량 차이가 난다.

하지만 BYD의 전기차 판매량은 2023년 4분기 처음으로 테슬라를 꺾으면서 계속해서 성장세를 이어가고 있다. 전기차 전문매체 〈CNEV포스트〉에 따르면 BYD의 2023년 순이익은 2022년에 비해 86.49% 증가한 약 42억 5천 달러로 집계되었는데, 테슬라의 경우 2023년 순이익은 149억 9,700만 달러로 2022년보다 19.4% 증가한 수준에 그쳤다. 〈CNEV포스트〉는 "전기차 업계 경쟁이 더욱 치열해지는 가운데 BYD는 상당한 수익 개선을 실현했다."고 짚었다. 수익 개선을 이끈 요인으로는 수출 증가 및 규모의 경제 확대 등이 꼽혔다.

이 책은 테슬라의 가치와 그 긍정적 미래를 그리고 있지만, BYD를 비롯한 중국 전기자동차 기업은 분명 테슬라의 강력한 경쟁자가 됐을 뿐 아니라 전 세계 전기자동차 시장을 위협하고 있다.

그렇다면 BYD의 성공 비결은 구체적으로 무엇일까? BYD의 성공 가도는 앞으로도 이어질 수 있을까?

BYD의 성공 열쇠 1: 수직 통합

테슬라에 관심 있는 이 책의 독자들은 이미 '수직 통합'의 개념을 잘 알고 있을 것이다. 테슬라의 수직 통합 전략은 자동차 생산 과정의 여러 단계를 내부에서 통제 및 전담하는 것을 의미한다. 구체적으로 배터리 제조, 자동차 부품 생산 그리고 차량용 소프트웨어 개발을 포함한 전 과정을 수직 통합 관리한다. 이를 통해 테슬라는 외부 공급업체에 대한 의존도를 줄이고, 제조 과정에서 더 많은 통제권을 가지며, 기술 혁신을 매우 빠른 속도로 진행하고, 생산 비용도 절감하고 있다. 이러한 접근 방식은 기존 전통 자동차 산업에서 다양한 부품 수급을 외부 공급업체 네트워크에 크게 의존하는 일반적인 방식과는 상당히 다른 것이다. 이 점이 테슬라의 제품 개발과 생산의 혁신 포인트 중 하나다.

BYD 역시 수직 통합 전략을 추진하고 있으며, 이는 BYD 기업 역사와 밀접하게 연결되어 있다. 앞서 소개한 것처럼 BYD는 배터리 제조회사로 시작해서 BYD 전기차에 사용되는 배터리뿐 아니라 반도체, 전기모터, 에어컨에 이르기까지 대부분의 주요 부품을 자체 개발 및 제조하고 있다. 심지어 BYD의 순수전기차 모델 중 하나인 '돌핀'의 경우 유리창과 타이어를 제외한 모든 부품을 BYD가 직접 제작하고 있다.[16]

테슬라와 BYD 모두 수직 통합 전략을 통해 만드는 가장 큰 효과는 생산 비용 절감이다. 이는 높은 이익률로 이어질 뿐 아니라, 거시 경제 상황에 따라 폭넓은 가격 정책을 구사할 전략 자산을 제공한다.

2023년 세계 전기자동차 시장은 이른바 테슬라가 주도한 '가격 전쟁'을 경험했다. 여기에 적절한 대응을 하지 못한 포드와 GM은 초라한 판매 실적을 피할 수 없었고, 가격 인하와 매력적인 리스 프로그램 등을 제시한 현대·기아차는 높은 판매 실적을 기록했다. 그리고 이 치열한 가격 전쟁에서 가장 눈에 띄게 성장한 기업이 있었으니 바로 BYD다.

테슬라는 2019년 흑자로 전환하기까지 수년간 적자를 기록했다. 이와 달리 BYD는 2011년 첫 순수전기차를 출시한 이후로 마이너스 영업이익을 기록한 적이 없다. 그 이유는 BYD의 출발점이 배터리 기업이라는 점에 있다. BYD는 자사 차량에 적용되는 배터리와 전력 반도체[17]를 100% 내재화하고 있다. 나아가 BYD는 2022년 기준 CATL와 LG에너지솔루션에 이어 세계 3위 배터리 기업으로, 테슬라, 기아, 포드, 도요타 등이 BYD의 배터리 고객에 속한다.

BYD는 공급 부족으로 가격이 크게 상승한 코발트와 니켈 대신 풍부한 철과 인산염을 사용하는 더 저렴한 배터리 생산에 집중함으로써 배터리 원자재 상승에도 불구하고 마진을 끌어올릴 수 있었다. 배터리는 전기차 생산 비용에서 많게는 약 40%를 차지하는 전기차 핵심 부품이다. 이 때문에 배터리 가격 경쟁력은 곧 전기차 가격 경쟁력으로 이어진다. '그림 5'에서 확인할 수 있는 것처럼, BYD의 영업이익은 2023년 빠른 속도로 상승하면서 테슬라의 영업이익에 근

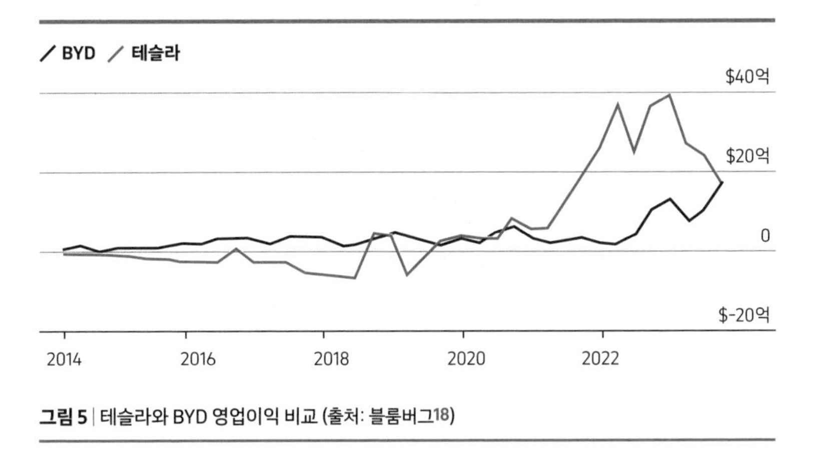

그림 5 | 테슬라와 BYD 영업이익 비교 (출처: 블룸버그18)

접하고 있다.

이는 곧 업계 최고 수준의 재무 성과로 이어진다. '그림 6'은 BYD가 자동차 업계 최고 수준의 자기자본수익률Return on Equity, ROE을 기록하고 있음을 보여준다. ROE는 회사가 자본(주주들로부터 받은 자금)을 얼마나 효율적으로 사용하여 순이익을 창출하는지를 나타내는 지표다. ROE가 높다는 것은 회사가 투자된 자본으로부터 높은 수익을 생성하고 있다는 것을 의미하며, 일반적으로 투자자들에게 매력적인 회사로 간주된다. '그림 6'에 나온 것처럼, 2023년 9월 분기 기준 BYD의 ROE는 24.68%로 테슬라 23.05%보다 더 높은 값을 보여준다.

또한 투자자본수익률Return On Investment, ROI도 눈여겨봐야 한다. 기업이 투자 자산 기반에서 얼마나 성공적으로 수익을 창출했는지를 나타내는 지표가 바로 ROI인데, '그림 7'에서 보이는 것처럼 BYD

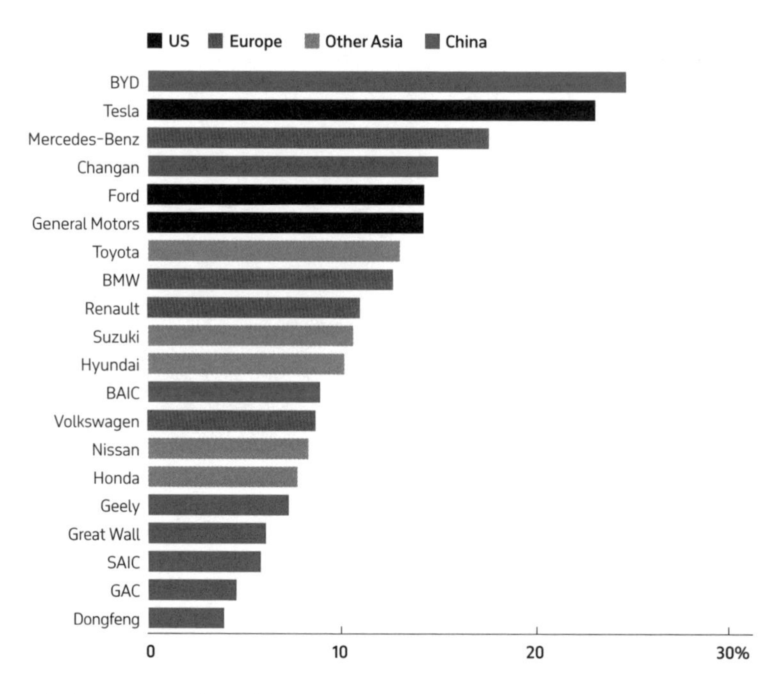

그림 6 | 주요 자동차 기업들의 자기자본수익율(ROE) 비교 (출처: 블룸버그[19])

의 ROI는 전 세계 자동차 제조업체 중 최고 수준이다. 또한 이 추세가 지난 18개월 동안 꾸준히 상승하였고, 23년 9월 기준, 테슬라를 추월한 점도 눈여겨 볼 필요가 있다.

배터리 제조 회사로 시작한 BYD는 전기차 사업으로 사업 영역을 확장했지만, 그렇다고 배터리 제조업을 그만둔 것은 아니다. 배터리 및 전기차 시장조사기관 SNE 리서치 결과에 따르면, 2022년 전 세계 배터리 매출액 및 출하량 기준으로 중국 CATL이 매출액 28%,

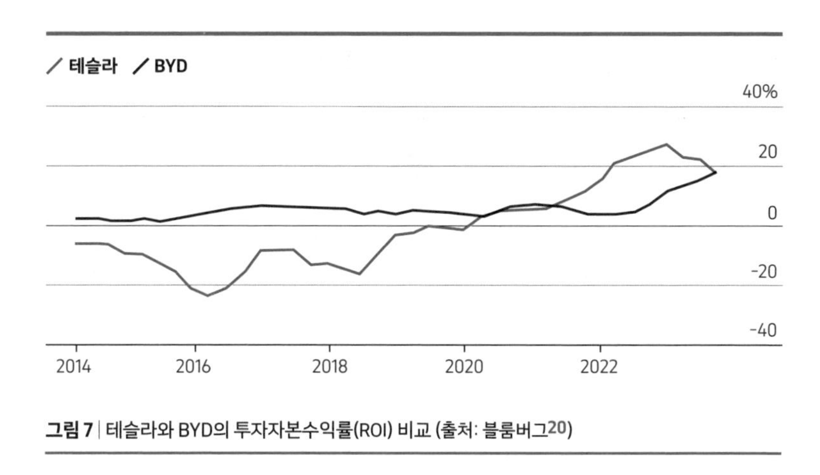

그림 7 | 테슬라와 BYD의 투자자본수익률(ROI) 비교 (출처: 블룸버그[20])

출하량 39%로 시장점유율 1위이고, 2위가 LG에너지솔루션, 그리고 3위가 BYD이다. BYD는 전 세계 시장에 배터리를 판매하며, 튼실하고 안정적인 재무구조를 가져가고 있다.

배터리 외에도 BYD의 밀도 높은 수직 통합 전략은 BYD에게 생산 비용 효율성 개선뿐 아니라 세계 전기차 시장에서 가격 경쟁력을 갖추는 데 있어 중요한 역할을 하고 있다. 가격 경쟁력은 차량 가격 자체가 낮은 데서 나오는 것이 아니라, 품질 대비 낮은 가격일 경우 가능하다. BYD는 수직 통합을 통해 전기차 부품 개발과 생산에서 유연성과 지속적인 혁신을 추구하고 있다. 이 혁신의 성과가 2023년 본격적으로 빛을 발하면서 중국뿐 아니라 유럽, 아시아 시장에서 BYD 순수전기차 판매를 빠르게 끌어 올리고 있다.

수직 통합은 순수전기차 시장 전략에서 선택이 아닌 의무다. 테슬라가 4680 배터리 제조까지 직접 나선 이유도 이와 일맥상통한다.

표 2 | 2022년 세계 배터리 매출액, 출하량 및 점유율 비교

		매출(M$)		출하량(GWh)	
			시장점유율		시장점유율
1	CATL	34,557	27.50%	270	39.10%
2	LGES	15,391	12.30%	103	14.90%
3	BYD	12,086	9.60%	84	12.20%
4	SDI	7,478	6.00%	36	5.20%
5	SK On	5,821	4.60%	44	6.40%
6	Panasonic	4,477	3.60%	49	7.10%
7	Guoxuan	3,549	2.80%	17	2.50%
8	CALB	3,115	2.50%	24	3.50%
9	EVE	1,368	1.10%	9	1.30%
10	SVOLT	1,092	0.90%	8	1.20%
Market Size (Based on Pack)		**125,548**	**100%**	**690**	**100%**

출처: SNE 리서치[21]

BYD의 성공 열쇠 2: LFP 블레이드 배터리

배터리 제조업으로도, 전기차 생산업으로도 지속 성장하고 있는 BYD는 2020년 블레이드Blade 배터리라는 혁신적인 제품을 출시하였다. 많은 전문가들은 이 블레이드 배터리가 BYD의 전기차 성장을 촉발하는 데 도움이 되었다고 평가한다.[22] 블레이드 배터리는 LFP(리튬 인산 철) 배터리에 속한다. 전기차에 들어가는 배터리로 LFP는 NCM(니켈 코발트 망간) 배터리보다 에너지 밀도가 낮기 때문에 그다지 선호되지 않았다. 다시 말해 주어진 물리적 크기에 비해 에너지 용량이 작아 주행 거리가 짧아지기 때문에 좋을 것이 없다. 그런데 BYD의 LFP 블레이드는 낮은 에너지 밀도를 극복한 혁신 제품이라 평가할 수 있다.

LFP 블레이드의 혁신을 살펴보기 전에 잠시 NCM 배터리의 장점을 더 자세하게 알아보자. 삼원계 또는 사원계 배터리로 불리는 NCM 배터리는 LPF와 같이 리튬 이온 배터리에 속한다. 그러나 LPF와 달리 양극 재료를 니켈, 코발트, 망간을 혼합하여 만들기 때문에 다음과 같은 장점을 자랑한다.

1. **높은 에너지 밀도** | NCM 배터리에서 니켈 비율이 높을수록 에너지 밀도가 증가한다. 에너지 밀도가 높다는 것은 더 작은 공간에 더 많은 에너지를 저장할 수 있다는 뜻이다. 그 결과 전기차의 경우 한 번 충전으로 500km 이상을 주행할 수 있다. 이로 인해 전기차의 배터리 충전 부담과 충전소 위치에 대한 우려를 낮출 수 있는 장점이 있다. 또한 에너지 밀도가 높다는 것은 전기차의 배터리 팩이 더 가볍게 제작될 수 있다는 것이고, 이는 더 가벼운 차량을 제작할 수 있는 장점으로 이어진다. 결과적으로 차량의 가속력, 핸들링, 연비 등에도 긍정적인 영향을 미친다.

2. **상대적으로 긴 수명** | '배터리 수명cycle life'은 배터리 용량의 80%까지 사용할 수 있는 횟수를 뜻한다. NCM 배터리의 수명은 약 2,000회로 다른 배터리 유형에 비해 긴 수명을 자랑한다. 이는

배터리 유지 보수 및 교체 비용을 줄여준다.

3. **비교적 낮은 비용** | 코발트의 비율을 조절한다면 NCM 배터리 생산 비용을 효과적으로 조절할 수 있다. '코발트Co'는 양극재의 부식을 막고, 안정성을 높이는 데 중요한 역할을 한다. 하지만 배터리 제조 원가의 20%를 차지할 만큼 비싸고, 희토류의 일종으로 '하얀 석유'라고 불릴 만큼 귀하다. 따라서 최근에는 코발트 원자재 가격 변동성에 대응하기 위해 니켈의 함량을 더 높이고, 코발트 사용을 줄인 리튬 이온 배터리를 개발하는 추세도 목격된다. 참고로 60% 이상의 니켈 비율을 가진 배터리를 '하이니켈'이라고 부른다.

4. **높은 추위 저항성** | NCM 배터리는 다른 유형의 배터리보다 추위에 더 잘 견딘다. NCM 배터리는 영하 20도의 낮은 온도에서 작동할 수 있기 때문이다. 반면 LFP 배터리의 성능은 0도에서 10~20% 감소하고, 영하 20도에서는 40% 감소한다.[23]

위와 같은 장점 덕분에 NCM 배터리는 전기차 및 노트북 등 다양한 전자기기에 많이 쓰이고 있다. 특히 주행 거리와 성능이 중요한 고성능 전기차에 널리 사용되고 있다. 하지만 NCM 배터리에 사용되는 코발트의 경우 값비싼 가격 외에도 채굴 과정에서 드러나는 환경 파괴 문제가 지속적으로 제기되고 있다. 코발트가 환경에 미치는 부정적인 영향은 주로 채굴과 추출 과정에서 발생한다. 대규모 표면 채굴은 땅을 파헤치고 생태계를 파괴하며, 채굴 과정에서 사용되는 화학물질은 토양과 수질 오염을 일으킬 수 있기 때문이다. 또한 코발트 채굴과 정제 과정은 상당한 에너지 소비를 필요로 한다. 이 에너지 대부분은 화석 연료를 사용하고 있어 결과적으로 온실가스 배출을 증가시킨다.

윤리적 한계 관점에서도 코발트 채굴은 개발도상국에서 종종 노동자의 안전 및 건강 문제, 아동 노동 같은 사회적 문제를 발생시킨다. 이 때문에 많은 기업과 연구자들은 코발트 사용을 줄여야 한다고 주장하고 있다.

그런가 하면, NCM 배터리의 화재 위험에 대한 우려가 새롭게 조명되어 배터리 기술의 선택에 있어 안전성 문제가 전면에 떠올랐다. NCM 배터리는 높은 에너지 밀도를 제공하는 반면, 열적 안정성이 상대적으로 낮아 과열 시 화재나 폭발의 위험이 증가하는 것으로 알려져 있다. 이러한 특성은 특히 급속 충전이나 고온 환경에서 사용 시 NCM 배터리의 관리에 더 많은 주의를 요구하게 만들었다. 이러한 문제들로 인해 최근 LFP 배터리가 각광받고 있다.

2021년 테슬라는 모델 3와 모델 Y 스탠다드레인지 차량에는 상대적으로 저렴한 LFP를 채용하겠다고 밝혔고, 실제로 2023년 LFP 배터리가 탑재된 테슬라 차량이 출시되었다. 2023년 9월 한국 전기차 시장 판매량 순위에서 테슬라 모델 Y가 1위를 차지했다. 그 비결은 가격 인하였다. LFP 배터리가 탑재되기 전 모델 Y의 가격은

7,000만 원 중반대였으나, LFP 배터리가 적용된 모델 Y의 경우 그 가격을 5,699만원까지 낮췄다. 여기에 각종 보조금까지 더하면 테슬라 모델 Y를 구매하는 데 드는 비용은 4,000만원 중반대까지 낮아진다. 삼원계 배터리보다 가격이 저렴한 LFP 배터리를 탑재하고 중국 상하이 공장에서 테슬라 모델 Y를 생산했기에 이 같은 낮은 가격이 가능해진 것이다.

2024년 1월 메르세데스벤츠는 CES 2024 행사에서 2025년부터 출시되는 신형 전기차에 삼원계(NCM · NCA) 배터리뿐만 아니라 LFP(리튬 인산 철) 배터리도 옵션으로 선택할 수 있도록 할 계획이라고 발표했다. 지금까지 벤츠는 삼원계 배터리를 넣은 고급 전기차만 출시했을 뿐, LFP 배터리를 사용한 적은 없었다. LFP 배터리는 저렴하기도 하고 중국 시장에 특화해 사용되었던 제품이라 고급 브랜드 정체성을 유지하길 원하는 벤츠에서는 LFP 배터리 사용을 고려하지 않았었다. 하지만 전기차 시장에서 가격 경쟁이 치열해지고 있는 만큼 벤츠는 시장 경쟁력 확보를 위해 LFP 배터리 활용을 결정한 것으로 보인다. 물론 벤츠가 가성비를 위해서만 LFP 배터리 채용을 결정한 것은 아니다. 그 결정의 배경에는 LFP 배터리의 성능 혁신이 존재한다. 특히 BYD의 블레이드 배터리가 대표적인 예다.

NCM 배터리에 비해 LFP 배터리가 가진 단점은 명확하다. 바로 배터리의 에너지 밀도가 낮다는 점이다. 이 때문에 LFP 배터리는 긴 주행 거리를 담보하기 위해 더 크고 무거워질 수밖에 없었다. BYD의 블레이드 배터리는 이를 단순한 아이디어로 해결했다. 바로 셀투

그림 8 | BYD의 LFP 블레이드 배터리 (출처: BYD)

팩Cell-to-Pack, CTP 방식이다.

이 방식은 전통적인 배터리 모듈 과정을 생략하여 공간 활용도와 에너지 밀도를 높이는 데 기여한다. 전통 리튬 이온 배터리는 원통형 모양이다. 이를 결합할 경우 빈 공간이 발생할 수밖에 없다. 그런데 블레이드 배터리는 '그림 8'에서 볼 수 있는 것처럼 칼날처럼 길고 얇은 모양의 셀로 만들어져 있어 공간 효율성을 극대화하고 있다. 따라서 기존 배터리보다 더 많은 양의 에너지를 동일 팩 공간에 담을 수 있다. 덕분에 전기차 내부에 배터리를 더 효율적으로 배치할 수 있으며, 이는 전기차 주행 거리를 늘리는 데 도움이 된다.

또한 블레이드 배터리는 안전성 면에서도 매우 뛰어나다. BYD는 2023년 8월에 가장 엄격한 배터리 내구성 실험으로 알려진 못 관통 테스트 결과를 공개해 블레이드 배터리의 안전성을 입증했다. 배터리 위에 날달걀을 두고 배터리에 못을 통과시키는 실험이었다. 못이 관통하는 순간 격렬한 폭발과 함께 화재가 발생한 NCM 배터리와 달리, 블레이드 배터리에서는 불꽃이나 연기 등 어떠한 현상도 발생하지 않았다. 날달걀 역시 그 상태에서 아무런 변화가 없었다. 또한 46톤 무게의 트럭이 배터리 위를 밟고 지나가는 압축 실험이나, 오븐에 넣어 섭씨 300도까지 가열해 보는 발화 실험 등 극한의 테스트에서도 BYD 블레이드 배터리는 화재나 폭발로 이어지지 않았다.

이는 전기차 사용자에게 더 높은 안전성을 제공한다. 결국 블레이드 배터리는 LFP 배터리의 낮은 에너지 밀도라는 단점을 셀투팩 방식으로 타개하고, 전기차 구매를 망설이게 하는 이유 중 하나인 NCM 배터리의 화재 위험성이라는 단점을 완화하는 등 안전성을 강화한 형태의 배터리라 할 수 있다.

BYD를 시작으로 셀투팩 형태의 LFP 배터리를 만드는 회사가 빠르게 증가하고 있다. 오랜 시간 LFP 배터리를 공급해 온 중국 배터리 제조업체인 CATL은 2022년 9월, 셀투팩 기술을 사용하여 LFP 배터리를 제조하겠다고 발표했고, 한국의 주요 배터리 제조업체인 LG에너지솔루션 역시 2025년부터 셀투팩 방식을 사용하여 파우치 타입 배터리의 대량 생산을 시작할 계획임을 밝혔다.

현재 BYD가 판매하는 주요 전기차 모두는 블레이드 배터리를 장착하고 있다. BYD는 셀투팩 방식을 넘어 배터리 혁신에 더욱 박차를 가하고 있는데, 그 예가 셀투보디Cell-to-Body, CTB 기술이다. BYD의 셀투보디 기술은 전기차의 차체 구조 자체를 배터리의 일부로 만드는 것을 의미한다. 기존의 배터리 팩 디자인에서는 여러 개의 배터리 셀을 모듈로 조립한 후, 이 모듈을 차량의 별도 구조물에 장착했다. 반면에 셀투보디 방식에서는 배터리 셀들이 직접 차량의 구조체와 통합되어 차체 자체가 배터리의 일부가 된다.

이러한 설계는 차량 내부의 공간을 더욱 효율적으로 활용할 수 있도록 하며, 배터리 셀이 차체 구조에 직접 통합되므로 차량의 구조적 강도가 향상될 수 있다. 이는 차량 안전성 측면에서도 중요한 요소다. 또한 전통적인 배터리 팩을 조립하고 차량에 장착하는 과정보다 제조 과정이 더욱 간소하기 때문에 궁극적으로 생산 비용도 절감할 수 있다.

이렇게 BYD의 배터리 기술 혁신을 통해 더욱 저렴하고 에너지 밀도가 높은 LFP 배터리가 BYD의 성공을 뒷받침하고 있다. BYD의 LFP 배터리 혁신과 새로운 접근 방식은 전 세계 전기차 설계와 제조 방식에 새로운 방향을 제시하고 있다.

BYD의 성공 열쇠 3: 자동차 모델 전략

BYD는 2020년부터 2023년까지 눈부신 성장을 보이며 중국 시장에서 역사적인 성취를 이뤄냈다. 2023년 BYD는 중국 전체 자동차 시장에서 폭스바겐을 제치고 판매량 1위를 기록했다. 이는 중국 자동차 시장의 역사에서 매우 중요한 이정표다. 1978년 중국에 처음으로 진출한 폭스바겐은 1990년대 후반부터 25년간 판매율 1위를 기록하며 중국 시장의 최대 자동차 브랜드로 자리잡고 있었다.[24] 폭스바겐 입장에서도 2021년 기준 폭스바겐 전체 판매 및 매출의 약 50%가 중국에서 발생했을 정도로 중국은 중요한 시장이다.

'그림 9'에서 확인할 수 있는 것처럼 폭스바겐을 비롯 도요타, 혼다 등 외국계 자동차 기업이 지배하던 중국 자동차 시장의 주인이 중국 브랜드 BYD로 뒤바뀐 역사적 시점이 바로 2023년이다. 2023년 BYD의 중국 국내 판매량은 전년 대비 무려 43.3% 증가한 257만 1,109대에 달했으며, BYD는 중국 자동차 시장에서 총 판매량뿐 아니라 2023년 연속 4분기 동안 1위를 유지했다. 이로써 중국 자동차 시장에서 BYD의 입지는 일시적 상승이 아니라 매우 견고함을 알 수 있다.

그렇다면 2023년 기록적인 성장을 이뤄낸 BYD의 차량 모델 전략은 어떠할까? BYD 모델 전략과 테슬라 모델 전략 사이에서 가장

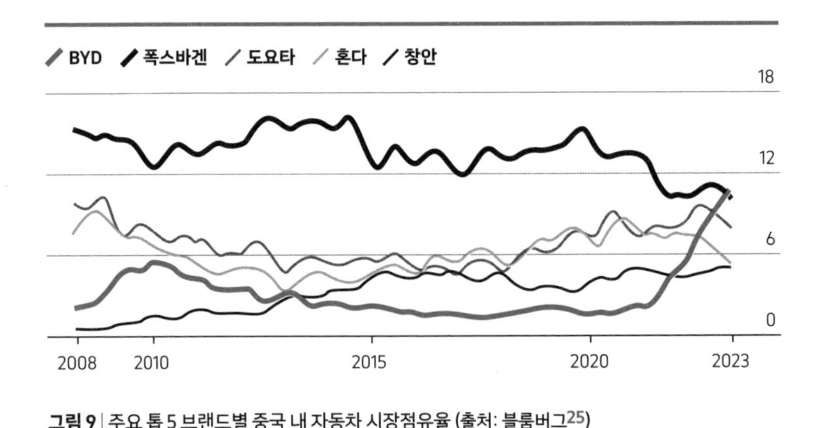

그림 9 | 주요 톱 5 브랜드별 중국 내 자동차 시장점유율 (출처: 블룸버그[25])

큰 차별점은 BYD 차량 모델들은 더 낮은 가격대로 더 넓은 고객층에게 전기차 접근성을 제공하고 있다는 점에 있다. 테슬라가 강력한 브랜드 가치와 고성능 차량으로 전기차 시장을 열어 가고 있다면, BYD는 기술 경쟁력 있는 기능과 성능을 갖춘 더 저렴한 옵션을 제공함으로써 시장 입지를 넓혀 나가고 있다.

그러나 '그림 10'은 BYD의 한계 또한 보여주고 있다. 회색으로 표시된 BYD 모델의 절대 다수는 테슬라 모델 3보다 낮은 가격대를 형성하고 있다. 그리고 이 저가 차량의 판매가 전체 판매량의 다수

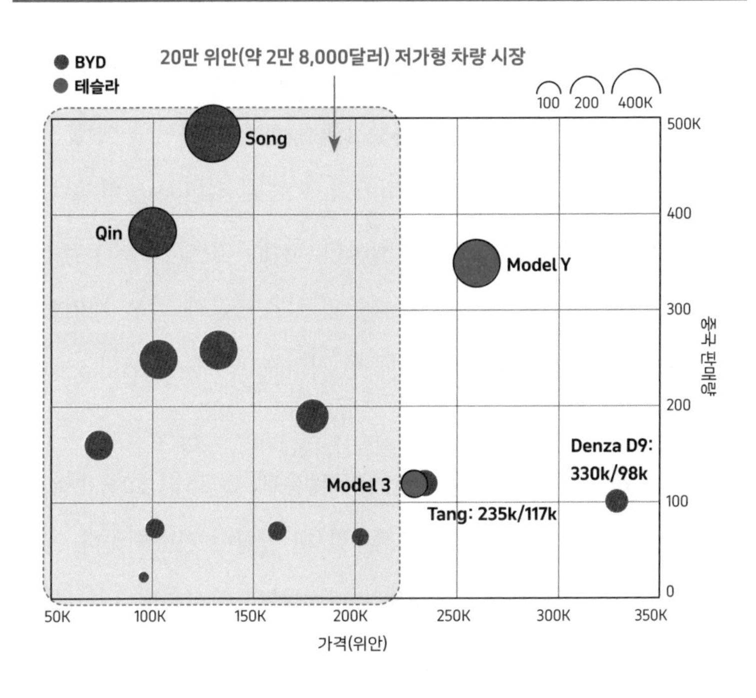

그림 10 | BYD vs. 테슬라, 판매 모델 가격 및 판매량 비교 (출처: 블룸버그[26])

를 차지하고 있다. 차량 한 대당 이윤율이 그만큼 낮을 수밖에 없다.

빨간색으로 표시된 테슬라 모델 3와 모델 Y는 상대적으로 고가 차량임에도 불구하고 단 두 개의 모델로 중국에서 의미 있는 판매 수치를 기록하고 있다. 만약 테슬라의 중저가 차량인 일명 모델 2가 출시된다면 BYD의 회색 집중 영역을 충분히 공략할 가능성이 높다.

이번에는 2023년에 이어 2024년에도 성장세를 이어나가고 있는 BYD의 인기 순수전기차 모델에 대해 자세히 살펴보자.

1. 아토 3ATTO 3 | 2022년 2월 중국 시장에 처음 선보였고, 2022년 11월 인도에서, 그리고 2023년 1월 일본 시장에서 공식 출시되었다. 아토 3는 중형 SUV/해치백 모델로, 4,455mm의 길이와 1,875mm의 너비를 가지고 있으며, 최대 5명 탑승이 가능하다. 아토 3는 회전식 중앙 인포테인먼트 스크린과 같은 재미있고 독특한 기능을 갖추고 있다. 주행 거리는 1회 충전 최대 330km 다.

아토 3는 특히 호주에서 인기가 많은데, 2023년 호주에서 세 번째로 많이 판매된 전기차로 1만 대 이상이 판매되었다. 호주에서 아토 3의 가격은 4만 8,000달러부터 시작하며, 이는 호주에서 저렴한 전기차에 속한다. 또한 호주 외에도 전 세계 여러 시장에서 판매되고 있으며, 가격 경쟁력이 높은 전기 SUV로 인

그림 11 | BYD의 아토 3 (출처: BYD.com)

식되고 있다.

아토 3는 스탠다드 레인지(4만 8,011달러)와 익스텐디드 레인지(5만 1,011달러)의 두 가지 버전으로 제공되고 있다. 스탠다드 레인지에는 49.9kWh의 블레이드 배터리가 장착되어 있으며, 익스텐디드 레인지에는 58.56kWh라는 더 큰 배터리 용량이 제공된다.

2. 돌핀DOLPHIN | 소형 해치백 차량으로, 도시적이고 현대적인 디자인으로 젊은 소비자층을 겨냥하고 있다. 2024년 카바이저 베스트 카 어워드[27]에서 '최고의 소형 전기차'라는 타이틀을 획득한 바 있다.

돌핀은 콤팩트한 크기에도 불구하고 뛰어난 성능을 제공한다.

그림 12 | BYD의 돌핀 (출처: BYD.com)

돌핀에도 블레이드 배터리가 장착되어 있는데, 배터리 총 용량은 60.48kWh로, 1회 충전에 약 427km의 주행 거리를 자랑한다. 유럽에서 인기 있는 모델인 돌핀의 판매 가격은 2만 8,990유로(3만 1,250달러)부터 시작한다. 여기에 유럽 각국이 제공하는 전기차 인센티브 및 세금 혜택을 받으면 가격의 매력은 더욱 높아질 수 있다.

또한 돌핀은 브라질에서 놀라운 성공을 거두고 있으며, 북미 시장 확장 전략의 일환으로 멕시코에서도 출시되었다. 동남아시아 국가에서도 전기차에 대한 수요가 증가함에 따라 돌핀 같은 경제적인 전기차 모델의 높은 인기가 예상된다.

돌핀은 2023년 BYD의 순수전기차와 플러그인 하이브리드차 전체 판매량의 12%인 36만 7,419대가 판매되었고, 이는 2022

그림 13 | BYD의 탕 (출처: BYD.com)

년보다 약 79% 증가한 수치다.

3. **탕**TANG | 7인승 SUV로, 현대적이고 스포티한 디자인과 넉넉한 실내 공간으로 가족용 SUV에 적합한 장점을 지니고 있다. 제로백(0~100km/h까지 도달 시간)이 4.6초이고, 400km의 주행 거리를 제공한다. 탕은 특히 중국 시장에서 인기가 많으며, 2021년 5만 4,204대, 2022년 15만 85대가 판매되며 꾸준한 성장세를 보이고 있다.

4. **시걸**SEAGULL | 피아트 500보다 약간 크고 미니쿠퍼보다 약간 짧은 소형 해치백이다. 소형이지만 성인 4명이 편안하게 탑승할 수 있는 크기다. 시걸 중에서도 30kWh 용량의 블레이드 배터

그림 14 | BYD의 시걸 (출처: BYD.com)

리가 장착된 모델은 약 305km의 주행이 가능하며, 38kWh 블레이드 배터리가 장착된 모델은 405km까지 주행이 가능하다. 시걸의 시작 가격은 1만 658달러이며, 모델에 따른 가격 범위는 1만 200달러에서 1만 2,400달러에 이른다. 한마디로, 매우 높은 가격 매력도를 자랑한다.

시걸은 2023년 28만 8,217대 판매를 기록하였다. 여기서 중요한 점은 시걸의 출시 시점이 2023년 4월이라는 점이다. 5월부터 본격 판매되었다는 점을 고려하면 놀라운 성적이 아닐 수 없다.

5. 실SEAL | 돌핀, 시걸에 이어 오션 시리즈[28]에서 세 번째로 인기 있는 전기차 모델이다. 실에는 82kWh 블레이드 배터리가 장착되어 있어 520~570km의 주행 거리를 자랑한다. 실의 넉넉

그림 15 | BYD의 실 (출처: BYD.com)

한 주행 거리와 다양한 고급 기능은 프리미엄 전기차를 찾는 고객을 타깃하고 있다. 그래서 실은 테슬라 모델 3의 경쟁 모델이다. 트림에 따라 4만 4,900달러에서 5만 990달러에 판매되어 테슬라 모델 3보다 약 15% 저렴하다,

실은 2022년 8월 순수전기차 모델로 만들어졌으며, 여기에 2023년 9월 '실 DM-i'라는 플러그인 하이브리드 버전이 추가되었다. 실은 2023년 총 12만 7,323대의 판매량을 기록했다. 사실 상반기 판매는 저조했으나, 가격 인하와 DM-i 버전의 출시로 2023년 9월부터 판매량이 크게 증가했다.

지금까지 BYD의 순수전기차 인기 모델에 대해 살펴보았다. 소개한 모델 외에도 BYD는 중장년층을 대상으로 한 다이너스티 시리즈와 젊은층을 겨냥한 친환경 라인업인 오션 시리즈 등 다양한 전기

차 라인업을 크게 확장하고 있다.

반면에 테슬라는 소수의 모델에 집중하며 보다 간소화된 전기차 제품군을 보유하고 있다. 전통적으로 모델 S, 모델 3, 모델 X, 모델 Y와 더불어 사이버트럭 및 로드스터와 같은 최신 모델이 포함된다. 이 같은 모델 출시 전략 관점에서 두 회사를 비교해 보자.

테슬라의 모델 출시 전략

- **프리미엄 시장 초점** | 테슬라는 초기에 로드스터와 모델 S 같은 고급 시장 세그먼트를 타깃으로 했다. 이 같은 '상위에서 하위로'의 접근 방식은 프리미엄, 고성능 차량으로 강력한 브랜드 이미지를 구축하는 데 중점을 둔 것이다.
- **기술 및 성능 중시** | 테슬라는 최첨단 기술과 우수한 성능에 중점을 두었다. 전기차 자체의 기술뿐만 아니라 FSD, 오토파일럿 고급 배터리 시스템, 차량 내 OS와 같은 정교한 소프트웨어 기능을 포함한다.
- **직접 소비자 판매** | 테슬라는 전통적인 딜러 네트워크를 통한 판매가 아닌, 직접 소비자 판매 모델 전략을 채택했다. 이를 통해 판매의 전 과정을 직접 통제할 수 있고, 고객 경험에 대한 실시간 피드백을 얻을 수 있다.
- **글로벌 표준화** | 테슬라는 로컬 시장에 대한 소소한 조정을 제외하고는 전 세계적으로 유사한 모델을 제공하는 경향을 보인다.

이 전략은 브랜드 일관성을 유지하고 차량 생산 과정을 단순화한다.

- **천천히 그리고 꾸준한 확장** | 테슬라는 새로운 시장으로의 확장을 점진적으로 진행한다.

BYD의 모델 출시 전략

- **다양한 시장을 공략하는 다양한 모델** | 테슬라와 달리 BYD는 더 넓은 시장 세그먼트를 목표로 한다. 돌핀 같은 저렴한 모델부터 탕 같은 프리미엄 옵션에 이르기까지 다양한 소비자의 요구를 충족시키는 차량 유형을 제공한다.
- **지역 맞춤화** | BYD는 종종 모델을 판매 지역의 취향과 요구에 맞게 맞춤화한다. 가격이나 일부 옵션을 로컬라이징하는 식이다. 이 같은 접근 방식은 유럽, 남미, 아시아 등의 다양한 시장에서 성공을 거두는 데 도움이 되었다.
- **내부 구성 요소 제조** | 앞서 언급한 수직 통합 영역이다. BYD는 배터리와 반도체 같은 주요 구성 요소를 자체적으로 직접 제조하고 관리한다. 이러한 수직 통합은 비용을 통제하고 합리적인 가격 유지를 돕는다.
- **신속한 시장 확장** | BYD는 다양한 모델 범위와 경쟁력 있는 가격을 활용하여 새로운 시장으로 빠르게 확장하고 있다.
- **현지 파트너십에 집중** | 많은 지역에서 BYD는 유통 및 판매를 위

해 현지 기업과 파트너십을 맺어 현지 시장 상황에 빠르게 스며들고 적응한다.

요약하면, 테슬라는 일관된 글로벌 입지와 브랜드 파워를 유지하고, 고급 기술 중심 모델을 직접 판매하는 방식에 집중하는 반면, BYD는 현지에 적합한 모델 발굴과 현지 파트너십을 통한 빠르고 자연스러운 확장, 경쟁력 있는 가격 등으로 더 넓은 시장을 목표로 한다. 두 전략 모두 각 회사의 고유한 강점과 시장 포지셔닝을 반영하는 것처럼 보인다.

자강두천의 만남, BYD와 테슬라의 5년 뒤 모습은?

지금까지 크게 세 가지 영역에서 BYD의 강점을 살펴보았다. 다시 정리하자면, BYD의 강점은 ①수직 통합을 통한 가격 경쟁력 확보, ②미래 전기차 시장에서 중요한 핵심이 될 LFP 배터리 영역에서의 선두, ③다양한 마켓 니즈와 수요를 커버하는 동시다발적 모델 출시 전략이다. 배터리 회사로 시작한 BYD는 전기차를 생산하는 라인의 유연한 수직 통합이 가능했고, 이는 지난 공급망 대란에서 오히려 BYD를 크게 성장시켰다. 그리고 결과적으로 시장의 수요를 충족했고, 나아가 가성비를 내세워 글로벌 전기차 판매 1위 업체가 될 수 있었다.

또한 BYD는 LFP 배터리 생산에서 선두 역할을 하며 전기차 기업을 넘어 역사 깊은 배터리 기업으로 자리잡고 있다. 실제로 테슬라, 도요타, 벤츠 등의 전기차 기업에 LFP 배터리를 납품하여 안정적인 재무 구조를 확보했다. 참고로 BYD는 2022년 5월 아프리카에서 6개의 리튬 광산을 구매해 리튬 2,500만 톤을 확보했는데, 이는 전기차 2,700만 대를 생산할 수 있는 엄청난 규모다. 향후 10년간은

BYD가 안정적인 LFP 배터리의 원자재 조달이 가능하다는 것을 보증한 셈이다.

나아가 BYD의 전 세계 시장을 대상으로 한 다양한 전기차 모델은 이미 미국을 제외한 해외 시장에서 판매량 1위를 거머쥐고 있고, 그 명성이 이어질 것으로 예측된다. BYD는 태국, 브라질 등 신흥 시장을 중심으로 해외 공장도 건설하여 글로벌 기업으로서 더 큰 성장을 본격 추진하고 있다. 유럽에도 신규 공장을 위해 부지를 물색 중인데, 갈수록 특히 유럽에서의 성장성이 기대된다. 유럽은 연간 전기차 판매가 3백만 대 수준으로 글로벌에서 전기차 수요가 두 번째로 큰 시장이기 때문이다.

BYD가 유럽 전기차 시장에서 원가 경쟁력을 갖추기 위해서는 현지 생산이 필수적이다. 완성차 수입 관세와 운송비 등을 절감할 수 있기 때문이다. 또한 전기차 생산에서는 고용 효과 역시 크므로, 유럽 정부의 혜택을 받기 위해서는 현지 공장을 설립하는 것이 유리하다. BYD는 2022년 말 포드의 유럽 공장 매수에 대한 가능성을 보였고, 이에 대한 언론 보도가 있었으나 이후 협상이 결렬되어 신규 공장 부지를 물색 중이라고 전해진다. 현재 BYD는 폴란드에 소규모 전기버스 공장이 있으며, 배터리 공장을 건설 중에 있다. 이 신공장 가동 시기는 2026년 이후로 예상된다.

BYD는 우리나라에도 올해 상반기 중 아토 3 모델을 출시할 것이라고 발표했다. 다양한 국내 언론사는 보조금 적용 시 3,000만원 후반대에 탈 수 있는 전기차가 될 것이라며 가성비를 넘어 '갓성비' 자동차로 BYD를 소개하고 있다.

어떤 기업이 전기차 시장의 선두가 될지 아직은 정확히 알 수 없다. 하지만 '수요를 충족하는 공급량 + 소비자를 납득시키는 합리적인 가격 + 동시에 안정적인 판매마진율'을 갖춘 기업이 선두를 차지하게 될 것이다. 그리고 덧붙여, 배터리가 전기차의 핵심 부품임이 변하지 않는 이상, 배터리 수급 및 성능에 대한 전문성도 전기차 기업의 중요한 경쟁력이 될 것이다.

그런 의미에서 이미 BYD는 전기차 시장의 선두 기업이 되기에 충분할 정도로 막강하다. 그들은 전 세계 소비자에게 납득할 만한 가격으로, 원할 때 바로 구매할 수 있는 전기차 공급량을 맞춘다. 전기차 모델에서도, 저가형·고급형 모델뿐만 아니라 각 국가의 문화나 라이프스타일에 맞게 자동차의 기능과 가격을 조절한 모델을 출시한다. 또한 전기차에 들어가는 성능 높은 LFP 배터리를 만들고 판매하며, 나아가 리튬 광산을 매입하는 등 안정적인 배터리 생산 기반도 마련하고 있다.

물론 테슬라 역시도 직접 배터리를 만들기 시작했다. 배터리 원재료를 안정적으로 확보하기 위해 리튬 제련소에도 투자하고 있다. 전기차에 들어가는 반도체도 직접 생산한다. 빠른 시일 내에 테슬라의 슈퍼컴퓨터인 도조 역시 함께 시너지를 낼 것이다.

궁극적으로 BYD와 테슬라 모두 전략적 수직 통합에 강세를 가하고 있다. 수직 통합은 나아가 차량 내 들어가는 소프트웨어 경쟁력도 확보할 수 있게 돕는다. 과거에는 자동차 내 소프트웨어로 자동차 하드웨어를 조작하고 업그레이드하는 일은 불가능했다. 하지만 앞으로 전기차에서는 차량 자체의 하드웨어를 차량 내 삽입된 소프트웨어로 운전자가 쉽게 조정하고 업그레이드하는 것이 쉬워질 것이다.

사실 자동차 소프트웨어는 운전자 데이터나 개인화된 서비스 설정과 밀접하다. 따라서 우리나라를 비롯, 중국과의 지정학적 관계가 예민한 국가에서의 중국 차량 브랜드의 소프트웨어 설치는 거부감이 존재할 수 있다. 이는 테슬라에게 분명 기회가 될 것이다.

지금까지 살펴본 BYD의 성공 방정식은 자동차 기업으로서 테슬라가 있었기에 가능했다. 소니SONY를 모방하며 성장했던 삼성전자와 같은 모양새다. 그러나 테슬라는 소니처럼 뛰어난 경쟁사에 뒤처지는 존재로 남진 않을 것이다. BYD와 같은 강력한 경쟁자의 출현은 테슬라로 하여금 자동차 기업에서 AI 기업으로 보다 빠른 전환을 강요하고 있기 때문이다. 테슬라의 FSD 및 AI 기술은 자동차 산업의 패러다임을 바꾸고 있을 뿐 아니라, 인간형 로봇(옵티머스)이라는 인류가 지금껏 경험해 보지 못한 새로운 경제 질서로 우리를 이끌고 있다. 그리고 BYD라는 멋진 경쟁자는 테슬라의 사명인 '지속가능한 에너지로의 세계 전환 가속화'를 함께 이룰 수 있는 동반자임은 분명하다.

미주

1부

1 https://digitalassets.tesla.com/tesla-contents/image/upload/IR/TSLA-Q1-2024-Update.pdf

2 Yahoo! Finance(2024), 'Tesla (TSLA) Q1 Earnings Miss Expectations, Decline Y/Y'. https://finance.yahoo.com/news/tesla-tsla-q1-earnings-miss-093600910.html

3 Reuters(2024), 'Exclusive: Tesla scraps low-cost car plans amid fierce Chinese EV competition'. https://www.reuters.com/business/autos-transportation/tesla-scraps-low-cost-car-plans-amid-fierce-chinese-ev-competition-2024-04-05/

4 https://twitter.com/elonmusk/status/1776272471324606778

5 https://twitter.com/elonmusk/status/1776351450542768368

2부

1 https://twitter.com/MatthewDR/status/1631708001487962112

2 https://twitter.com/MatthewDR/status/1631708607090950148

3 https://youtu.be/E-squeb0YJA

4 https://tesla-cdn.thron.com/static/AA7YQM_Investor_Day_2023_Keynote_W9DARX.pdf

5 https://uxdesign.cc/design-like-elon-musk-using-6-fundamental-principles-4aaab08d5e41

6 Abraham, A.K., 'Automotive Materials in an Evolving Landscape,' Ducker Carlisle, 2023.

7 Finbox, 'Cash Conversion Cycle for Tesla'. https://finbox.com/BASE:TSLA/explorer/cash_conversion_cycle/

8 EVSpecifications(2023), Tesla works on a rare-earths-free EV motor, will build a Gigafactory in Mexico. https://www.evspecifications.com/en/news/51dd746

9 Elon Musks New HairPin Motor shocks entire industry. https://youtu.be/LWUiS5r98fU?si=3zwZfda9p80kMX3R

10 https://www.laserax.com/blog/hairpin-motor

11 https://strategicmetalsinvest.com/neodymium-prices/

12 Andreas Mayr, et al.(2021), Data-driven quality monitoring of bending processes in hairpin stator production using machine learning techniques. https://doi.org/10.1016/j.procir.2021.10.041

13 Automotive News Europe(2023). 'Tesla taps Asian partners to address 4680 battery concerns'. https://europe.autonews.com/automakers/tesla-recruits-asian-partners-speed-4680-battery-introduction

14 https://youtu.be/gH39326PQsA?si=vBQZuJoHXwq_x3c1

15 Cleanerwatt(2023), '3rd Gen Tesla 4680 Battery Equipment at Giga TX'. https://youtu.be/HEtp64aYOsY?si=CZN83lHaThtLY1zk

16 Reuters(2023), 'Tesla Cybertruck deliveries hostage to battery production hell'. https://www.reuters.com/business/autos-transportation/austin-we-have-problem-tesla-descends-into-battery-hell-2023-12-21/

17 https://natural-resources.canada.ca/our-natural-resources/minerals-mining/mining-data-statistics-and-analysis/minerals-metals-facts/lithium-facts/24009

18 WSJ(2023), 'U.S. Car Makers' EV Plans Hinge on Made-in-America Batteries'. https://www.wsj.com/articles/u-s-car-makers-ev-plans-hinge-on-made-in-america-batteries-11675640784

19 yahoo! news(2023), 'Tesla CEO Elon Musk called company's new asset a 'money-printing machine' — now it's set to open ahead of schedule'. https://news.yahoo.com/tesla-ceo-elon-musk-called-050000461.html

20 https://tradingeconomics.com/commodity/lithium

21 Bloomberg(2022), Mr. Lithium' Warns There's Not Enough Battery Metal to Go Around. https://www.bloomberg.com/news/articles/2022-04-22/mr-

lithiumalr-warns-there-s-not-enough-battery-metal-to-go-around
22 https://www.statista.com/study/65424/pickup-trucks-report/
23 https://www.linkedin.com/pulse/pickup-truck-market-2023-2030-analysis/
24 Statista(2023), Pickup Trucks Report 2022. https://www.statista.com/study/65424/pickup-trucks-report/
25 같은 리포트
26 WSJ(2023), How Tesla's Cybertruck Compares With Other Pickups. https://www.wsj.com/business/autos/tesla-cybertruck-compares-electric-pickups-8bacac8f
27 WSJ(2023), Tesla's Cybertruck Is More Marketing Than Profit Machine. https://www.wsj.com/business/autos/teslas-cybertruck-is-more-marketing-than-profit-machine-1f81663a
28 Teslarati (2023), Tesla Megapack battery is sold out until Q3 2024. https://www.teslarati.com/tesla-megapack-battery-sold-out-until-q3-2024/
29 https://www.tesla.com/megapack/design
30 TorqueNews (2023), The Astonishing Economics of the Tesla Megapack. https://www.torquenews.com/14335/astonishing-economics-tesla-megapack
31 EIA(2024), 'U.S. battery storage capacity expected to nearly double in 2024'. https://www.eia.gov/todayinenergy/detail.php?id=61202
32 AppleInsider (2021), Apple to use 85 Tesla 'Megapack' batteries in California energy project. https://appleinsider.com/articles/21/04/01/apple-to-use-85-tesla-megapack-batteries-in-california-energy-project
33 EIA(2024), 'U.S. battery storage capacity expected to nearly double in 2024'. https://www.eia.gov/todayinenergy/detail.php?id=61202
34 Tesla(2024), Autobidder. https://www.tesla.com/support/energy/tesla-software/autobidder
35 LinkedIn(2023). https://www.linkedin.com/feed/update/urn:li:activity:7107765356907171840/
36 CNBC(2021), 'Australia switches on Victoria Big Battery powered by Tesla Megapacks'. https://www.cnbc.com/2021/12/08/australia-switches-on-

victoria-big-battery-powered-by-tesla-megapacks.html
37 Morgan Stanley(2023), 'Unlocking Tesla's AI Mojo... Enter the Dojo: Upgrade to OW, PT $400, Top Pick'. https://www.nextbigfuture.com/2023/09/morgan-stanley-raises-tesla-target-to-400-with-66-page-report-that-details-belief-in-tesla-ai-dojo-and-fsd.html
38 Electrek (2023), 'Tesla reportedly ramps up partnership with TSMC for Dojo supercomputer chip'. https://electrek.co/2023/09/26/tesla-reportedly-ramps-up-partnership-tsmc-dojo-supercomputer-chip/
39 https://youtu.be/u_XRybdNq2A?si=zVDcC9xKcZmSEKSb
40 Youtube. https://bit.ly/3SIUIcp
41 정확하게는 2023년 초 향상된(enhanced) 오토파일럿 옵션은 첫 번째 오토파일럿 옵션에 통합되었다.
42 https://youtu.be/suv8ex8xlZA?si=c9GwYlhXrygEGGYH
43 https://youtu.be/suv8ex8xlZA?si=c9GwYlhXrygEGGYH
44 https://youtu.be/suv8ex8xlZA?si=c9GwYlhXrygEGGYH
45 https://youtu.be/cpraXaw7dyc?si=7QGCKHRp4pS8AvlO

3부

1 https://toyotatimes.jp/toyota_news/1055_1.html#anchorTitles
2 Reuters(2024), 'Global electric car sales rose 31% in 2023 - Rho Motion'. https://www.reuters.com/business/autos-transportation/global-electric-car-sales-rose-31-2023-rho-motion-2024-01-11/
3 https://www.ev-volumes.com/
4 Reuters(2024), 'BMW CFO: sales growth is mostly electric as combustion engine 'tipping point' passes'. https://www.reuters.com/business/autos-transportation/bmw-cfo-sales-growth-is-mostly-electric-combustion-engine-tipping-point-passes-2024-01-15/
5 Bloomberg(2023), 'From Cheap Cash to Tax Breaks, EVs in China Get Lots of Love'. https://www.bloomberg.com/news/articles/2023-09-14/from-cheap-

money-to-tax-breaks-evs-in-china-get-a-lot-of-love

6 MIIT 신에너지 보조금 공고문. https://miitcfc.cn/art/2023/8/18/art_20_1020.html

7 Bloomberg(2023), 'China's Stranglehold on EV Supply Chain Will Be Tough to Break'. https://www.bloomberg.com/graphics/2023-breaking-china-ev-supply-chain-dominance/

8 Bloomberg(2023), 'EU Needs More Than Just Tariffs to Counter China's Electric Cars'. https://www.bloomberg.com/news/newsletters/2023-09-28/eu-needs-more-than-just-tariffs-to-counter-china-s-electric-cars

9 VOA News(2023), 'US Electric Vehicle Sales To Hit Record This Year'. https://www.voanews.com/a/us-electric-vehicle-sales-to-hit-record-this-year/7366987.html

10 International Business Magazine(2023), 'Toyota's Multi-Pathway Approach to Sustainable Mobility'. https://intlbm.com/2023/09/13/toyotas-multi-pathway-approach-to-sustainable-mobility/

11 TechCrunch(2023), 'Layoffs at VW's Cariad further delay software launch in Porsche, Audi models'. https://techcrunch.com/2023/10/30/layoffs-at-vws-cariad-further-delay-software-launch-in-porsche-audi-models/

12 http://www.jjckb.cn/2023-09/13/c_1310741106.htm

13 중국의 신에너지차 NEV는 하이브리드 자동차를 포함하지 않는다. BEV, PHEV, FCEV를 NEV로 본다.

14 节能与新能源汽车产业发展规划(2012—2020年)

15 아시아경제, [배터리완전정복] ⑥갑자기 나타난 '중국의 배터리 킹' 들. https://www.asiae.co.kr/article/2023100516330252664

16 Electrek(2023), 'BYD America boss explains Chinese EV makers edge as it expands overseas'. https://electrek.co/2023/09/27/byd-america-boss-explains-ev-makers-edge-expanding-overseas/

17 전기차에 들어가는 주요 반도체는 IGBT(Insulated/Isolated Gate Bi-polar Transistor, 절연 게이트 양극성 트랜지스터)이며, 간단하게 전력반도체라고도 일컫는다.

18 https://www.bloomberg.com/opinion/articles/2024-01-03/ev-makers-byd-

overtakes-tesla-sales-has-world-in-sight

19 https://www.bloomberg.com/opinion/articles/2024-01-03/ev-makers-byd-overtakes-tesla-sales-has-world-in-sight

20 https://www.bloomberg.com/opinion/articles/2024-01-03/ev-makers-byd-overtakes-tesla-sales-has-world-in-sight

21 SNE Research(2023), 'Global Top10 Battery Makers' Sales Performance in 2022'. https://www.sneresearch.com/en/insight/release_view/95/page/0

22 https://evpowerhouse.com.au/blog/byd-blade-battery

23 PowerRoad(2022), 'Two Mainstream Lithium-Ion Battery Types - LFP And NMC, What Are The Differences?'. https://www.poweroad.com/knowledges/two-mainstream-lithium-ion-battery-types-lfp-and-nmc-what-are-the-differences

24 Wikipedia(2024), 'Volkswagen Group China'. https://en.wikipedia.org/wiki/Volkswagen_Group_China

25 Bloomberg(2023), 'BYD Overtakes Volkswagen as China's Best-Selling Car Brand'. https://www.bloomberg.com/news/articles/2023-04-25/byd-overtakes-volkswagen-as-china-s-best-selling-car-brand

26 https://www.bloomberg.com/news/features/2023-12-27/elon-musk-s-tesla-is-losing-ev-race-to-china-s-byd

27 Carbuyer Best Car Awards, 'BYD 돌핀, 영국 베스트카 어워즈서 2개 부문 수상'. https://kr.byd.com/71/36

28 BYD 오션 시리즈는 해양 동물을 연상시키는 디자인 철학을 담은 모델로, 돌핀(Dolphin), 시걸, 실(Seal) 등의 인기 모델로 구성되어 있다.